高等院校国际经济与贸易类系列教材

国际贸易通关实务

主　编　王智新

副主编　刘　超　李丽红

王丽华　陈凤新

科学出版社

北　京

内 容 简 介

本书紧密结合我国海关的实际通关业务，结合最新的法律法规等，较为详尽地介绍我国国际贸易通关实务的通关规定、通关程序和通关规则等基础知识，在通关实务实际工作中具有较强的指导作用和实践操作性。为满足读者对报关专业技能方面知识的需求，本书还着重介绍进出口商品归类、进出口税费的计算等技能性知识。

本书适合国际经济与贸易、国际物流等相关专业本科生使用，也可作为报关员资格统一考试的培训和学习指导用书，还可作为国际贸易通关实务工作者业务学习的参考书。

图书在版编目（CIP）数据

国际贸易通关实务/王智新主编．—北京：科学出版社，2022.2
（高等院校国际经济与贸易类系列教材）
ISBN 978-7-03-067665-8

Ⅰ.①国…　Ⅱ.①王…　Ⅲ.①国际贸易-贸易实务-高等学校-教材
Ⅳ.①F740.4

中国版本图书馆 CIP 数据核字（2020）第 269782 号

责任编辑：纪晓芬　周春梅／责任校对：赵丽杰
责任印制：吕春珉／封面设计：东方人华平面设计部

科学出版社出版
北京东黄城根北街 16 号
邮政编码：100717
http://www.sciencep.com
三河市中晟雅豪印务有限公司印刷
科学出版社发行　各地新华书店经销
*
2022 年 2 月第 一 版　开本：787×1092 1/16
2022 年 2 月第一次印刷　印张：13 1/2
字数：320 000

定价：41.00 元

（如有印装质量问题，我社负责调换〈中晟雅豪〉）
销售部电话 010-62136230　编辑部电话 010-62135397-2021（HF02）

前　言

国际贸易报关与通关是国际货物贸易交易过程中的重要环节。改革开放以来，我国对外贸易飞速发展，目前，我国已是全球货物贸易第一大国。《中华人民共和国国民经济和社会发展第十四个五年规划和 2035 年远景目标纲要》提出，立足国内大循环，协同推进强大国内市场和贸易强国建设。为了更加准确地掌握国际货物贸易报关与通关的专业知识，促进我国货物贸易自由化与便利化，编者组织编写了本书。

本书的特色主要体现在以下几个方面。一是内容丰富全面。本书将报关与通关实务相融合，全面介绍从进出口货物向海关申报到出入一国关境的整个过程。二是可读性较强。本书每章章首设置有导入案例，其间穿插阅读资料、热点案例和知识拓展，最后是小结和自测题。三是理论联系实际。本书坚持国际贸易理论与实践相结合，系统介绍国际贸易报关与通关相关规章制度与实践操作。

本书由河北大学王智新教授担任主编，河北大学刘超、李丽红、王丽华、陈凤新担任副主编。本书各章分工如下：第一章至第三章由王智新、王丽华、王晓敏、陈亚楠编写；第四章和第五章由王智新、刘超、陈凤新、李洁编写；第六章由王智新、王晓敏、李丽红编写；第七章由王智新、李丽红、陈亚楠、丁梦圆编写；第八章由王智新、刘超、李洁、丁梦圆编写。主编与副主编商定全书的编写提纲，并负责对全书各章进行修改，全书最后由主编总纂定稿。

编者在编写本书的过程中，得到了科学出版社的大力支持，同时本书吸取了国内兄弟院校的宝贵经验，借鉴和参考了许多已有教材和著作，在此一并致谢。

由于编者水平有限，书中不足之处在所难免，恳请广大读者批评指正。

目　　录

第一章　报关制度与海关管理

教学目标

- 掌握报关的概念
- 了解我国海关的产生和发展
- 掌握海关的性质和任务，了解海关的权力及其组织结构

学习要点

- 报关的概念
- 海关的性质和任务

导入案例

近年来，海关认真贯彻落实党中央、国务院决策部署，大力压缩整体通关时间，不断深化“放管服”改革，持续优化口岸营商环境。2019 年，我国进口、出口整体通关时间分别为 41.4 小时和 4 小时，比 2018 年分别压缩 42.3%、42.4%，压缩幅度较大。总的来看，在国内外风险挑战明显上升的情况下，2019 年我国外贸进出口实现了量的稳定增长和质的稳步提升。

2019 年，我国货物贸易进出口总值为 31.54 万亿元人民币，比 2018 年增长 3.4%。其中，出口 17.23 万亿元，增长 5%；进口 14.31 万亿元，增长 1.6%；贸易顺差 2.92 万亿元，扩大 25.4%。欧盟是我国第一大贸易伙伴，我国对欧盟进出口 4.86 万亿元，对东盟进出口 4.43 万亿元，对美国进出口 3.73 万亿元，对日本进出口 2.17 万亿元。此外，我国对“一带一路”沿线国家进出口 9.27 万亿元，增长 10.8%，高出整体增速 7.4 个百分点。民营企业进出口 13.48 万亿元，占我国外贸总值的 42.7%，首次超过外商投资企业，成为我国第一大外贸主体。外商投资企业进出口 12.57 万亿元，占我国外贸总值的 39.9%。国有企业进出口 5.32 万亿元，占我国外贸总值的 16.9%。一般贸易进出口 18.61 万亿元，占我国外贸总值的 59%；加工贸易进出口 7.95 万亿元，占我国外贸总值的 25.2%。机电产品出口 10.06 万亿元，占出口总值的 58.4%。肉类产品进口增长比较快，全年进口猪肉 210.8 万吨，同比增加 75%；进口牛肉 165.9 万吨，同比增加 59.7%。

（资料来源：根据海关总署 2019 年全年进出口情况新闻发布会资料整理所得。）

由此可见，海关具有统计进出口贸易的功能。学习本章后，学生能够对海关的性质和任务有全面的了解。

第一节 报关制度

一、我国海关的产生和发展

据史料记载，我国早在西周时期就开始设“关”，负责履行军事和政治性质的防卫，同时负责检查出入境物品、控制重要物资流向。那时的“关”事实上已经具备了海关的雏形。但我国正式以“海关”命名的边境管理机构出现于清朝。1684 年，清政府统一台湾后，废止禁海令，指定云台山、宁波、厦门、黄埔为对外开放的 4 处贸易口岸。经过两次鸦片战争，清政府被迫与列强签订一系列的不平等条约。从此，中国的关税自主权丧失殆尽。更有甚者，由于列强的巧取豪夺，清政府的海关行政管理权、海关税款收支保管权、海关缉私权等被逐一剥夺。1911 年的辛亥革命结束了中国的封建专制统治，但海关主权仍然把持在帝国主义列强手中。中国海关管理虽然随着国家局势变革有不同程度的变化，但其半殖民地的性质始终没有改变。

中华人民共和国成立以后，海关总署在北京宣告成立，标志着中国独立自主的社会主义海关的诞生，宣告了帝国主义控制下的半殖民地性质的海关的终结。1951 年，《中华人民共和国暂行海关法》和《中华人民共和国海关进出口税则》先后颁布实施，初步确立了中国海关法律体系的框架。

1987 年 1 月 22 日，第六届全国人民代表大会常务委员会第十九次会议通过《中华人民共和国海关法》（以下简称《海关法》），以法律形式确立了海关的性质、任务和管理体制。随后，我国陆续颁布实施了一系列海关管理法规、规章，建立起比较完善和系统的海关法律体系。根据实际需要，《海关法》多次被修正：根据 2000 年 7 月 8 日第九届全国人民代表大会常务委员会第十六次会议《关于修改〈中华人民共和国海关法〉的决定》第一次修正，根据 2013 年 6 月 29 日第十二届全国人民代表大会常务委员会第三次会议《关于修改〈中华人民共和国文物保护法〉等十二部法律的决定》第二次修正，根据 2013 年 12 月 28 日第十二届全国人民代表大会常务委员会第六次会议《关于修改〈中华人民共和国海洋环境保护法〉等七部法律的决定》第三次修正，根据 2016 年 11 月 7 日第十二届全国人民代表大会常务委员会第二十四次会议《关于修改〈中华人民共和国对外贸易法〉等十二部法律的决定》第四次修正，根据 2017 年 11 月 4 日第十二届全国人民代表大会常务委员会第三十次会议《关于修改〈中华人民共和国会计法〉等十一部法律的决定》第五次修正，根据 2021 年 4 月 29 日第十三届全国人民代表大会常务委员会第二十八次会议《关于修改〈中华人民共和国道路交通安全法〉等八部法律的决定》第六次修正。

二、报关的概念及制度沿革

（一）报关的概念

从字面意义上说，“报”指申报，“关”指海关。从专业的角度讲，报关有广义和狭义之分。广义的报关是指进出口货物的收发货人、进出境物品的所有人、进出境运输工具的负责人或代理人就其进出口货物、进出境物品或进出境运输工具向海关办理进出境手续及有关海关事务的全过程。狭义的报关则是指企业的报关人员就企业的进出口货物、物品备齐所需单证向海关申报的行为。本书中采用的是广义的报关概念。

《海关法》第八条规定，“进出境运输工具、货物、物品，必须通过设立海关的地点进境或者出境。在特殊情况下，需要经过未设立海关的地点临时进境或者出境的，必须经国务院或者国务院授权的机关批准，并依照本法规定办理海关手续”。《海关法》第九条规定：“进出口货物，除另有规定的外，可以由进出口货物收发货人自行办理报关纳税手续，也可以由进出口货物收发货人委托报关企业办理报关纳税手续”；“进出境物品的所有人可以自行办理报关纳税手续，也可以委托他人办理报关纳税手续”。所以，报关制度是以法律的形式确定下来的一种管理制度，进出口企业及相关的从业人员必须遵守。

（二）报关制度的沿革

中华人民共和国成立之初，大部分报关业务由专业的报关行或海关事务经纪人来完成。后来，国营进出口公司在对外贸易中逐步占据主导地位，报关均由各外贸公司直接办理，海关监管职能弱化，报关制度也受到影响。

党的十一届三中全会以后，我国实行了改革开放政策。从 1980 年起，对进出口货物全国实行统一的报关制度，启用了新格式的进出口货物报关单。1985 年 2 月，海关总署制定了《中华人民共和国海关对报关单位实施注册登记制度的管理规定》，报关单位的注册登记制度确立下来。之后，海关总署根据我国对外贸易的发展多次调整对报关企业的管理规定，于 2014 年 4 月 3 日公布实施《中华人民共和国海关报关单位注册登记管理规定》。这些对报关企业实施管理的重要法规，标志着中国的报关工作正在向专业化、社会化迈进。

1987 年 7 月 1 日开始实施的《海关法》，第一次以国家法律的形式对报关注册登记、报关企业、代理报关企业、报关员的管理做了明确的规定，为我国报关管理制度的建立和完善奠定了坚实的基础。1988 年 H883 报关自动化工程试点成功和 1992 年《商品名称及编码协调制度》的顺利实施，推动了我国海关报关的电子化。之后，《海关法》经过多次修正，新的《海关法》以法律的形式将报关管理制度进一步规范化、法制化，使得中国的报关制度逐步走向完善。

为了加强对报关员的管理和规范报关员的行为，海关总署分别于 1997 年 4 月和 7 月发布了《中华人民共和国海关对报关员管理规定》和《报关员资格全国统一考试暂行规定》。2013 年 10 月 12 日，《海关总署关于改革报关员资格管理制度的公告》发布，决定改革现行报关从业人员资质资格管理制度，取消报关员资格核准审批，对报关人员从业不再设置门槛和准入条件。报关从业人员由企业自主聘用，由报关协会自律管理，海关通过指导、督促报关企业加强内部管理实现对报关从业人员的间接管理。

三、报关的范围

《海关法》第二条规定：“中华人民共和国海关是国家的进出关境（以下简称进出境）监督管理机关。海关依照本法和其他有关法律、行政法规，监管进出境的运输工具、货物、行李物品、邮递物品和其他物品（以下简称进出境运输工具、货物、物品），征收关税和其他税、费，查缉走私，并编制海关统计和办理其他海关业务。”据此，进出境运输工具的负责人、进出口货物的收发货人和进出境物品的所有人，在上述运输工具、货物及物品进出境时必须如实申报，配合海关的监管工作。报关据此分为进出境运输工具报关、进出境货物报关和进出境物品报关 3 项内容。

（一）进出境运输工具报关

《海关法》第十四条至第二十二条明确规定如下。

进出境运输工具到达或者驶离设立海关的地点时，运输工具负责人应当向海关如实申报，交验单证，并接受海关监管和检查。

停留在设立海关的地点的进出境运输工具，未经海关同意，不得擅自驶离。

进出境运输工具从一个设立海关的地点驶往另一个设立海关的地点的，应当符合海关监管要求，办理海关手续，未办结海关手续的，不得改驶境外。

进境运输工具在进境以后向海关申报以前，出境运输工具在办结海关手续以后出境以前，应当按照交通主管机关规定的路线行进；交通主管机关没有规定的，由海关指定。

进出境船舶、火车、航空器到达和驶离时间、停留地点、停留期间更换地点以及装卸货物、物品时间，运输工具负责人或者有关交通运输部门应当事先通知海关。

运输工具装卸进出境货物、物品或者上下进出境旅客，应当接受海关监管。

货物、物品装卸完毕，运输工具负责人应当向海关递交反映实际装卸情况的交接单据和记录。

上下进出境运输工具的人员携带物品的，应当向海关如实申报，并接受海关检查。

海关检查进出境运输工具时，运输工具负责人应当到场，并根据海关的要求开启舱室、房间、车门；有走私嫌疑的，并应当开拆可能藏匿走私货物、物品的部位，搬移货物、物料。

海关根据工作需要，可以派员随运输工具执行职务，运输工具负责人应当提供方便。

进境的境外运输工具和出境的境内运输工具，未向海关办理手续并缴纳关税，不得转让或者移作他用。

进出境船舶和航空器兼营境内客、货运输，应当符合海关监管要求。

进出境运输工具改营境内运输，需向海关办理手续。

沿海运输船舶、渔船和从事海上作业的特种船舶，未经海关同意，不得载运或者换取、买卖、转让进出境货物、物品。

进出境船舶和航空器，由于不可抗力的原因，被迫在未设立海关的地点停泊、降落或者抛掷、起卸货物、物品，运输工具负责人应当立即报告附近海关。

（二）进出境货物报关

《海关法》规定，进口货物自进境起到办结海关手续止，出口货物自向海关申报起到出境止，过境、转运和通运货物自进境起到出境止，应当接受海关监管。

进口货物的收货人、出口货物的发货人应当向海关如实申报，交验进出口许可证件和有关单证。国家限制进出口的货物，没有进出口许可证件的，不予放行，具体处理办法由国务院规定。进口货物的收货人应当自运输工具申报进境之日起十四日内，出口货物的发货人除海关特准的外应当在货物运抵海关监管区后、装货的二十四小时以前，向海关申报。进口货物的收货人超过前款规定期限向海关申报的，由海关征收滞报金。

进出口货物应当接受海关查验。海关查验货物时，进口货物的收货人、出口货物的发货人应当到场，并负责搬移货物，开拆和重封货物的包装。海关认为必要时，可以径行开验、复验或者提取货样。海关在特殊情况下对进出口货物予以免验，具体办法由海关总署制定。

（三）进出境物品报关

《海关法》规定，个人携带进出境的行李物品、邮寄进出境的物品，应当以自用、合理数量为限，并接受海关监管。

进出境物品的所有人应当向海关如实申报，并接受海关查验。海关加施的封志，任何人不得擅自开启或者损毁。

进出境邮袋的装卸、转运和过境，应当接受海关监管。邮政企业应当向海关递交邮件路单。邮政企业应当将开拆及封发国际邮袋的时间事先通知海关，海关应当按时派员到场监管查验。

经海关登记准予暂时免税进境或者暂时免税出境的物品，应当由本人复带出境或者复带进境。过境人员未经海关批准，不得将其所带物品留在境内。

享有外交特权和豁免的外国机构或者人员的公务用品或者自用物品进出境，依照有关法律、行政法规的规定办理。

四、报关的分类

1. 按报关的对象划分

按报关的对象可将报关分为进出境运输工具报关、进出境物品报关和进出境货物报关。

1）进出境运输工具报关是将进出境的运输工具作为货物、人员及其携带物品的进出境的载体，其报关内容主要是向海关直接交验随附的、符合国际商业运输惯例的、能反映运输工具进出境合法性及其所载货物、物品情况的合法证件、清单和其他运输单证，报关手续较简单。

2）进出境物品报关是指个人运输、携带进出境的行李物品、邮寄进出境物品和其他类型物品的报关。这些物品是非贸易性质，因此海关在自用、合理的数量范围内予以免证、免税放行。

3）进出境货物报关在所有报关业务中最为重要。为了实现监管目标，海关制定了一系列的报关管理规范，并要求该项业务由专业人员办理。

2. 按报关的目的性质划分

按报关的目的性质可将报关分为进境报关、出境报关和转关报关。它们的不同之处在于，进境报关是在进境口岸进境，在指运地报关；出境报关是在启运地报关，在出境口岸出境；转关报关是从境内一个海关监管转到另一海关的监管之下。

3. 按报关主体划分

根据报关主体可将报关分为自理报关和代理报关。自理报关是指进出口收发货人自行办理报关业务。代理报关是指报关企业受进出口收发货人的委托，根据报关协议代理其办理报关业务。

阅读资料

委托报关协议通用条款

委托方责任

及时提供报关报检所需的全部单证，并对单证的真实性、准确性和完整性负责。

负责在报关企业办结海关手续后，及时、履约支付代理报关费用，支付垫支费用，以及因委托方责任产生的滞报金、滞纳金和海关等执法单位依法处以的各种罚款。

负责按照海关要求将货物运抵指定场所。

负责与被委托方报关员一同协助海关进行查验，回答海关的询问，配合相关调查，并承担产生的相关费用。

在被委托方无法做到报关前提取货样的情况下，承担单货相符的责任。

被委托方责任

负责解答委托方有关向海关申报的疑问。

负责对委托方提供的货物情况和单证的真实性、完整性进行“合理审查”，审查内容包括：（一）证明进出口货物实际情况的资料，包括进出口货物的品名、规格、用途、产地、贸易方式等；（二）有关进出口货物的合同、发票、运输单据、装箱单等商业单据；（三）进出口所需的许可证件及随附单证；（四）海关要求的加工贸易（纸质或电子数据的）及其他进出口单证。

因确定货物的品名、归类等原因，经海关批准，可以看货或提取货样。

在接到委托方交付齐备的随附单证后，负责依据委托方提供的单证，按照《中华人民共和国海关进出口报关单填制规范》认真填制报关单，承担“单单相符”的责任，在海关规定和本委托报关协议中约定的时间内报关，办理海关手续。

负责及时通知委托方共同协助海关进行查验，并配合海关开展相关调查。

负责支付因报关企业的责任给委托方造成的直接经济损失，所产生的滞报金、滞纳金和海关等执法单位依法处以的各种罚款。

负责在本委托书约定的时间内将办结海关手续的有关委托内容的单证、文件交还委托方或其指定的人员（详见《委托报关协议》“其他要求”栏）。

赔偿原则

被委托方不承担因不可抗力给委托方造成损失的责任。因其他过失造成的损失，由双方自行约定或按国家有关法律法规的规定办理。由此造成的风险，委托方可以投保方式自行规避。

不承担的责任

签约双方各自不承担因另外一方原因造成的直接经济损失，以及滞报金、滞纳金和相关罚款。

收费原则

一般货物报关收费原则上按当地《报关行业收费指导价格》规定执行。特殊商品可由双方另行商定。

法律强制

本《委托报关协议》的任一条款与《海关法》及其他有关法律、法规不一致时，应以法律、法规为准。但不影响《委托报关协议》其他条款的有效。

协商解决事项

变更、中止本协议或双方发生争议时，按照有关规定及程序处理。因签约双方以外的原因产生的问题或报关业务需要修改协议条款的，应协商订立补充协议。双方可以在法律、行政法规准许的范围内另行签署补充条款，但补充条款不得与本协议的内容相抵触。

第二节　海关的性质和任务

一、我国海关的性质

《海关法》第二条明确规定了我国海关的性质与任务。

1. 海关是国家行政机关

我国的国家机关包括享有立法权的立法机关、享有司法权的司法机关和享有行政管理权的行政机关。海关是国家的行政机关之一，从属于国家行政管理体制，属我国最高国家行政机关——国务院的直属机构。海关不论对内对外都代表国家依法独立行使行政管理权。

2. 海关是国家监督管理机关

海关履行国家行政制度的监督职能。海关依照有关法律、行政法规并通过法律赋予的权力，制定具体的行政规章和行政措施，对特定领域的活动开展行政监督管理，以保证其按国家的法律规范进行。

海关实施监督管理的范围是进出关境及与之有关的活动，监督管理的对象是所有进出关境的运输工具、货物、物品。

关境是世界各国海关通用的概念，指同一部海关法的管辖范围或实行同一关税制度的领域。在一般情况下，关境等于国境，但对于关税同盟的每个成员方来说，其关境大于国境，如欧盟。如果在国内设立自由港、自由贸易区等特定区域，由于进出这些特定区域的货物都是免税的，因而该国的关境小于国境。我国的关境范围包括除享有单独关境地位的地区以外的中华人民共和国的全部领域，包括领水、领陆和领空。目前，我国的单独关境区包括中国香港特别行政区、中国澳门特别行政区和中国台湾、澎湖、金门、马祖等地区。在单独关境内，各关境区各自实行单独的海关制度。因此，我国的关境范围小于国境范围。本书所讲的“进出境”均指进出“关境”。

3. 海关的监督管理是国家行政执法活动

海关通过法律赋予的权力，对特定范围内的社会经济活动进行监督管理，并对违法行为依法实施行政处罚，以保证这些社会经济活动符合国家的法律规范。因此，海关的监督管理是保证国家有关法律、法规实施的行政执法活动。

海关执法的依据是现行的《海关法》和其他全国人民代表大会或全国人民代表大会常务委员会制定的相关法律法规，以及国务院制定的行政法规。海关事务属于中央立法事权，立法者为全国人民代表大会及其常务委员会，以及国家最高权力机关的最高执行机关——国务院，除此以外，海关总署可以根据法律和国务院的法规、决定、命令来制定规章，作为执法依据的补充。省、自治区、直辖市人民代表大会和人民政府不得制定海关法律规范，其制定的地方性法规、规章也不是海关执法的依据。

二、海关的任务

《海关法》明确规定海关有 4 项基本任务：①监督进出境的运输工具、货物、行李物品、邮递物品和其他物品；②征收关税和其他税、费；③查缉走私；④编制海关统计和办理其他海关业务。简称海关监管、征收税费、查缉走私和海关统计。除了这 4 项基本任务外，海关的职责还包括知识产权海关保护、海关对反倾销及反补贴的调查等。

1. 海关监管

海关监管是海关的最基本任务。根据监管物件的不同，海关监管分为运输工具监管、货物监管和物品监管 3 大体系，每个体系都有一整套规范的管理程式与方法。监管是海关最基本的任务，海关的其他任务都是在监管工作的基础上进行的。除了通过备案、审单、查验、放行、后续管理等方式对进出境运输工具、货物、物品的进出境活动实施监管外，海关监管还要执行或监督执行国家其他对外贸易管理制度，如进出口许可证制度、外汇管理制度、进出口商品检验检疫制度、文物管理制度等的实施，从而在政治、经济、文化、道德、公众健康等方面维护国家利益。

2. 征收税费

海关的另一项重要任务是代表国家征收关税和其他税、费（增值税、消费税等）。海关征税的基本法律依据是《海关法》和《中华人民共和国进出口关税条例》。关税是指由海关代表国家，按照《海关法》和《中华人民共和国进出口税则》（以下简称《进出口税则》），向进出口商、收发货人就所进出口的货物、进出境物品征收的一种间接税。关税是国家财政收入的重要来源，也是国家宏观经济调控的重要工具。关税的征收主体是国家，《海关法》明确将征收关税的权力授予海关，由海关代表国家行使征收关税职能。因此，未经法律授权，其他任何单位和个人均不得行使征收关税的权力。

3. 查缉走私

走私是指进出境活动的当事人或相关人违反《海关法》及有关法律、行政法规，逃避海关监管，偷逃应纳税款、逃避国家有关进出境的禁止性或者限制性管理，非法运输、携带、邮寄国家禁止、限制进出口或者依法应当缴纳税款的货物、物品进出境，或者未经海关许可并且未缴应纳税款、交验有关许可证件，擅自将保税货物、特定减免税货物及其他海关监管货物、物品、进境的境外运输工具在境内销售的行为。它以逃避监管、偷逃关税、牟取暴利为目的，扰乱经济秩序，冲击民族工业，腐蚀干部群众，毒化社会风气，引发违法犯罪，对国家危害性极大，因此，必须对其予以严厉打击。

查缉走私是指海关依照法律赋予的权力，在海关监管场所和海关附近的沿海沿边规定地区，为发现、制止、打击、综合治理走私活动而进行的一种调查和惩处活动。查缉走私是海关为保证顺利完成监管和征税等任务而采取的保障措施。

《海关法》第五条规定，"国家实行联合缉私、统一处理、综合治理的缉私体制。海关负责组织、协调、管理查缉走私工作"，这一规定从法律上明确了海关打击走私的主导地位及有关部门的执法协调。海关是打击走私的主管机关，查缉走私是海关的一项重要任务。海关通过查缉走私，制止和打击一切非法进出境货物、物品的行为，维护国家进出口贸易的正常秩序，保障社会主义现代化建设的顺利进行，维护国家关税政策的有效实施，保证国家关税和其他税、费的依法征收，保证海关职能作用的充分发挥。为了严厉打击走私犯罪活动，根据党中央、国务院的决定，我国组建了专司打击走私犯罪的海关缉私警察队伍，负责对走私犯罪案件的侦查、拘留、执行逮捕和预审工作。

根据我国的缉私体制，除了海关以外，公安、市场监督、税务、烟草专卖等部门也有查缉走私的权力，但这些部门查获的走私案件，必须按照法律规定，统一处理。各有关行政部门查获的走私案件，应当给予行政处罚的，移送海关依法处理；涉嫌犯罪的，应当移送海关侦查走私犯罪公安机构、地方公安机关依据案件管辖分工和法定程序办理。

4. 海关统计

《中华人民共和国海关统计条例》第二条对海关统计做了如下定义：海关统计是海关依法对进出口货物贸易的统计，是国民经济统计的组成部分。

海关统计以实际进出口货物为统计对象，通过搜集、整理、分析我国对外贸易进出口货物原始资料（报关单），全面准确地反映我国对外贸易进出口货物情况及国家制定对外贸易政策运行的情况，为进一步制定宏观经济调控措施提供重要依据。我国海关统计制度规定，凡能引起我国境内物质资源储备增加或减少的进出口货物，均列入海关统计范围。进出境物品超过自用、合理数量的，均列入海关统计。

1992 年 1 月 1 日，海关总署以国际通用的《商品名称及编码协调制度》为基础，编制了《中华人民共和国海关统计商品目录》，把税则与统计目录的各类编码统一起来，规范了进出口商品的命名和归类，使海关统计逐步与国际接轨。《中华人民共和国海关统计商品目录（2020 年版）》是以海关合作理事会制定的《商品名称及编码协调制度》为基础，结合我国实际进出口贸易情况编制而成的专业工具书，是国家的对外贸易商品统计目录；同时，根据海关合作理事会建议书的内容，为每一个 8 位数编码商品设置了国际标准计量单位。书中所列商品编号与税则委员会制定的新的税则号列完全一致。2020 年版统计商品目录所列商品分为 22 类 98 章，共计 8500 余个 8 位数商品编号。

在上述 4 项基本任务中，海关监管是基础，其他任务是在此基础上的延伸，同时它们又反过来为海关监管服务。

第三节 海关的权力

海关的权力是指国家为保证海关依法履行职责，通过《海关法》及其他法律、法规赋予海关行使监管职责的权能。海关权力属于公共行政职权，其行使受到一定范围和条件限制，自然应当受到执法监督。

一、海关权力的特点

海关权力作为一种行政职权，除了一般行政权力的单方性、强制性、无偿性等基本特征之外，还具有特定性、独立性、效力先定性等特征。

1. 特定性

《海关法》第二条从法律上明确了海关享有对进出境监管的主体资格，其他机关不具有该项权力。海关权力的特定性还体现在海关权力的适用范围是特定的，即进出关境监督管理领域，不能作用于其他场合。

2. 独立性

《海关法》第三条规定：“国务院设立海关总署，统一管理全国海关。

国家在对外开放的口岸和海关监管业务集中的地点设立海关。海关的隶属关系，不受行政区划的限制。

海关依法独立行使职权，向海关总署负责。”

3. 效力先定性

海关效力先定性表现在海关行政行为一经作出，就应推定其合法而必须遵照执行（先执行再申辩）。

二、海关权力的内容

根据《海关法》及其他法律法规，海关的权力包括行政法规制定权、行政许可权、税费征收权、行政监督检查权、行政强制权、行政处罚权、其他权力。

1. 行政法规制定权

行政法规制定权是指海关依照国家法律法规的授权，针对海关业务制定和颁布具有行政约束力的规则、条例、办法的权力。

2. 行政许可权

行政许可权是指对报关企业注册登记许可，对从事海关监管货物的仓储、转关运输货物的境内运输、加工贸易备案、变更和核销业务的许可及对报关员从业资格的许可等权力。

3. 税费征收权

税费征收权是指海关代表国家对进出口货物、物品征收关税及其他税费；根据法律、行政法规及有关规定对特定的进出口货物、物品减征或免征关税；对经海关放行后的有关进出口货物、物品，发现少征或者漏征税款的，有依法追征、补征税款的权力。

4. 行政监督检查权

行政监督检查权是实现其行政管理职能的保证，主要包括以下具体权力。

1）检查权。主要是针对进出境运输工具、有藏匿走私货物嫌疑的场所和走私嫌疑人进行检查。对有走私嫌疑的运输工具，在海关监管区和海关附近沿海沿边规定地区外，须经直属海关关长或者其授权的隶属海关关长批准，才能进行检查，但不能检查公民住处。对走私嫌疑人身体检查应在海关监管区和海关附近沿海沿边规定地区内进行。

2）查验权。海关对进出境的货物、物品有权进行查验以确定货物、物品申报是否属实。必要时，可径行提货，鉴别其合法性。

3）查阅、复制权。海关有权查阅进出境人员的证件、查阅复制与进出境运输工具、货物、物品相关的合同、发票、账册等其他进出境贸易的资料。

4）查问权。海关有权对违法人或违法嫌疑人进行查问。

5）查询权。海关在调查走私案件时，经直属海关关长或者其授权的隶属海关关长批准，对涉嫌单位和涉嫌人员在金融机构、邮政企业的存款、汇款进行查询。

6）稽查权。进出口放行之日起 3 年内或者保税货物、减免税进口货物在监管期限内及其后的 3 年内，海关可以对与进出口货物直接相关的企业、单位的会计账簿、会计凭证、报关单证及其他有关资料和有关的进出口货物进行稽查。有关细节请参阅《中华人民共和国海关稽查条例》。

5. 行政强制权

海关行使行政强制权是《海关法》及相关法律法规得以贯彻施行的重要保障，具体表现如下。

1）扣留权。《海关法》第六条的第（一）款至第（四）款明确规定，对违法进出境运输工具、货物、物品可以扣留。对有走私嫌疑的运输工具、货物、物品和走私犯罪嫌疑人，经直属海关关长或者其授权的隶属海关关长批准，可以扣留但对走私犯罪嫌疑人，扣留时间不超过 24 小时，在特殊情况下可以延长至 48 小时。在海关监管区和海关附近沿海沿边规定地区以外，海关在调查走私案件时，对有走私嫌疑的运输工具和除公民住处以外的有藏匿走私货物、物品嫌疑的场所，经直属海关关长或者其授权的隶属海关关长批准，可以进行检查，有关当事人应当到场；当事人未到场的，在有见证人在场的情况下，可以径行检查；对其中有证据证明有走私嫌疑的运输工具、货物、物品，可以扣留。

2）滞报金、滞纳金征收权。海关有权对超过法定申报期限的进出口的货物征收滞报金；有权对进出口货物的纳税义务人未按法定期限缴纳进出口税费征收滞纳金。

3）提取货物变卖、先行变卖权。海关对下列情况之一者可依法先行变卖：①进口货物超过 3 个月未向海关申报的；②进口货物收货人或所有人声明放弃的；③海关依法扣留货物、物品，不宜长期保留的，经直属海关关长或其授权的隶属海关关长批准；④规定期限内未申报而又不宜长期保留，以及误卸或溢卸且不宜长期保留的。

4）强制扣缴、变价抵缴关税权。超过规定期限不纳税，经直属海关关长或授权隶属海关关长批准，对纳税义务人、担保人扣等额银行存款、变卖应税货物或其他货物等财产，以变卖所得抵缴税款。

5）税收保全。进出口纳税义务人在规定的纳税期内有明显的转移、藏匿其应税货物及其他财产迹象的，海关可责令纳税义务人提供担保；不能提供纳税担保时，经直属海关关长或授权隶属海关关长批准，可采取扣等额金融存款、货物或其他财产的保全措施。

6）抵缴、变价抵缴罚款权。当事人逾期不履行处罚决定而又不申请复议或向人民法院提起诉讼时，作出处罚决定的海关可以将其保证金抵缴或将其被扣留货物、物品或运输工具依法变价抵缴。

6. 行政处罚权

海关有权对尚未构成走私罪的违法当事人处以行政处罚，包括对走私的物品没收，对有关当事人的罚款，以及对违规报关员、走私行为人的警告、处罚、暂停资格和取消报关资格权。

7. 其他权力

1）佩带和使用武器权。《海关法》第六条第（七）款规定：“海关为履行职责，可以配备武器。海关工作人员佩带和使用武器的规则，由海关总署会同国务院公安部门制定，报国务院批准。”

2）连续追缉权。《海关法》第六条第（六）款规定：“进出境运输工具或者个人违抗海关监管逃逸的，海关可以连续追至海关监管区和海关附近沿海沿边规定地区以外，将其带回处理。”

3）行政裁定权。《海关法》第四十三条规定：“海关可以根据对外贸易经营者提出的书面申请，对拟作进口或者出口的货物预先作出商品归类等行政裁定。

进口或者出口相同货物，应当适用相同的商品归类行政裁定。

海关对所作出的商品归类等行政裁定，应当予以公布。”

4）行政奖励权。《海关法》第十三条规定：“海关建立对违反本法规定逃避海关监管行为的举报制度。

任何单位和个人均有权对违反本法规定逃避海关监管的行为进行举报。

海关对举报或者协助查获违反本法案件的有功单位和个人，应当给予精神的或者物质的奖励。

海关应当为举报人保密。”

三、海关权力行使原则

海关按照《海关法》和国家有关法律法规，在国家赋予的职权范围内自主地、全权地行使海关监督管理权，不受地方政府（包括同级党的机构）和有关部门的干预。海关在行使权力时应遵循以下原则。

1. 合法原则

合法原则主要体现在以下 4 个方面。

1）主体资格合法。海关有行政权，缉私警察有侦查权。

2）行使权力以法律规范为依据。

3）行使权力的方法、手段、步骤、时限程序要合法。

4）一切行政违法主体（包括海关及管理相对人）都应承担相应的法律责任。

2. 适当原则

权力的行使以公平性、合理性为基础，以正义性为目标。海关执法人员出于国家利益，在验、征、放、减、罚的管理活动中拥有很大的自由裁量权。为了能合理地运用自由裁量权，我国在制度上安排了两个监督途径：行政监督（行政复议程序）和司法监督（行政诉讼程序）。

3. 依法独立行使原则

海关实行高度集中的统一管理体制和垂直领导方式，地方各级海关只对海关总署负责。

4. 依法受到保障原则

《海关法》第七条规定："各地方、各部门应当支持海关依法行使职权，不得非法干预海关的执法活动。"

《海关法》第十二条规定："海关依法执行职务，有关单位和个人应当如实回答询问，并予以配合，任何单位和个人不得阻挠。

海关执行职务受到暴力抗拒时，执行有关任务的公安机关和人民武装警察部队应当予以协助。"

四、海关权力的监督

海关权力的监督是指执法监督，具体指特定的监督主体依法对海关行政机关和执法人员的行政执法活动实施的监察、检查，以确保海关权力在法定范围内运行，同时也使当事人的合法权利得到有效的保护。《海关法》专门将第七章列为执法监督。

海关在依法执行公务的过程中，不仅要接受来自党、群、国务院、法院、检察院、审计、司法等行政部门、司法机关的监督，还要接受管理相对人、上下级、机关内部各部门及社会舆论的监督。

第四节　海关的管理体制与机构

《海关法》规定，国务院设立海关总署，统一管理全国海关。海关实行垂直领导的体制，即：隶属海关由直属海关领导，向直属海关负责；直属海关由海关总署领导，向海关总署负责。这种管理体制有助于彻底贯彻海关 16 字工作方针：依法行政、为国把关、服务经济、促进发展。

一、海关的管理体制

中华人民共和国成立初期，海关总署隶属国务院，实行垂直领导，后划归对外贸易部领导。直至1980年，海关总署重新受国务院的直接领导，并于1987年1月以立法形式确立了这种隶属关系。

1）海关总署属国务院直属部门，并且以法律的形式加以确定。

2）采取集中统一的垂直领导体制，海关隶属关系不受行政区划限制。

3）海关独立行使职权，向海关总署负责。这有力地保证了海关各项监督管理职能的实施。

二、设关原则

《海关法》第三条明确了我国的设关原则，即国家在对外开放的口岸、海关监管业务集中的地点设立海关。

对外开放的口岸是指经国务院批准，允许运输工具及所载人员、货物、物品直接出入国（关）境的机场、港口、车站，以及允许运输工具及所载人员、货物、物品直接出入国（关）境的边境通道。我国规定在对外开放的口岸必须设置海关和出入境检验检疫机构。截至2020年5月31日，全国共有经国务院批准的对外开放口岸310个，其中水运口岸128个，铁路口岸22个，公路口岸81个，航空口岸79个。

海关监管业务集中的地点是指转关运输监管、保税加工监管等地方。

三、海关的组织机构

中国海关是国家的进出境监督管理机关，实行垂直管理体制。

1. 海关总署

海关总署是中国海关的领导机关，是国务院下属的正部级直属机构，在国务院领导下负责统一管理全国海关机构、人员、经费及业务，是海关系统最高领导部门。海关总署下设广东分署，在上海和天津设立特派员办事处作为其派出机构。海关总署现有署内部21个、派驻机构1个、在京直属企事业单位10个、社会团体2个、驻外机构4个、直属机构45个、事业单位2个。

2. 直属海关

海关总署下设的直属海关共有44个，除我国香港、澳门、台湾地区外，分布在全国31个省、自治区、直辖市。海关总署的主要职责包括以下几个方面：①对关区通关作业实施运行管理，包括执行总数业务参数、建立并维护审单辅助决策参数、对电子审单通道判别进行动态维护和管理、对关区通关数据和相关业务数据进行有效的监控和综合分析；②实施关区集中审单、组织和指导隶属海关开展接单审核、征收税费、查验、放行等通过作业；③组织实施对各类海关监管场所、进出境货物和运输工具的实际监控；④组织实施贸易管制措施，税收征管、保护和加工贸易海关监管、企业分类管理和知识产权进出境保护；⑤组织开展关区贸易统计、业务统计和统计分析工作；⑥组织开展关区调查、稽查和侦查工作；⑦按规定程序及权限办理各项业务审核、审批、转报和注册备案手续；⑧开展对外执法协调和行政纠纷、争议的处理；⑨开展对关区各项业务的执法检查、监督和评估。

3. 隶属海关

隶属海关是由直属海关领导，负责办理海关业务的海关，是进出境监督管理职能的基本执行单位。隶属海关的主要职责包括以下几个方面：①开展接单审核、征收税费、验估、查验、放行等通过作业；②对辖区内的加工贸易实施海关监管；③对进出境运输工具及其燃料、物料、备件等实施海关监管，征收船舶吨税；④对各类海关监管场所实施监控；⑤对通关、转关及保税货物的存放、移动、放行或其他处置实施实际监控；⑥开展对运输工具、进出口货物、监管场所的风险分析，执行各项风险处置措施；⑦办理辖区内报关单位通关注册备案业务；⑧受理辖区内设立海关监管场所、承运海关监管货物业务的申请；⑨对辖区内特定减免税货物实施海关后续监管。

4. 海关缉私警察机构

海关缉私警察是一支专门打击走私犯罪的警察队伍。根据需要，1998 年海关总署走私犯罪侦查局成立，2003 年 1 月 1 日起更名为“海关总署缉私局”，实行海关总署和公安部双重领导、以海关领导为主的体制，同时在广东分署和各直属海关设立分局。主要工作包括：拟定反走私社会综合治理政策措施并组织实施，查处走私、违规案件，侦办走私罪案件，开展缉私情报工作；组织开展打击走私国际（地区）合作，承担世界海关组织情报联络工作。

知识拓展

走私罪的判定条件

《中华人民共和国刑法》(以下简称《刑法》) 规定，下列行为，以走私罪论处：①直接向走私人非法收购国家禁止进口物品的，或者直接向走私人非法收购走私进口的其他货物、物品，数额较大的；②在内海、领海、界河、界湖运输、收购、贩卖国家禁止进出口物品的，或者运输、收购、贩卖国家限制进出口货物、物品，数额较大，没有合法证明的。

对直接向走私人收购国家禁止进口物品的，或者直接向走私人非法收购走私进口的其他货物、物品的行为以走私罪论处应当符合以下两个条件。

1）行为人在境内必须直接向走私人非法收购国家禁止进口或者走私进口的其他货物、物品，即所谓的“第一手交易”，如果不是直接向走私分子收购走私进境的货物、物品，而是经过第二手、第三手甚至更多的收购环节后收购的，不能以走私罪论处。

2）直接向走私人非法收购走私进口的其他货物、物品的，必须达到数额较大，才能构成犯罪，如果是武器、弹药、核材料或者伪造的货币和淫秽物品等违禁品，则没有数额的限制。根据《刑法》相关规定，收购的个人走私货物、物品偷逃应缴税额在 5 万元以上，即为“数额较大”。

对在内海、领海、界河、界湖运输、收购、贩卖国家禁止进出口货物、物品的行为，或者运输、收购、贩卖国家限制进出口货物、物品的行为以走私罪论处必须符合以下两个条件。

1）行为人必须在内海、领海、界河、界湖运输、收购、贩卖国家禁止进出口物品或者国家限制进出口的货物、物品。内海是指我国领海基线以内包括海港、领湾、海峡、直基线与海岸之间的海域，它属于我国内水的范围（司法解释包括内河的入海口水域）。领海是指邻接我国陆地领土和内水的一带海域。我国的领海宽度从领海基线量起为 12 海里。

2）在内海、领海、界河、界湖运输、收购、贩卖国家禁止进出口或者限制进出口的货物、物品，必须达到数额较大，没有合法证明，才构成犯罪。本项所称“国家限制进出口的货物、物品”是指国家对进口或者出口实行配额或者许可证管理的货物、物品。这里的“合法证明”是指有关主管部门颁发的进出口货物、物品许可证、准运证等能证明其来源、用途合法的证明文件。只有数额达到较大，又无合法证明的，才以走私罪论处。

以各种方式逃避海关监管，向海关隐瞒、掩饰擅自将境外固体废物、液体废物、气态废物偷运入境的，以走私罪论处。对于这种危害国家和个人利益的走私行为，要给予严厉打击。

小　结

报关是指进出口货物的收发货人、进出境物品的所有人、进出境运输工具的负责人或代理人就其进出口货物、进出境物品或进出境运输工具向海关办理进出境手续及有关海关事务的全过程。《海关法》第八条、第九条明确规定了进出境运输工具、货物、物品，必须通过设立海关的地点进境或者出境，并依法办理海关手续。

《海关法》规定，中华人民共和国海关是国家的进出关境监督管理机关。海关依照《海关法》和其他有关法律、行政法规，监管进出境的运输工具、货物、行李物品、邮递物品和其他物品，征收关税和其他税、费，查缉走私，并编制海关统计和办理其他海关业务。

海关的权力是指国家为保证海关依法履行职责，通过《海关法》及其他法律法规赋予海关行使监管职责的权能。海关权力属于公共行政职权，其行使受到一定范围和条件限制，自然应当受到执法监督。

《海关法》规定，国务院设立海关总署，统一管理全国海关。海关实行垂直领导的体制，即隶属海关由直属海关领导，向直属海关负责；直属海关由海关总署领导，向海关总署负责。这种管理体制有助于彻底贯彻海关 16 字工作方针：依法行政、为国把关、服务经济、促进发展。

案例分析

宁波海关北仑口岸的海关查验官员在对 2 只报批为木制家具的集装箱进行常规查验

时发现疑点：这2只集装箱装满木制仿古家具，有600多件，其中夹杂着贴金的人像、蹲狮、白雕花鸟等。海关人员怀疑其中有些物品是文物，于是将货柜扣留。后经专家鉴定，其中有200多件属国家禁止、限制出境的文物。

思 考

上述案例中的哪些文物是国家禁止出口的？走私国家禁止文物应受到怎样的处罚？

自 测 题

一、选择题

1.《海关法》第八条、第九条明确规定了进出境（　　），必须通过设立海关的地点进境或者出境，并依法办理海关手续。

A. 运输工具　　B. 货物

C. 物品　　D. 人员

2.《海关法》规定，我国海关的任务主要有（　　）。

A. 海关监管　　B. 征收税费

C. 查缉走私　　D. 海关统计

3. 海关权力作为一种行政职权，除了一般行政权力的单方性、强制性、无偿性等基本特征之外，还具有（　　）等特征。

A. 特定性　　B. 独立性

C. 效力先定性　　D. 排他性

4. 下列不属于报关单位的有（　　）。

A. 沈阳进出口公司　　B. 进出境货物的携带人

C. 出口产品加工厂　　D. “长风号”集装箱船

二、判断题

1. 海关实行高度集中统一管理体制和垂直领导方式，地方各级海关只对海关总署负责。（　　）

2. 海关在依法执行公务的过程中，不仅要接受来自党、群、国务院、法院、检察院、审计、司法等行政部门、司法机关的监督，还要接受管理相对人、上下级、机关内部各部门及社会舆论的监督。（　　）

3. 进出口纳税义务人在规定的纳税期内有明显的转移、藏匿其应税货物及其他财产迹象的，海关可责令纳税义务人提供担保；不能提供纳税担保时，经直属海关关长或授权隶属海关关长批准，可采取扣等额金融存款、货物或其他财产的保全措施。（　　）

4. 海关可以根据对外贸易经营者提出的书面申请，对拟作进口或者出口的货物预先作出商品归类等行政裁定。（　　）

5. 我国的关境范围包括除享有单独关境地位的地区以外的中华人民共和国的全部领域，包括领水、领陆和领空。（　　）

第二章　报关管理制度

教学目标

- 了解报关管理制度的含义及我国报关制度的形成和发展
- 掌握报关单位管理制度的含义及内容

学习要点

- 我国报关制度的含义及内容
- 报关单位的管理制度

导入案例

华隆进出口贸易有限公司是经海关总署批准，在国家市场监督管理总局、中华人民共和国商务部外贸发展事务局注册的报关企业，以代理进出口报关、拖车、海运、深港散货快件、单证等为主营业务，长期为各地区企业代办进出口报关业务。该公司的主营业务如下。

1. 代理报关

该公司专业代理进出口报关。凡委托单位合同到期或无进出口权、进出口时不方便或不能办理进出口通关所需单证时，该公司均能代为办理。委托单位只需要提供货物的名称、数量、型号规格、毛重、净重、总金额、出口目的地等，该公司即可代理报关、清关，同时提供报关时所需的各类单证。

2. 代办原产地证及进出口所需证书（1 个工作日即可办妥）

1）一般原产地证（C/O）、普惠制产地证（FORM A）、智利产地证（FORM F）、东盟产地证（FORM E）、亚太产地证（FORM M）。

2）各国大使馆加签的 C/O、FORM A、发票、合同、证明书等。

3）DVD、MP3、摄像头、显示器一类产品的 FORM A。优惠快捷办理熏蒸/消毒证书，动物、植物检疫证书，健康证书，卫生证书，兽医证书等。

以上可见我国进出口报关之一斑，学习本章后，学生能够全面掌握我国的报关管理制度。

第一节　报关管理制度概述

报关管理制度是指海关依法对报关单位的报关资格审定、批准及对报关单位的报关行为进行规范和有效管理的业务制度。报关管理制度是实现海关职能的制度保障。它是报关单位和报关员的报关行为准则，是实现海关进出境监督管理职能、维护国家进出口经济贸易活动正常秩序的重要保证。

一、我国报关管理制度的形成

为了维护国家的主权，新中国成立后，我国很快制定了进出口商就进出口货物应向海关申报的报关制度，统一使用新的报关单证。之后很长一段时间，我国的对外贸易都是由经国家批准的国营对外贸易专业公司经营，进出口货物的报关全部在对外贸易部统一领导下，有组织、有计划地进行，由各外贸公司单独直接办理，报关管理对象较为单一。因此，这个阶段的报关管理只是一种形式上的管理，没有充分体现海关管理机关的职能。

党的十一届三中全会以来，随着全党工作重心的转移和对外开放政策的不断深入，我国对外经济贸易活动的经营成分和贸易方式发生了很大的变化。面对众多初涉报关业务的企业及报关员，为了提高报关质量和效率，加大打击违规、走私、偷逃税款的不法行为，海关开始重视加强对企业报关资格的审批工作。1985 年 2 月，海关总署发布了《中华人民共和国海关对报关单位实施注册登记制度的管理规定》。这个规定明确了报关单位的权利、义务和法律责任，对报关单位提出了注册登记的要求。该规定是我国海关第一个比较完善的全国统一的报关管理制度的法规文件，是我国海关报关制度基本形成的一个重要标志。

二、我国报关管理制度的发展和完善

1987 年 7 月 1 日，《海关法》开始实施，首次以国家法律的形式对报关注册登记、专业报关企业、代理报关企业、报关员的管理作出规定，为我国报关管理制度的发展和完善提供了坚实的法律基础。《海关法》明确规定了海关对企业、单位的进出口货物报关权的审批权力，解决了长期以来存在的进出口经营权、国际货运代理权与报关权相混淆的问题，为海关加强报关管理工作提供了充分的法律依据。随着《海关法》的颁布实施，我国海关报关管理制度逐步迈入规范化、法制化轨道。2001 年 1 月 1 日起，修正后的《海关法》以法律的形式明确规定了向海关办理报关纳税手续的企业及人员的主体资格、报关企业及其委托人的法律地位和法律责任、企业的报关注册登记、报关从业人员资格、报关企业和报关人员的业务守则等内容，将我国的报关管理制度进一步法制化和规范化，使我国的报关管理更加适应外贸体制的改革与中国加入世界贸易组织的要求，标志着我国报关管理制度走向完善。

1985 年 2 月 25 日，《中华人民共和国海关对报关单位实施注册登记制度的管理规定》（以下简称《对报关单位实施注册登记制度的管理规定》）发布，报关单位的注册登记制度确立下来。1992 年 9 月 9 日，《中华人民共和国海关对报关单位和报关员的管理规定》（以下简称《对报关单位和报关员的管理规定》）发布，《对报关单位实施注册登记制度的管理规定》同时废止。2005 年 3 月 31 日，《中华人民共和国海关对报关单位注册登记管理规定》（以下简称《对报关单位注册登记管理规定》）发布，《对报关单位和报关员的管理规定》同时废止。2014 年 3 月 13 日，《中华人民共和国海关报关单位注册登记管理规定》（以下简称《报关单位注册登记管理规定》）公布，《对报关单位注册登记管理规定》同时废止。该规定对报关企业、进出口货物收发货人的报关注册登记制度、报关单位的管理及报关中的相关术语进行规范，明确了报关单位进行注册登记的资格认定方法及管理办法，及其办理报关业务的责任义务。《报关单位注册登记管理规定》自 2014 年 3 月 13 日发布后，于 2017 年 12 月 20 日进行了第一次修改，2018 年 5 月 29 日进行了第二次修改。

这些规定的实施，积极推进了报关管理制度的进一步法制化、规范化。同时，也使我国的报关管理制度向国际化迈进了一大步。

第二节　报关单位管理制度

为了规范海关对报关单位的备案管理，根据《中华人民共和国海关法》以及其他有关法律、行政法规的规定，制定了具体规定。

一、报关单位

（一）报关单位的概念

报关单位，是指在海关备案的进出口货物收发货人、报关企业。

报关单位可以在中华人民共和国关境内办理报关业务。

（二）报关单位的备案

1. 报关单位备案的条件

进出口货物收发货人、报关企业申请备案的，应当取得市场主体资格；其中进出口货物收发货人申请备案的，还应当取得对外贸易经营者备案。

进出口货物收发货人、报关企业已办理报关单位备案的，其符合前款条件的分支机构也可以申请报关单位备案。

法律、行政法规、规章另有规定的，从其规定。

2. 报关单位备案递交材料

报关单位申请备案时，应当向海关提交报关单位备案信息表（表 2.1）。

表 2.1　报关单位备案信息表

统一社会信用代码				填表/打印日期	
申请类型	□备案　□备案信息变更　□注销				
申请报关单位类型	□进出口货物收发货人　□报关企业　□临时备案单位 □进出口货物收发货人分支机构　□报关企业分支机构				
行政区划		所在地海关		统计经济区域	
中文名称					
英文名称					
住所（主要经营场所）				邮政编码	

续表

英文地址					
组织机构类型		市场主体类型		行业种类	
联系人		固定电话		移动电话	
电子邮箱		传真		网址	
所属单位代码			所属单位名称		
经营范围					

管理人员信息

	姓名	证件类型	证件号码	国籍	移动电话
法定代表人(负责人)					
财务负责人					
关务负责人					

出资者信息

序号	出资者名称（姓名）	国籍	出资币制	出资金额
1				
2				
3				

所属报关人员信息

序号	姓名	证件类型	证件号码	移动电话	申请办理类型
1					□到岗 □变更 □离岗
2					□到岗 □变更 □离岗
3					□到岗 □变更 □离岗
4					□到岗 □变更 □离岗
5					□到岗 □变更 □离岗
6					□到岗 □变更 □离岗
7					□到岗 □变更 □离岗
8					□到岗 □变更 □离岗
9					□到岗 □变更 □离岗
10					□到岗 □变更 □离岗

本单位承诺对本表所填报备案信息的真实性、有效性负责并承担相应的法律责任。

（单位印章）

年　月　日

3. 临时备案

下列单位按照国家有关规定需要从事非贸易性进出口活动的，应当办理临时备案：

1）境外企业、新闻、经贸机构、文化团体等依法在中国境内设立的常驻代表机构；

2）少量货样进出境的单位；

3）国家机关、学校、科研院所、红十字会、基金会等组织机构；

4）接受捐赠、礼品、国际援助或者对外实施捐赠、国际援助的单位；

5）其他可以从事非贸易性进出口活动的单位。

办理临时备案的，应当向所在地海关提交《报关单位备案信息表》，并随附主体资格证明材料、非贸易性进出口活动证明材料。

经审核，备案材料齐全，符合报关单位备案要求的，海关应当在 3 个工作日内予以备案。备案信息应当通过“中国海关企业进出口信用信息公示平台”进行公布。

报关单位要求提供纸质备案证明的，海关应当提供。

4. 报关单位提交报关单位备案信息表的方式

报关单位可以三种方式提交报关单位备案信息表。

1）通过“卡介质”方式登录“互联网+海关”或者“国际贸易单一窗口”，为本单位向海关提交电子申请的，无须上传附件，可不提交纸质报关单位备案信息表。

2）通过“账号登录”方式登录“互联网+海关”或者“国际贸易单一窗口”向海关提交电子申请，并上传加盖单位公章的报关单位备案信息表扫描件或者照片的，可不再提交纸质报关单位备案信息表。

3）通过其他方式向海关提出申请的，应向所在地海关提交加盖单位公章的报关单位备案信息表，具体提交方式咨询所在地海关。

（三）报关单位备案的有效期及信息的变更

报关单位备案长期有效。

临时备案有效期为 1 年，届满后可以重新申请备案。

报关单位名称、市场主体类型、住所（主要经营场所）、法定代表人（负责人）、报关人员等报关单位备案信息表载明的信息发生变更的，报关单位应当自变更之日起 30 日内向所在地海关申请变更。

报关单位因迁址或者其他原因造成所在地海关发生变更的，应当向变更后的海关申请变更。

（四）报关单位备案的注销

报关单位有下列情形之一的，应当向所在地海关办理备案注销手续：

1）因解散、被宣告破产或者其他法定事由终止的；

2）被市场监督管理部门注销或者撤销登记、吊销营业执照的；

3）进出口货物收发货人对外贸易经营者备案失效的；

4）临时备案单位丧失主体资格的；

5）其他依法应当注销的情形。

报关单位已在海关备案注销的，其所属分支机构应当办理备案注销手续。

报关单位未按照前两款规定办理备案注销手续的，海关发现后应当依法注销。

报关单位备案注销前，应当办结海关有关手续。

（五）报关单位备案承担的法律责任及处罚

报关单位在办理备案、变更和注销时，应当对所提交材料的真实性、有效性负责并且承担法律责任。

海关可以对报关单位备案情况进行监督和实地检查，依法查阅或者要求报关单位报送有关材料。报关单位应当配合，如实提供有关情况和材料。

报关单位有下列情形之一的，海关责令其改正，拒不改正的，海关可以处 1 万元以下罚款：

1）报关单位名称、市场主体类型、住所（主要经营场所）、法定代表人（负责人）、报关人员等发生变更，未按照规定向海关办理变更的；

2）向海关提交的备案信息隐瞒真实情况、弄虚作假的；

3）拒不配合海关监督和实地检查的。

二、企业信用管理

为了建立海关注册登记和备案企业信用管理制度，推进社会信用体系建设，促进贸易安全与便利，根据《中华人民共和国海关法》《中华人民共和国海关稽查条例》《企业信息公示暂行条例》《优化营商环境条例》以及其他有关法律、行政法规的规定，2021 年 9 月出台了《中华人民共和国海关注册登记和备案企业信用管理办法》（简称《信用管理办法》）。

《信用管理办法》第二条规定："海关注册登记和备案企业（以下简称企业）以及企业相关人员信用信息的采集、公示，企业信用状况的认证、认定及管理等适用本办法。"

海关按照诚信守法便利、失信违法惩戒、依法依规、公正公开原则，对企业实施信用管理。

海关根据企业申请，按照《信用管理办法》规定的标准和程序将企业认证为高级认证企业的，对其实施便利的管理措施。

海关根据采集的信用信息，按照《信用管理办法》规定的标准和程序将违法违规企业认定为失信企业的，对其实施严格的管理措施。

海关对高级认证企业和失信企业之外的其他企业实施常规的管理措施。

海关向企业提供信用培育服务，帮助企业强化诚信守法意识，提高诚信经营水平。近几年，海关在企业管理工作中突出"帮扶"，强化培育，助力更多企业提升信用管理水平成为 AEO（authorized economic operator，经认证的经营者）认证企业。

海关根据社会信用体系建设有关要求，与国家有关部门实施守信联合激励和失信联合惩戒，推进信息互换、监管互认、执法互助。

一个完善的信用管理体系，不但要有失信惩戒机制，还要有相应的信用修复机制，不给失信者"断后路"，所以，海关建立企业信用修复机制，依法对企业予以信用修复。

中国海关依据有关国际条约、协定以及《信用管理办法》，开展与其他国家或者地区海关的“经认证的经营者”互认合作，并且给予互认企业相关便利措施。

海关建立企业信用管理系统，运用信息化手段提升海关企业信用管理水平。

（一）企业信息采集和公示

1. 企业信息采集

海关可以采集反映企业信用状况的下列信息：

1）企业注册登记或者备案信息以及企业相关人员基本信息；
2）企业进出口以及与进出口相关的经营信息；
3）企业行政许可信息；
4）企业及其相关人员行政处罚和刑事处罚信息；
5）海关与国家有关部门实施联合激励和联合惩戒信息；
6）AEO 互认信息；
7）其他反映企业信用状况的相关信息。

2. 企业信息公示

海关应当及时公示下列信用信息，并公布查询方式：

1）企业在海关注册登记或者备案信息；
2）海关对企业信用状况的认证或者认定结果；
3）海关对企业的行政许可信息；
4）海关对企业的行政处罚信息；
5）海关与国家有关部门实施联合激励和联合惩戒信息；
6）其他依法应当公示的信息。

公示的信用信息涉及国家秘密、国家安全、社会公共利益、商业秘密或者个人隐私的，应当依照法律、行政法规的规定办理。

自然人、法人或者非法人组织认为海关公示的信用信息不准确的，可以向海关提出异议，并且提供相关资料或者证明材料。

海关应当自收到异议申请之日起 20 日内进行复核。自然人、法人或者非法人组织提出异议的理由成立的，海关应当采纳。

（二）高级认证企业的认证标准和程序

1. 高级认证企业

所谓高级认证企业是指经企业申请，海关按照高级认证企业的认证标准和程序有关规定进行认证，符合高级认证企业标准的企业。高级认证企业是中国海关的 AEO，除了享受中国海关提供的通关便利外，还可享受与中国海关互认的国家（地区）海关提供的国际通关便利措施，是目前国际贸易中能享受的最便利的通关待遇。

根据《信用管理办法》规定，高级认证企业的认证标准分为通用标准和单项标准，即实行高级认证企业“1+N”的认证标准体系。

“1”即“通用标准”，高级认证企业的通用标准包括内部控制、财务状况、守法规范以及贸易安全等内容。凡是申请高级认证的企业均适用该标准。

“N”即“单项标准”，高级认证企业的单项标准是海关针对不同企业类型和经营范围制定的认证标准，目前有 8 个，分别为进出口货物收发货人、报关企业、外贸综合服务企业、跨境电子商务平台企业、进出境快件运营人、水运物流运输企业、公路物流运输企业、航空物流运输企业，企业结合自身企业类型和经营范围有针对性地适用其中的一项或多项标准。

高级认证企业应当同时符合通用标准和相应的单项标准。

企业申请成为高级认证企业的，应当向海关提交书面申请，并按照海关要求提交相关资料。

海关依据高级认证企业通用标准和相应的单项标准，对企业提交的申请和有关资料进行审查，并赴企业进行实地认证。

海关应当自收到申请及相关资料之日起 90 日内进行认证并作出决定。特殊情形下，海关的认证时限可以延长 30 日。

经认证，符合高级认证企业标准的企业，海关制发高级认证企业证书；不符合高级认证企业标准的企业，海关制发未通过认证决定书。

高级认证企业证书、未通过认证决定书应当送达申请人，并且自送达之日起生效。

海关对高级认证企业每 5 年复核一次。企业信用状况发生异常情况的，海关可以不定期开展复核。

经复核，不再符合高级认证企业标准的，海关应当制发未通过复核决定书，并收回高级认证企业证书。

海关可以委托社会中介机构就高级认证企业认证、复核相关问题出具专业结论。

企业委托社会中介机构就高级认证企业认证、复核相关问题出具的专业结论，可以作为海关认证、复核的参考依据。

企业有下列情形之一的，1 年内不得提出高级认证企业认证申请：

1）未通过高级认证企业认证或者复核的；

2）放弃高级认证企业管理的；

3）撤回高级认证企业认证申请的；

4）高级认证企业被海关下调信用等级的；

5）失信企业被海关上调信用等级的。

2. 失信企业

企业有下列情形之一的，海关认定为失信企业：

1）被海关侦查走私犯罪公安机构立案侦查并由司法机关依法追究刑事责任的。

2）构成走私行为被海关行政处罚的。

3）非报关企业 1 年内违反海关的监管规定被海关行政处罚的次数超过上年度报关单、进出境备案清单、进出境运输工具舱单等单证（以下简称“相关单证”）总票数千分之一且被海关行政处罚金额累计超过 100 万元的；报关企业 1 年内违反海关的监管规定被海关行政处罚的次数超过上年度相关单证总票数万分之五且被海关行政处罚金额累计超过 30 万元的；上年度相关单证票数无法计算的，1 年内因违反海关的监管规定被海关行政处罚，非报关企业处罚金额累计超过 100 万元、报关企业处罚金额累计超过 30 万元的。

4）自缴纳期限届满之日起超过 3 个月仍未缴纳税款的。

5）自缴纳期限届满之日起超过 6 个月仍未缴纳罚款、没收的违法所得和追缴的走私货物、物品等值价款，并且超过 1 万元的。

6）抗拒、阻碍海关工作人员依法执行职务，被依法处罚的。

7）向海关工作人员行贿，被处以罚款或者被依法追究刑事责任的。

8）法律、行政法规、海关规章规定的其他情形。

失信企业存在下列情形的，海关依照法律、行政法规等有关规定实施联合惩戒，将其列入严重失信主体名单：

1）违反进出口食品安全管理规定、进出口化妆品监督管理规定或者走私固体废物被依法追究刑事责任的；

2）非法进口固体废物被海关行政处罚金额超过 250 万元的。

海关在作出认定失信企业决定前，应当书面告知企业拟作出决定的事由、依据和依法享有的陈述、申辩权利。

海关拟依照失信企业存在上述情形的，将企业列入严重失信主体名单的，还应当告知企业列入的惩戒措施提示、移出条件、移出程序及救济措施。

企业对海关拟认定失信企业决定或者列入严重失信主体名单决定提出陈述、申辩的，应当在收到书面告知之日起 5 个工作日内向海关书面提出。

海关应当在 20 日内进行核实，企业提出的理由成立的，海关应当采纳。

未被列入严重失信主体名单的失信企业纠正失信行为，消除不良影响，并且符合下列条件的，可以向海关书面申请信用修复并提交相关证明材料：

1）因存在有海关认定失信企业条件中第 2）项、第 6）项情形被认定为失信企业满 1 年的；

2）因存在有海关认定失信企业条件中第 3）项情形被认定为失信企业满 6 个月的；

3）因存在有海关认定失信企业条件中第 4）项、第 5）项情形被认定为失信企业满 3 个月的。

经审核符合信用修复条件的，海关应当自收到企业信用修复申请之日起 20 日内作出准予信用修复决定。

失信企业连续 2 年未发生海关认定失信企业条件规定情形的，海关应当对失信企业作出信用修复决定。失信企业已被列入严重失信主体名单的，应当将其移出严重失信主体名单并通报相关部门。

法律、行政法规和党中央、国务院政策文件明确规定不可修复的，海关不予信用修复。

（三）管理措施

1. 高级认证企业管理措施

高级认证企业是中国海关 AEO，适用下列管理措施：

1）进出口货物平均查验率低于实施常规管理措施企业平均查验率的 20%，法律、行政法规或者海关总署有特殊规定的除外；

2）出口货物原产地调查平均抽查比例在企业平均抽查比例的 20%以下，法律、行政法规或者海关总署有特殊规定的除外；

3）优先办理进出口货物通关手续及相关业务手续；

4）优先向其他国家（地区）推荐农产品、食品等出口企业的注册；

5）可以向海关申请免除担保；

6）减少对企业稽查、核查频次；

7）可以在出口货物运抵海关监管区之前向海关申报；

8）海关为企业设立协调员；

9）AEO 互认国家或者地区海关通关便利措施；

10）国家有关部门实施的守信联合激励措施；

11）因不可抗力中断国际贸易恢复后优先通关；

12）海关总署规定的其他管理措施。

2. 失信企业管理措施

失信企业适用下列管理措施：

1）进出口货物查验率 80%以上；

2）经营加工贸易业务的，全额提供担保；

3）提高对企业稽查、核查频次；

4）海关总署规定的其他管理措施。

因办理同一海关业务涉及的企业信用等级不一致，导致适用的管理措施相抵触的，海关按照较低信用等级企业适用的管理措施实施管理。

高级认证企业、失信企业有分立合并情形的，海关按照以下原则对企业信用状况进行确定并适用相应管理措施：

1）企业发生分立，存续的企业承继原企业主要权利义务的，存续的企业适用原企业信用状况的认证或者认定结果，其余新设的企业不适用原企业信用状况的认证或者认定结果；

2）企业发生分立，原企业解散的，新设企业不适用原企业信用状况的认证或者认定结果；

3）企业发生吸收合并的，存续企业适用原企业信用状况的认证或者认定结果；

4）企业发生新设合并的，新设企业不再适用原企业信用状况的认证或者认定结果。

高级认证企业涉嫌违反与海关管理职能相关的法律法规被刑事立案的，海关应当暂停适用高级认证企业管理措施。

高级认证企业涉嫌违反海关的监管规定被立案调查的，海关可以暂停适用高级认证企业管理措施。

高级认证企业存在财务风险，或者有明显的转移、藏匿其应税货物以及其他财产迹象的，或者存在其他无法足额保障税款缴纳风险的，海关可以暂停适用高级认证企业管理措施中第 5）项规定的管理措施。

此外，在海关注册的进口食品境外生产企业和进境动植物产品国外生产、加工、存放单位等境外企业的信用管理，由海关总署另行规定。

作为企业信用状况认定依据的刑事犯罪，以司法机关相关法律文书生效时间为准进行认定。作为企业信用状况认定依据的海关行政处罚，以海关行政处罚决定书作出时间为准进行认定。作为企业信用状况认定依据的处罚金额，包括被海关处以罚款、没收违法所得或者没收货物、物品价值的金额之和。企业主动披露且被海关处以警告或者海关总署规定数额以下罚款的行为，不作为海关认定企业信用状况的记录。

小　结

报关管理制度是指海关依法对报关单位的报关资格审定、批准及对报关单位的报关行为进行规范和有效管理的业务制度。报关管理制度是实现海关职能的制度保障，是实现海关进出境监督管理职能、维护国家进出口经济贸易活动正常秩序的重要保证。它的根本作用在于确保海关对进出境运输工具、货物、物品的监管、征收税费、查缉走私、编制统计和办理其他海关业务任务的顺利完成。

案例分析

世界海关组织（World Customs Organization，WCO）制定了一套保护和便利日益增长的国际商业、国际贸易的标准，并通过 2005 年海关合作理事会年会通过的《世界海关组织全球贸易安全和便利标准框架》(以下简称《框架》) 进行推广。大多数成员向世界海关组织表示了启动实施《框架》的意愿，中国代表团也正式在实施意向书上签了字，表示将逐步实施《框架》中的有关内容。

《框架》包括 4 个核心元素、2 个支柱、17 项标准和关于这 17 项标准的技术性条款。4 个核心元素包括：要求提前递交进出口及转运货物的电子信息；采用一致的风险管理手段；应进口国的合理要求，出口国海关对出口的高风险集装箱和货物进行查验；要求海关向满足该标准的商界提供相应的便利。

基于上述 4 个要素，《框架》提出了保障供应链安全的两大支柱，即海关与海关之间的合作安排和海关与商界之间的伙伴关系。

海关与海关之间的合作安排，包括“海关应遵照世界海关组织在综合供应链管理指南（ISCM guidelines）方面规定的海关监管程序进行操作”等 11 项标准，涉及供应链管理、查验权力和查验技术、风险管理和布控、电子信息交换、绩效和安全评估及工作人员的廉政等海关监管工作的各方面。这些标准鼓励海关和其他政府部门之间的合作，帮助政府实施统一的边境管理和控制，并通过采取必要措施，使政府能够扩大海关在这个领域的权限和职责。

海关与商界之间的伙伴关系，包括 6 项标准，企业应执行以海关设定的安全标准为参数的自我评估程序、供应链经营者本身应采取的安全措施、授权认证的取得、新技术的采用、与海关的合作与交流及获取贸易便利的条件等。其中，取得“认证经营者”的地位并得到供应链中其他各方的承认对从事国际贸易的企业来说是最重要的，这将使其可以得到各方的信任并得到各项贸易便利措施所带来的好处。例如，由于查验率降低，货物的通关速度加快，加之建立了一套国际标准，实现了一致性和可预见性，减少了多样而复杂的报告要求，从而节约了时间和成本等。

为实施这些标准，《框架》还就每项标准制定了详细的实施细则（也称技术性规定）。AEO在《框架》中被定义为："以任何一种方式参与货物国际流通，并被海关当局认定符合世界海关组织或相应供应链安全标准的一方，包括生产商、进口商、出口商、报关行、承运商、理货人、中间商、口岸和机场、货站经营者、综合经营者、仓储业经营者和分销商。"

在考虑授予企业AEO资格时，除了首先证明该企业没有违反海关法规的记录外，世界海关组织还要求企业在以下方面符合相关条件与要求：①具有对商业记录进行管理维护的相应能力；②经济可靠性；③磋商、合作与沟通；④教育、培训及增强意识；⑤信息的交换、取得及保密；⑥货物安全；⑦装运工具的安全；⑧经营场所安全；⑨人员安全；⑩贸易伙伴安全；⑪风险管理和灾后重建；⑫测评、分析和提高；⑬自动化和科技发展。

经过认证的经营者可以获得如下益处：①快速通关，降低转运时间和仓储费用；②AEO企业提供有价值的信息渠道；③易受阻或危险等级提高时期的特别措施；④优先考虑参加任何新的货物通关改革项目。

（资料来源：《世界海关组织全球贸易安全和便利标准框架》简介[EB/OL].（2017-05-04）[2022-01-06]. http://tradeinservices.mofcom.gov.cn/article/zhishi/jichuzs/201705/20884.html.）

思 考

该项制度的实施会对我国的对外贸易产生怎样的影响？

自 测 题

一、选择题

1. 按照国家有关规定需要从事非贸易性进出口活动的，需要办理临时备案的单位包括（　　）。

A. 境外企业、新闻、经贸机构、文化团体等依法在中国境内设立的常驻代表机构

B. 少量货样进出境的单位

C. 国家机关、学校、科研院所、红十字会、基金会等组织机构

D. 接受捐赠、礼品、国际援助或者对外实施捐赠、国际援助的单位

2. 报关单位有（　　）情形，应当向所在地海关办理备案注销手续。

A. 因解散、被宣告破产或者其他法定事由终止的

B. 被市场监督管理部门注销或者撤销登记、吊销营业执照的

C. 进出口货物收发货人对外贸易经营者备案失效的

D. 临时备案单位丧失主体资格的

二、判断题

1. 报关单位备案短期有效，长期无效。（　　）

2. 报关单位要求提供纸质备案证明的，海关应当提供。（　　）

第三章　我国对外贸易管理制度

教学目标

- 掌握对外贸易经营者备案登记制度相关内容
- 掌握我国货物、技术进出口许可管理制度相关内容
- 掌握外贸外汇管理制度相关内容

学习要点

- 对外贸易经营者备案登记制度
- 我国货物、技术进出口许可管理制度
- 外贸外汇管理制度

导入案例

加入世界贸易组织以来，中国认真履行加入条件的承诺。2004 年 4 月 6 日，第十届全国人民代表大会常务委员会第八次会议修订通过了《对外贸易法》，放开了对外贸易经营权，规定对对外贸易经营者开始实行登记备案制度。据此，商务部于 2004 年 6 月 25 日发布了第 14 号令，出台了《对外贸易经营者备案登记办法》，并于 7 月 1 日开始施行。这标志着中国提前半年履行了关于放开外贸权的承诺。2016 年 11 月 7 日《关于修改〈中华人民共和国对外贸易法〉等十二部法律的决定》由第十二届全国人民代表大会常务委员会第二十四次会议通过，自公布之日起施行。

对外贸易管理制度是指一国政府为了国家的宏观经济利益、国内外政策需要及履行所缔结或加入国际条约的义务，对本国对外贸易活动实施有效管理的各种对外贸易制度、政策和措施的总称。商务部在国务院授权下，通过授权各省、自治区、直辖市、计划单列市对外贸易经济合作厅、局管理全国各地区对外经济贸易事务。通过加强组织协调和监督检查，完善中国对外贸易立法，保证对外贸易顺利发展。

学习本章后，学生能够掌握以上各项制度。

第一节　对外贸易经营者备案登记制度

一、对外贸易经营者的含义

根据《对外贸易法》第八条的规定，对外贸易经营者是指依法办理工商登记或者其他执业手续，依照本法和其他有关法律、行政法规的规定从事对外贸易经营活动的法人、其他组织或者个人。

二、对外贸易经营者备案登记的管理机构

《对外贸易经营者备案登记办法》（2021 年修订）第二条明确规定："从事货物进出口或者技术进出口的对外贸易经营者，应当向中华人民共和国商务部（以下简称商务部）或商务部委托的机构办理备案登记；但是，法律、行政法规和商务部规定不需要备案登记的除外。

对外贸易经营者未按照本办法办理备案登记的，海关不予办理进出口的报关验放手续。"

第四条规定："对外贸易经营者备案登记工作实行全国联网和属地化管理。

商务部委托符合条件的地方对外贸易主管部门（以下简称备案登记机关）负责办理本地区对外贸易经营者备案登记手续；受委托的备案登记机关不得自行委托其他机构进行备案登记。

备案登记机关必须具备办理备案登记所必需的固定的办公场所，管理、录入、技术支持、维护的专职人员以及连接商务部对外贸易经营者备案登记网络系统（以下简称"备案登记网络"）的相关设备等条件。

对于符合上述条件的备案登记机关，商务部可出具书面委托函，发放由商务部统一监制的备案登记印章，并对外公布。备案登记机关凭商务部的书面委托函和备案登记印章，通过商务部备案登记网络办理备案登记手续。对于情况发生变化、不符合上述条件的以及未按本办法第六、七条规定办理备案登记的备案登记机关，商务部可收回对其委托。"

三、对外贸易经营者备案登记的程序

对外贸易经营者在本地区备案登记机关办理备案登记。备案登记程序如下。

1）领取登记表。对外贸易经营者可以通过商务部政府网站（http://www.mofcom.gov.cn）下载，或到所在地备案登记机关领取登记表。

2）填写登记表。对外贸易经营者应按登记表要求认真填写所有事项的信息，并确保所填写内容的完整性、准确性和真实性；认真阅读登记表背面的条款，并由企业法定代表人或个体工商负责人签字、盖章。

3）向备案登记机关提交如下材料：①按要求填写的登记表；②营业执照复印件。

4）备案登记机关自收到对外贸易经营者提交的上述材料之日起 5 日内办理备案登记手续，在登记表上加盖备案登记印章。

5）备案登记机关在完成备案登记手续的同时，应当完整、准确地记录和保存对外贸易经营者的备案登记信息和登记材料，依法建立备案登记档案。

6）对外贸易经营者应凭加盖备案登记印章的登记表在 30 日内到当地海关、检验检疫、外汇、税务等部门办理开展对外贸易业务所需的有关手续。逾期未办理的，登记表自动失效。

四、对外贸易经营者备案登记的变更、注销或被吊销营业执照

1）变更。登记表上的任何登记事项发生变更时，对外贸易经营者都应按照上述备

案登记程序中的1)、2)、3)、6)规定，在30日内办理登记表的变更手续，逾期未办理变更手续的，其登记表自动失效。备案登记机关收到对外贸易经营者提交的书面材料后，应当即时予以办理变更手续。

2)注销或被吊销营业执照。对外贸易经营者已在工商部门办理注销手续或被吊销营业执照的，自营业执照注销或被吊销之日起，登记表自动失效。

根据《对外贸易法》的相关规定，商务部决定禁止有关对外贸易经营者在1年以上3年以下的期限内从事有关货物或者技术的进出口经营活动的，备案登记机关应当撤销其登记表；处罚期满后，对外贸易经营者可依据《对外贸易经营者备案登记办法》(2021年修订)重新办理备案登记。备案登记机关应当在对外贸易经营者撤销备案登记后将有关情况及时通报海关、检验检疫、外汇、税务等部门。

第二节　我国货物、技术进出口许可管理制度

我国对货物、技术进出口实行许可证管理制度。该制度既包括准许进出口有关证件的审批和管理制度本身的程序，也包括以国家各类许可为条件的其他行政管理手续。许可证管理范围包括禁止进出口货物和技术、限制进出口货物和技术、自由进出口货物和技术及自由进出口中部分实行自动许可管理的货物。进出口许可证制度作为一项非关税措施，是中外各国管理进出口的一种常见手段，在国际贸易中被广泛运用。

一、禁止货物、技术进出口许可管理制度

(一)禁止进口的管理制度

我国政府明令禁止进口的货物包括列入由商务部或会同国务院有关部门制定的《禁止进口货物目录》商品、国家有关法律明令禁止进口的商品及其他因各种原因禁止进口的商品。

1)列入《禁止进口货物目录》的商品。截至目前，我国已公布7批《禁止进口货物目录》。①由对外贸易经济合作部(今商务部)发布第一批《禁止进口货物目录》。该目录是从我国国情出发，为履行我国所缔结或者参加的与保护世界自然生态环境相关的一系列国际条约和协定而公布的，其目的是保护我国自然生态环境和生态资源。例如，国家禁止进口属破坏臭氧层物质的“四氯化碳”；禁止进口属世界濒危物种管理范畴的“犀牛角”和“虎骨”。②对外贸易经济合作部、海关总署、国家质量监督检验检疫总局联合发布第二批《禁止进口货物目录》。第二批目录均为旧机电产品类，是国家对涉及生产安全(压力容器类)、人身安全(电器、医疗设备类)和环境保护(汽车、工程及车船机械类)的旧机电产品所实施的禁止进口管理。③对外贸易经济合作部、海关总署、环境保护总局(今生态环境部)联合发布第三批、第四批、第五批《禁止进口货物目录》。第三批、第四批、第五批所涉及的是对环境有污染的固体废物类。涉及城市垃圾、医疗废物、含铅汽油、淤渣等13类废物。④由商务部、海关总署、环境保护总局联合发布第六批《禁止进口货物目录》。⑤由商务部、海关总署、生态环境部联合发布第七批《禁止进口货物目录》。

2）依据《中华人民共和国固体废物污染环境防治法》，对未列入《限制进口类可用作原料的固体废物目录》的废物、不符合环保规定的废物及受放射性污染的废旧金属禁止进口。

3）依据《中华人民共和国进出境动植物检疫法》，对来自疫区或不符合我国卫生标准的动物和动物产品禁止进口。

4）其他因各种原因禁止进口的商品如下：①以 CFC-12 为制冷工质的汽车及汽车空调压缩机和汽车空调器；②属右置方向盘的汽车；③旧服装、国产手表复进口、Ⅷ因子制剂等血液制品、黑人牙膏（DARKLE、DARLIE）等；④氯酸钾、硝酸铵；⑤货物及其包装上带有违反“一个中国”原则内容的物品。

（二）禁止出口的管理制度

为了保护国家生态环境和重要资源，以及珍贵文物和高端技术等，我国明令禁止如下货物和技术的出口。

1. 禁止出口货物的管理规定

1）目前，我国《禁止出口货物目录》共 6 批。第一、第三批为保护生态环境和资源而定，如四氯化碳、犀牛角、虎骨、麝香、发菜和麻黄草；第二批为保护森林资源而定，如木炭；第四批为硅砂、石英砂及其他；第五批涉及 3 个税号及商品，如未经化学处理的森林凋落物，经化学处理的森林凋落物，泥炭（草炭）；第六批涉及 9 个税号及商品，如含艾氏剂、七氯、毒杀芬的货品等。

2）有关法律法规明令禁止出口的货物。根据《中华人民共和国濒危野生动植物进出口管理条例》，禁止出口未定名的或者新发现并有重要价值的野生动植物及其产品，以及国务院野生动植物主管部门禁止出口的濒危野生动植物及其产品；依据《中华人民共和国文物保护法》和其他规定禁止出口的文物。

3）其他原因禁止出口的商品。我国规定禁止出口劳改产品、原料血浆、商业性出口的野生红豆杉及其部分产品，以及列入《我国现阶段不对国外交换的水产种质资源名录》的物种，包括成体、幼苗和卵等。

2. 禁止出口技术的管理规定

2020 年 8 月 28 日，商务部、科技部调整发布《中国禁止出口限制出口技术目录》，共涉及 53 项技术条目：一是删除 4 项禁止出口的技术条目；二是删除 5 项限制出口的技术条目；三是新增 23 项限制出口的技术条目；四是对 21 项技术条目的控制要点和技术参数进行了修改。此次调整涵盖农、林、畜牧、渔、纺织、化学原料及化学制品制造、医药制造、有色金属、交通运输设备制造、通信设备制造、仪器仪表制造、电信和信息传输服务等 34 个行业。

二、限制货物、技术进出口许可管理制度

国家实行限制进口管理的货物、技术，必须依照国家有关规定取得国务院外经贸主管部门或者由其会同国务院有关部门许可，方可进口。

《对外贸易法》第十六条规定，属下列情形之一的货物、技术，国家限制或者禁止进口或者出口：①为维护国家安全、社会公共利益或者公共道德，需要限制或者禁止进口或者出口的；②为保护人的健康或者安全，保护动物、植物的生命或者健康，保护环境，需要限制或者禁止进口或者出口的；③为实施与黄金或者白银进出口有关的措施，需要限制或者禁止进口或者出口的；④国内供应短缺或者为有效保护可能用竭的自然资源，需要限制或者禁止出口的；⑤输往国家或者地区的市场容量有限，需要限制出口的；⑥出口经营秩序出现严重混乱，需要限制出口的；⑦为建立或者加快建立国内特定产业，需要限制进口的；⑧对任何形式的农业、牧业、渔业产品有必要限制进口的；⑨为保障国家国际金融地位和国际收支平衡，需要限制进口的；⑩依照法律、行政法规的规定，其他需要限制或者禁止进口或者出口的；⑪根据我国缔结或者参加的国际条约、协定的规定，其他需要限制或者禁止进口或者出口的。

（一）限制进出口货物的管理规定

1. 限制进口货物的配额管理

限制进口货物的配额管理是指对商品的进口数量直接或间接加以限制以配合实现本国经济发展目标的一种管理手段。各国为了发展本国经济，在一定时期内根据国内产业结构的特点和行业发展规划，需要适量的进口以调节市场供应。但是，过量的进口又会严重损害国内相关工业的发展，直接影响进口结构、产业结构，以及危及国家外汇收支地位。

对于限制进口货物的管理，《中华人民共和国货物进出口管理条例》（以下简称《货物进出口管理条例》）明确规定：国家规定有数量限制的限制进口货物，实行配额管理；其他限制进口货物，实行许可证管理。实行关税配额管理的进口货物目录，由国务院外经贸主管部门会同国务院有关经济管理部门制定、调整并公布。属于关税配额内进口的货物，按照配额内税率缴纳关税；属于关税配额外进口的货物，按照配额外税率缴纳关税。实行配额管理的限制进口货物，由国务院外经贸主管部门和国务院有关经济管理部门按照国务院规定的职责划分进行管理。

根据上述规定，我国限制进口货物管理可按照其管理方式划分为进口配额管理、关税配额管理和进口非配额管理。

（1）进口配额管理

进口配额是指在一定时期内（一般是1年），国家对部分商品的进口规定数量限额，在限额内，经国家批准后允许进口，若超出限额则不准进口。进口配额管理是一种国家管理贸易的行政管理手段，是我国进出口许可管理制度最重要的组成部分。国家通过对一些重要商品以规定绝对数量的方式来达到限制进口的目的。

进口配额由国务院外经贸主管部门或者国务院有关部门在各自的职责范围内，根据申请者的进出口实绩、能力等条件，按照公正、公开和公平竞争的原则进行分配（配额的分配方式和办法由国务院规定）。

目前，我国与世界上大多数国家一样采用配额与许可证结合的管制方式，即申请者取得配额证明后，到国务院外经贸主管部门及其授权发证机关，凭配额证明申领进口货物许可证，凭许可证办理进口通关、外汇核销等进口手续。采用这种配额与许可证结合使用的管理方式有利于对配额数量的掌控，防止超额进口，同时有利于政府各部门之间建立有效的监督机制。

（2）关税配额管理

关税配额是指一定时期内（一般是 1 年），国家对部分商品的进口制定进口数量总额，在限额内实行优惠税率，若超出限额则按照配额外税率征收。一般情况下，配额税率优惠的幅度很大，如小麦，税率相差达 60 余倍。国家通过这种行政管理手段对一些重要商品通过提高其采购成本来实现限制进口的目的，因此，关税配额管理是国家针对有数量限制进口商品进行管理的一种手段。我国实施关税配额管理的农副产品有小麦、大米、玉米、棉花、食糖、羊毛及毛条等；实施进口关税配额管理的工业品有尿素、磷酸氢二铵等。

阅读资料

《货物进出口管理条例》以专门的章节对关税配额管理做了明确的规定，主要内容有：实行关税配额管理的进口货物目录，由国务院外经贸主管部门会同国务院有关经济管理部门制定、调整并公布；属于关税配额内进口的货物按照配额内税率缴纳关税，属于关税配额外进口的货物按照配额外税率缴纳关税；关税配额可以按照对所有申请统一办理的方式分配；按照对所有申请统一办理的方式分配关税配额的，进口配额管理部门应当在每年 12 月 31 日前作出是否发放配额的决定；进口经营者凭进口配额管理部门发放的关税配额证明，向海关办理关税配额内货物的报关验放手续；关税配额持有者未使用完其持有的年度配额的，应当在当年 9 月 15 日前将未使用的配额交还进口配额管理部门；未按期交还并且在当年年底前未使用完的，进口配额管理部门可以在下一年度对其扣减相应的配额；进口配额管理部门应当根据本条例的规定制定有关关税配额的具体管理办法，对申请人的资格、受理申请的部门、审查的原则和程序等事项作出明确规定并在实施前予以公布；等等。

（3）进口非配额管理

进口非配额限制是指在一定时期内根据国内政治、工业、农业、商业、军事、技术、卫生、环保、资源保护等领域需要，以及为履行我国所加入或缔约的有关国际条约规定，以经国家行政许可并签发许可证件的方式来实现限制进口的目的。

进口非配额限制管理是我国目前进出口许可制度限制进口管理中范围最大、涉及管理部门及管理证件最多的管理，主要包括特定机电产品进口、濒危物种进口、可利用废物进口、药品进口、音像制品进口、黄金及其制品进口、无线电设备进口及民用爆破器材进口等进口许可管理。

国务院外经贸主管部门或者国务院有关部门在各自的职责范围内，根据国家有关法律法规及国际公约的有关规定制定上述各项管理所涉及的各类许可证件，并调整各自的许可证件审批和发放程序及资格条件。

阅读资料

《货物进出口管理条例》规定，实行许可证管理的限制进口货物，进口经营者应当向国务院外经贸主管部门或者国务院有关部门提出申请。进口许可证管理部门应当自收到申请之日起 30 天内决定是否许可；进口经营者凭进口许可证管理部门发放的进口许可证，向海关办理报关验放手续；前款所称进口许可证，包括法律、行政法规规定的各种具有许可进口性质的证明、文件。

2. 限制出口货物的配额管理

《货物进出口管理条例》第三十六条规定："国家规定有数量限制的限制出口货物，实行配额管理；其他限制出口货物，实行许可证管理。"

实行配额管理的限制出口货物目录，由国务院外经贸主管部门会同国务院有关部门制定、调整并公布。配额可通过直接分配的方式，也可通过招标的方式分配。出口经营者凭出口配额发放部门发放的配额证明，到各地外经贸主管部门申领出口许可证，凭以办理出口报关手续。

（二）限制进出口技术的管理规定

我国限制进出口技术实行目录管理。根据《对外贸易法》《技术进出口管理条例》，以及由国务院外经贸主管部门发布的《禁止进口限制进口技术管理办法》《两用物项和技术进出口许可证管理目录》《中国禁止出口限制出口技术目录》的有关规定，由国务院外经贸主管部门会同国务院其他有关部门制定、调整并公布限制进出口的技术目录。属于目录范围的限制进出口的技术，实行许可证管理；未经国家许可，一律不得进出口。

凡是进出口的技术属于限制范围的，应当向国务院外经贸主管部门提出技术进出口申请，国务院外经贸主管部门收到申请后，应当会同国务院有关部门对申请进行审查，技术进出口申请经批准的，由国务院外经贸主管部门发放中华人民共和国技术进出口许可意向书，进出口经营者取得技术进出口许可意向书后，可以对外签订技术进、出口合同。技术进出口合同签订后，应当向国务院外经贸主管部门申请技术进出口许可证。经审核符合发证条件的，由国务院外经贸主管部门颁发中华人民共和国技术进出口许可证，申请人凭此证向海关办理进出口通关手续。

目前列入《中国禁止出口限制出口技术目录》中属限制出口技术的，涵盖农、林、畜牧、渔、纺织、化学原料及化学制品制造、医药制造、有色金属、交通运输设备制造、通信设备制造、仪器仪表制造、电信和信息传输服务等 34 个行业。

三、自由货物、技术进出口管理制度

除上述国家禁止、限制进出口货物、技术外的其他货物，均属于自由进出口范围。自由进出口货物、技术虽不受限制，但基于监测出口情况的需要，国务院外经贸主管部门和国务院有关经济管理部门可以按照国务院规定的职责划分对自由进出口的技术实行进出口技术合同登记管理，即进出口属于自由进出口的技术应当向国务院外经贸主管部门进行登记，国务院外经贸主管部门应当自收到《技术进出口管理条例》第十八条规定的文件（技术进口合同登记申请书、技术进口合同附本、签约双方法律地位的证明文件）之日起3个工作日内，对技术进出口合同进行登记并颁发技术进出口合同登记证，申请人凭技术进出口许可证或者技术进出口合同登记证，办理外汇、银行、税务、海关等相关手续。

除禁、限管制的商品、技术外，都属于自由进出口管理商品。但基于监督的需要，我国对部分货物实行进出口自动许可管理，对技术进出口则实行合同登记管理。

1. 货物进出口自动许可管理

实行自动许可的进出口货物，收发货人在办理海关报关手续前提出自动许可申请的，国务院对外贸易主管部门或者其委托的机构予以许可，一律核发自动进口许可证，进出口收发货人凭此证办理报关手续。对于未办理自动许可手续的，海关不予放行。

2. 技术进出口合同登记管理

只要是非禁限的、属于自由进出口的技术，技术进出口当事人可向国务院对外贸易主管部门或者其委托的机构提交技术进出口合同登记申请书、技术进出口合同副本及合同当事人的法律地位的证明文件等材料，办理合同备案登记。外贸部门收到备案申请后的3个工作日内进行登记，并颁发技术进出口合同登记证，申请人可凭此证办理通关手续。

第三节　外贸外汇管理制度

我国从1994年实行汇率并轨后，外汇管理政策呈现逐渐放松的态势。我国对外贸外汇的管理主要体现为对贸易外汇账户的管理，具体表现为银行结售汇制度和进出口收付汇核销制度。

一、银行结售汇制度

银行结售汇制度是银行结汇制度和银行售汇制度的总称。

（一）银行结汇制度

《中华人民共和国外汇管理条例》（以下简称《外汇管理条例》）于1996年1月29日由国务院令第193号发布，根据1997年1月14日《国务院关于修改〈中华人民共和国外汇管理条例〉的决定》修订，2008年8月1日国务院第20次常务会议修订通过，并于8月5日开始实施。

按照《外汇管理条例》的相关规定，我国对境内机构经常项目下的贸易收入实行银行结汇制度，即我国针对境内机构的贸易项下的外汇收入，可以按照国家有关规定保留或者卖给经营结汇、售汇业务的金融机构。

（二）银行售汇制度

《外汇管理条例》规定，经常项目外汇支出，应当按照国务院外汇管理部门关于付汇与购汇的管理规定，凭有效单证以自有外汇支付或者向经营结汇、售汇业务的金融机构购汇支付。

银行售汇是指经营结汇、售汇业务的金融机构根据交易日当天的外汇牌价卖出指定外币、收进等值本币的行为。该行为从企业的角度讲，称为“购汇”。

《外汇管理条例》规定，经常项目外汇收支应当具有真实、合法的交易基础；经营结汇、售汇业务的金融机构应当按照国务院外汇管理部门的规定，对交易单证的真实性及其与外汇收支的一致性进行合理审查。据此，经营结汇、售汇的金融机构仍按国家的有关规定对经常项目外汇收支进行真实性审核。也就是说，境内机构和个人经常项目下的用汇，须持规定的有效凭证到外汇指定银行或国家外汇管理局（以下简称外汇局）进行审核后，才可以到银行购买外汇或从其外汇账户中对外支付。

二、进出口收付汇核销制度

为了监督企业在货物出口后及时、足额地收回货款，进口付汇后及时、足额地收到货物，堵塞进出口收付汇环节的逃、骗汇漏洞，打击套汇、逃汇等非法活动，以保证正常的外汇收支活动，促进国际收支平衡，我国分别在1991年和1994年开始实行出口收汇核销制度和进口付汇核销制度。为进一步深化外汇管理体制改革，促进贸易便利化，国家外汇管理局、海关总署和国家税务总局决定自2012年8月1日起在全国实施货物贸易外汇管理制度改革。为此，外汇局制定了《货物贸易外汇管理指引》《货物贸易外汇管理指引实施细则》《货物贸易外汇管理指引操作规程（银行企业版）》《货物贸易外汇收支信息申报管理规定》等规程细则。根据《外汇管理条例》和《货物贸易外汇管理指引》，外汇局建立进出口货物流与收付汇资金流匹配的核查机制，通过设置企业名录，对名录内企业的贸易外汇收支进行非现场总量核查和监测，对存在异常或可疑情况的企业进行现场核实调查（以下简称现场核查），对金融机构办理贸易外汇收支业务的合规性与报送相关信息的及时性、完整性和准确性实施非现场与现场核查。2017年11月，外汇局出台了《“出口单位出口收汇核查”行政审批服务指南》和《“进口单位进口付汇核查”行政审批服务指南》，对进出口收付汇核查业务的具体工作进行指导。

（一）企业名录管理

1. 企业名录管理的基本内容

外汇局实行“贸易外汇收支企业名录”（以下简称名录）登记管理，统一向金融机构发布名录。金融机构不得为不在名录的企业直接办理贸易外汇收支业务。企业依法取得对外贸易经营权后，应当持有关材料到外汇局办理名录登记手续。名录企业登记信息发生变更的，应当到外汇局办理变更登记手续。企业终止经营或被取消对外贸易经营权的，应当到外汇局办理注销登记手续。

外汇局可根据企业的贸易外汇收支业务状况及其合规情况注销企业名录，对新办名录登记的企业实行辅导期管理。

2. 企业名录管理的基本流程

进出口企业可以向注册所在地外汇局分支局申请进行进出口单位名录登记，经过申请、受理、审查、决定（新办、变更或注销）、企业查询 5 个步骤完成名录登记工作。

新办企业具体操作过程如下：①申请人向所在地外汇局分支局提交货物贸易外汇收支企业名录登记申请书、货物贸易外汇收支业务办理确认书、企业法人营业执照或企业营业执照副本、对外贸易经营者备案登记表及外汇局要求的其他材料；②外汇局决定是否予以受理，对不予受理的出具不予受理通知书，对予以受理的出具受理通知书，并进行审查报批；③对审查环节不予许可的，外汇局作出不予许可的行政书面决定并说明理由；④对审查环节许可的，外汇局通过货物贸易外汇监测系统为企业登记名录并开户（新办），或变更登记信息（变更），或撤销开户信息并注销企业名录（注销）；⑤企业可直接登录货物贸易外汇监测系统查询办理情况。

（二）企业分类管理

外汇局根据非现场或现场核查结果，结合企业遵守外汇管理规定等情况，将企业分成 A、B、C 3 类。在分类管理有效期内，对 A 类企业的货物贸易外汇收支，适用便利化的管理措施。对 B、C 类企业的货物贸易外汇收支，在单证审核、业务类型及办理程序、结算方式等方面实施审慎监管。外汇局设立分类管理有效期，并对分类结果进行动态调整。B、C 类企业的分类监管有效期为 1 年。

对 B、C 类企业的贸易外汇收支，在单证审核、业务类型及办理程序、结算方式等方面实施审慎监管。

存在下列情况之一的企业，外汇局可将其列为 B 类企业，对其贸易外汇收支实施电子数据核查管理：①外汇局核查或风险提示时，对相关交易无合理解释；②未按规定履行报告义务；③未按规定办理货物贸易外汇业务登记；④外汇局核查或风险提示时，未按规定的时间和方式向外汇局报告或提供资料；⑤被外汇局与国家相关主管部门实施联合监管的；⑥近两年因本指引第四条第四款情形被外汇局注销名录后，重新列入名录且对前期核查业务无合理解释的。

对 C 类企业贸易外汇收支业务及外汇局认定的其他业务，由外汇局实行事前逐笔登记管理，金融机构凭外汇局出具的登记证明为企业办理相关手续。存在下列情况之一的企业，外汇局可将其列为 C 类企业：①近 12 个月受到外汇局处罚且情节严重的；②阻挠或拒不接受外汇局核查，或向外汇局提供虚假资料；③B 类企业在分类监管有效期届满经外汇局综合评估，相关情况仍符合列入 B 类企业标准的；④被外汇局与国家相关主管部门实施联合惩戒的。

外汇局在日常管理中发现企业存在上文规定情形的，可将 A 类企业列入 B 类企业或类企业，或将 B 类企业列入 C 类企业。

（三）企业报告和登记管理

1. 企业报告管理

对符合下列情况之一的业务，企业应当在货物进出口或收付汇业务实际发生之日起

30 天内，通过货贸系统向所在地外汇局报送对应的预计收付汇或进出口日期等信息：①30 天以上（不含）的预收货款、预付货款；②90 天以上（不含）的延期收款、延期付款；③90 天以上（不含）的远期信用证（含展期）、海外代付等进口贸易融资；④B、C 类企业在分类监管有效期内发生的预收货款、预付货款，以及 30 天以上（不含）的延期收款、延期付款；⑤同一笔离岸转手买卖收支日期间隔超过 90 天（不含）且先收后支项下收汇金额或先支后收项下付汇金额超过等值 50 万美元（不含）的业务；⑥其他应当报告的事项。对于第①②④项，企业还需报送关联企业交易信息。

对于符合规定的收付汇单位与进出口单位不一致的情况，收汇或进口企业可向所在地外汇局报告，并办理收汇或进口数据的主体变更手续。

对于上面规定以外的其他影响货物贸易外汇收支与进出口一致性匹配的情况，企业可根据实际业务情况自主决定是否向所在地外汇局报送相关信息。

2. 企业登记管理

企业办理下列贸易外汇收支业务，应当在付汇、开证、出口贸易融资放款或待核查账户资金结汇或划出前，持书面申请和相关证明材料到外汇局登记：①C 类企业贸易外汇收支；②B 类企业超可收、付汇额度的贸易外汇收支；③退汇日期与原收、付款日期间隔在 180 天（不含）以上或由于特殊情况无法原路退回的退汇业务，对于 A 类企业单笔等值 5 万美元以上（不含）或 B、C 类企业；④新出现的贸易新业态外汇收支。

（四）非现场核查与现场核查

1. 非现场核查

外汇局定期或不定期对企业一定期限内的进出口数据和贸易外汇收支数据进行总量比对，核查企业贸易外汇收支的真实性及其与货物进出口的一致性。这主要是依托监测系统按月对企业的贸易外汇收支进行非现场核查，并根据国际收支形势和外汇管理需要调整核查频率。纳入非现场核查的数据包括企业最近 12 个月的相关贸易外汇收支、货物进出口和企业报告数据。

外汇局对企业的贸易信贷、出口收入存放境外、来料加工、转口贸易、境外承包工程、进出口退汇等业务，以及区内企业、辅导期企业等主体实施专项监测，将资金流与货物流的规模与结构等存在异常或可疑情况的企业列入重点监测范围。

2. 现场核查

外汇局可对企业非现场核查中发现的异常或可疑的贸易外汇收支业务实施现场核查；对金融机构办理贸易外汇收支业务的合规性与报送信息的及时性、完整性和准确性实施现场核查。核查对象包括以下几个方面：①任一总量核查指标与本地区指标阈值偏离程度 50%以上；②任一总量核查指标连续 4 个核查期超过本地区指标阈值；③预收货款、预付货款、延期收款或延期付款各项贸易信贷余额比率大于 25%；④1 年期以上的预收货款、预付货款、延期收款或延期付款各项贸易信贷发生额比率大于 10%；⑤来料加工工缴费率大于 30%；⑥转口贸易收支差额占支出比率大于 20%；⑦单笔退汇金额超过等值50万美元且退汇笔数大于12次；⑧外汇局认定的需要现场核查的其他情况。

（五）出口收入存放境外管理

外汇局对企业出口收入存放境外业务实行登记管理。企业可将具有真实、合法交易背景的出口收入存放境外。对企业的要求如下：①具有出口收入来源，且在境外有符合规定的支付需求；②近两年内无违反外汇管理规定行为；③有完善的出口收入存放境外内控制度；④国家外汇管理局及其分局、外汇管理部规定的其他条件。

企业在开立用于存放出口收入的境外账户前，应当选定境外开户银行，与其签订《账户收支信息报送协议》，并到所在地国家外汇局办理开户登记；企业集团实行集中收付的，应由主办企业到所在地外汇局办理开户登记；主办企业与成员公司属不同外汇局管辖的，成员公司应先到所在地外汇局办理资格登记。

企业开立境外账户后，应在规定期限内将账号和账户币种报外汇局备案；境外账户信息发生变更的，应在获知相关信息之日起10个工作日内将变更信息报外汇局备案；企业关闭境外账户的，应当在规定期限内持境外开户银行的销户通知书向外汇局备案。企业年度累计存放境外资金不得超出已登记的出口收入存放境外规模；需要提高存放境外规模的，企业应向外汇局进行变更登记；境外账户发生收支业务的，企业应当在发生收支当月结束之日起10个工作日内通过货贸系统如实向外汇局报告出口收入存放境外收支情况；存放境外资金运用出现重大损失的，企业应及时报告外汇局。

知识拓展

企业贸易外汇收支业务审核内容

企业贸易外汇收支业务审核内容包括以下几个方面：从境外、境内保税监管区域收回的出口货款，向境外、境内保税监管区域支付的进口货款；从离岸账户、境外机构境内账户收回的出口货款，向离岸账户、境外机构境内账户支付的进口货款；深加工结转项下境内收付款；转口贸易项下收付款；其他与贸易相关的收付款。

阅读资料

根据党的十九大和十九届三中全会部署，2018年我国深化党和国家机构改革，将国家质量监督检验检疫总局的出入境检验检疫管理职责和队伍划入海关总署。2018年4月20日起，出入境检验检疫系统统一以海关名义对外开展工作；从6月1日起，海关总署全面取消“入/出境货物通关单”，取消通关单既可在关检业务全面融合方面发挥立竿见影的示范作用，也可简化企业申报、减少通关环节、加速货物放行，为守法企业提供通关便利，降低守法企业的通关成本，切切实实提升企业获得感；从8月1日起，关检融合整合申报系统正式切换，海关进出口货物报关单、报检单合并为一张报关单。经过整合梳理，新版报关单从原报关、报检共计229个申报项目精简合并至105个；随附单证从原报关、报检74项单据合并成10项，102项监管证件合并简化成64项。

第四节　其他外贸管理制度

一、进出口商品检验检疫制度

进出口商品检验检疫制度是指由国家进出口商品检验检疫部门依据我国有关法律、行政法规，以及我国政府所缔结的或者加入的国际条约、协定，对进出境的货物、物品及其包装物、交通运输工具、运输设备和进出境人员实施检验检疫与监督管理的法律依据和行政手段的总和。该制度是我国对外贸易管理制度的重要组成部分，在实现对外贸易健康发展、保证进出口商品的质量、维护对外贸易各方的合法权益方面发挥了巨大作用。

检验检疫包括进出口商品检验、动植物检疫、食品卫生监督检验、出口商品运输包装检验、外商投资财产鉴定、货物装载和残损鉴定、一般原产地证与普惠制产地证签证管理等。根据《中华人民共和国进出口商品检验法》及其实施条例、《中华人民共和国进出境动植物检疫法》及其实施条例、《中华人民共和国国境卫生检疫法》及其实施细则、《中华人民共和国食品安全法》等相关法律法规的相关规定，列入检验检疫实施范围的商品如下。

1. 进出口商品检验

凡列入《商检机构实施检验的进出口商品种类表》的进出口商品和其他国家法律、法规及有关国际条约规定须经出入境检验检疫机构检验方可进出境。进出口商品检验主要包括以下 3 个方面。

1）进口商品安全质量许可。国家对涉及安全、卫生和环保要求的重要进口商品实施进口商品安全质量许可制度并公布《实施安全质量许可制度的进口商品目录》。列入目录的商品须获得国家出入境检验检疫局签发的进口商品安全质量许可证书并批准在食品上使用安全标志后，方可进入中国市场。

2）进口废料原料装运前检验。针对我国允许作为原料进口的废物实施装船前检验制度，以防止境外有害废物向我国扩散。

3）出口商品质量许可。我国对重要的出口商品实施质量许可制度，未获得质量许可的商品不允许出口。我国已对机械、电子、轻工、玩具、医疗器械等 76 类商品实行出口质量许可制度。

2. 动植物检疫

国家检验检疫机构依法对进境、出境、过境的动植物及其产品、装载动植物及其产品的容器、包装物、铺垫物等实行检疫，对来自疫区的运输工具、进境拆卸的废旧船舶也要进行检疫。

3. 食品卫生监督检验

由检验检疫机构依法对进出口食品及食品添加剂、食品容器、包装材料和食品用工具设备依照国家卫生标准进行监督检验，检验合格后，方可进出口。

4. 出口商品运输包装检验

对列入《商检机构实施检验的进出口商品种类表》和其他法律法规规定必须经检验检疫机构检验的出口商品的运输包装，必须经指定的检验机构进行性能检验，未经检验或检验不合格的，不得用于盛放出口商品。对于出口危险货物的包装容器，也必须经指定的商检机构进行性能鉴定和使用鉴定后方可使用。

5. 外商投资财产鉴定

在中外合作、合资等经济活动中，各地检验机构应企业、组织及机构的委托对外商投资的财产进行鉴定。

6. 货物装载和残损鉴定

货物装载和残损鉴定包括两种：对出口易腐烂变质食品、冷冻品的船舱、集装箱等运输工具的适货检验；对列入《商检机构实施检验的进出口商品种类表》以外的入境货物经收用货单位验收发现质量不合格或残损、短缺，需要检验检疫局出证索赔的检验。

7. 一般原产地证与普惠制产地证签证管理

出入境检验检疫机构是签发一般原产地证的官方机构，同时也是我国政府授权签发普惠制产地证的唯一机构。

二、出口退税制度

出口退税制度是国家税务当局针对出口产品退还其在国内生产、流通、出口环节已经缴纳的间接税（增值税、消费税）的税收制度。实行出口退税的目的是使出口货物以不含税的价格进入国际市场，以增强其在国际市场上的竞争力，并避免对跨国流动物品重复征税。对出口产品实行退税是国际通行的做法，符合世界贸易组织规则。我国从20世纪 80 年代开始实行出口退税政策，并在财税体制改革以后继续加大出口退税力度。出口退税政策的实施，对增强我国出口产品的国际竞争力、扩大出口、保证国际收支平衡、促进国民经济持续健康发展发挥了重要作用。

我国出口货物退税制度主要包括出口退税的税种、出口退税的实施对象（退税的货物范围）、出口退税的接受人（退税的企业范围）、出口退税的计算等内容。

（一）出口退税的税种

《出口货物退（免）税管理办法》规定，出口商自营或委托出口的货物，除另有规定外，可在货物报关出口并在财务做销售核算后，凭有关凭证报送当地税务局退还或免征其增值税和消费税。

增值税是对在我国境内的销售货物或者提供加工、修理修配劳务及进口货物的单位和个体征收的一种间接税。它具有以下特点：①征税范围广泛，一切有形动产、货物，以及工业性劳务即加工、修理、修配劳务等都是增值税的征税对象；②多环节课税，又称道道征税，即对货物的生产（包括进口）和流通过程中的每一个销售环节都要课税；

③实行税款抵扣制，即在每一征税环节都允许纳税人将应税货物或者应税劳务由以前环节转嫁而来的增值税进行抵扣。

消费税是指对我国境内生产、委托加工和进口《中华人民共和国消费税暂行条例》（以下简称《消费税暂行条例》）中列举的消费品征收的一种间接税。它具有以下特点：①征税范围窄，只选择特殊货物（消费品）为征税对象，一般只起特殊调节作用；②单环节课税，只在消费品生产或流通的个别环节征收一次。

（二）出口退税的实施对象

出口退税的实施对象是指实施退税的客体，即出口的货物，其范围如下。

1. 退税的货物必须是属于增值税和消费税范围的已税货物

已税货物包括除了直接向农业生产者收购的免税农产品以外的所有增值税应税货物及烟酒化妆品等14类列举征收消费税的消费品。如果货物的生产、流通在我国境内不征税或者享受免税，或者虽已纳税但不能提供已税证明，则该货物不能享受出口退税的待遇。

2. 退税的货物必须是出口货物或者视同出口货物

出口货物是指在我国报关离境的货物。这里的离境是指货物经过海关管辖范围离开我国国境，货物运往出口加工区、保税物流园区等海关监管的特殊封闭区域也应视为离境。

视同出口货物一般由两部分构成：一是没有直接出口，但最终为境外所消费的货物，如对外承接修理修配业务耗用的货物；二是虽在境内消费，但出于公平或对等原则的考虑视同出口的货物，如在国际招标中国内中标的机电产品，由于境外中标产品进口时免征进口税收，为维护公平竞争，视同出口产品，再如按外交对等原则供外国驻华使馆人员消费的货物等。

3. 退税的货物必须是在财务上已进行出口销售的货物

出口退税的制度只适用于贸易性的出口货物，而对于非贸易性的出口货物，如礼品、样品、展品等因其在财务上未做销售处理，就不能按规定退税。

（三）出口退税的接受人

出口退税的接受人是指接受退税之人，即发生货物出口行为的企业。目前我国对个人，包括个体经营者出口的货物不予退税。

出口企业一般由3部分构成：一是经有关部门批准或备案享有进出口经营权的企业；二是自身没有进出口经营权，委托有进出口经营权的外贸企业代理出口自产货物的生产企业；三是发生视同出口货物行为的特殊企业。

特殊企业具体包括以下几种：①将货物运出境外用于对外承包项目的对外承包工程公司；②对外承接修理修配业务的企业；③将货物销售给外轮、远洋国轮而收取外汇的外轮供应公司、远洋运输供应公司；④在国内采购货物并运往境外作为在国外投资的企业；⑤利用外国政府贷款或国际金融组织贷款，通过国际招标机电产品的中标企业；⑥境外带料加工装配业务所使用出境设备、原材料和散件的企业；⑦利用中国政府的援外优惠贷款和合资合作项目基金方式出口货物的企业；⑧对外进行补偿贸易，以及对港澳台地区贸易而享受退税的企业；⑨中国免税品（集团）有限责任公司。

（四）出口退税的计算

1. 增值税的退税计算

按照国家税务总局《出口货物退（免）税管理办法（试行）》的有关规定，出口货物应退增值税税额，依进项税额计算。具体计算方法如下。

1）出口企业将出口货物单独设立库存账和销售账记载的，应依据购进出口货物增值税专用发票所列明的进项金额和税额计算。对库存和销售均采用加权平均价核算的企业，也可按适用不同税率的货物分别以下列公式计算，即

$$应退税额=出口货物数量\times加权平均进价\times税率（退税）$$

2）出口企业兼营内销和出口货物且其出口货物不能单独设账核算的，应先对内销货物计算销项税额并扣除当期进项税额后，再依下列公式计算出口货物的应退税额。

若

$$销项金额\times税率（增值税）\geqslant未抵扣完的进项税额$$

则

$$应退税款=未抵扣完的进项税额$$

若

$$销项金额\times税率（增值税）<未抵扣完的进项税额$$

则

$$应退税额=销项金额\times税率$$

$$结转下期抵扣进项税额=当期未抵扣完的进项税额-应退税额$$

销项金额是指按出口货物离岸价（free on board，FOB）和外汇牌价计算的人民币金额。税率是指计算该项货物退税的税率。

凡从小规模纳税人购进特准退税的出口货物的进项税额，应按下列公式计算确定，即

$$进项税额=\frac{普通发票所列（含增值税的）销售金额}{1+征收率}\times退税率$$

其他出口货物的进项税额依增值税专用发票所列的增值税税额计算确定。

【例 3.1】枫叶服装厂于 2020 年 6 月出口 T 恤衫 50 000 打，其中：①40 000 打以 FOB 价成交，每打 200 美元，人民币与美元的汇率为 USD100=CNY 698；②10 000 打以 CIF（cost，insurance and freight，到岸价）价成交，每打 235 美元（其中海运费 25 美元、保险费 10 美元）。当期实现内销 28 500 打，销售收入 38 560 000 元，销项税额为 6 835 000 元，当月可抵扣的进项税额为 11 600 000 元，增值税为 13%，退税率为 13%。计算应交税额和应退税额。

1）出口自产货物销售收入为

40 000×200×6.98＋10 000×（235－25－10）×6.98＝69 800 000（元）

2）计算当期应纳税额为

当期内销的销项税额＋出口销项税额－当期全部进项税额

＝6 835 000＋69 800 000×13%－11 600 000＝4 309 000（元）

3）计算当期应退税额为

应退税额＝销项金额×税率＝69 800 000×13%＝9 074 000（元）

注：如果该出口企业从小规模纳税人购进特准退税的出口货物，则计算退税时就要先在采购价中扣除17%的增值税，再乘出口退税率。

2. 消费税的退税计算

外贸企业出口和代理出口货物的应退消费税税款，凡属从价计征消费税的货物，都应根据外贸企业从工厂购进货物时征收消费税的价格计算；凡属从量计征消费税的货物，都应依货物购进和报关出口的数量计算。具体计算退税的公式为

应退消费税税款＝出口货物的工厂销售额（出口数量）×税率（单位税额）

有出口经营权的生产企业自营出口的消费税应税货物，依据其实际出口数量予以免征。

知识拓展

普遍优惠制

普遍优惠制（generalized system of preferences）是发达国家给予发展中国家出口制成品和半制成品（包括某些初级产品）一种普遍的、非歧视的和非互惠的关税优惠制度。普遍的，即发达国家对发展中国家所有出口制成品和半制成品给予普遍的进口关税优惠待遇；非歧视的，即应使所有发展中国家都无歧视和无例外地享受普惠制待遇；非互惠的，即非对等的，发达国家应单方面给予发展中国家特别的关税减让，而不要求发展中国家给予对等优惠。实施普惠制的目的是通过给惠国对受惠国的受惠产品给予减免关税优惠待遇，使受惠国增加出口收益，促进工业化，加速国民经济发展。

出口商品要取得关税优惠待遇必须符合给惠国普惠制方案及其原产地规则，并需要提供我国出入境检验检疫机构签发的普惠制原产地证明书。

小　结

外贸经营者的登记备案制度是指从事货物进出口或者技术进出口的对外贸易经营者，除了法律、行政法规和商务部规定不需要备案登记的外贸经营者，一律向商务部或商务部委托的机构办理备案登记。对于未按照本办法办理备案登记的对外贸易经营者，海关不予办理进出口的报验手续。

我国对货物、技术进出口实行许可证管理制度。该制度既包括准许进出口有关证件的审批和管理制度本身的程序，也包括以国家各类许可为条件的其他行政管理手续。进出口许可证制度作为一项非关税措施，是中外各国管理进出口的一种常见手段，在国际贸易中被广泛运用。

进出口商品检验检疫制度是指由国家进出口商品检验检疫部门依据我国有关法律、行政法规，以及我国政府所缔结的或者参加的国际条约、协定，对出入境的货物、物品及其包装物、交通运输工具、运输设备和进出境人员实施检验检疫与监督管理的法律依据和行政手段的总和。

出口退税制度是国家税务当局针对出口产品退还其在国内生产、流通、出口环节已经缴纳的间接税（增值税、消费税）的税收制度。实行出口退税的目的是使出口货物以不含税价格进入国际市场，增强其在国际市场上的竞争力，并避免对跨国流动物品重复征税。

案例分析

2020 年 12 月 21 日，欧盟委员会发布公告称，对原产于中国的成卷铝箔进行反规避立案调查。欧盟委员会在立案公告中指出，委员会有充分证据证明原产于中国的涉案产品经由泰国转口（无论是否标明原产于泰国）规避了对中国成卷铝箔的现行反倾销措施。

2011 年 12 月 20 日，欧盟对原产于中国的成卷铝箔进行反倾销立案调查。2012 年 9 月 18 日，欧盟对原产于中国的成卷铝箔作出反倾销初裁。2013 年 3 月 13 日，欧盟对此案作出反倾销终裁。2018 年 3 月 13 日，欧盟对原产自中国的成卷铝箔启动第一次反倾销日落复审立案调查。2019 年 6 月 5 日，欧盟委员会发布公告称，对原产于中国的成卷铝箔作出第一次反倾销日落复审终裁。

（资料来源：潘晓君，2020. 欧盟对华成卷铝箔进行反规避立案调查[EB/OL].（2020-12-23）[2021-02-17]. http://cacs.mofcom.gov.cn/cacscms/article/ckys?articleId=167368&type=1.）

思 考

利用网上资源了解欧盟反倾销程序的体系，试分析欧盟如何通过反倾销程序设计来保护国内产业，以及我国企业在不同程序阶段应如何积极应对。

自 测 题

一、选择题

1. 我国目前对对外贸易经营者的管理实行（　　）。

A. 审批制度　　B. 备案登记制度

C. 自由放任　　D. 登记和核准制度

2.（　　）属于我国禁止进口的范围。

A. 犀牛角和虎骨

B. 右置方向盘汽车

C. 未列入《国家限制进口的可用作原料的废物目录》和《自动进口许可管理类可用作原料的废物目录》的固体废物

D. 列入《国家限制进口的可用作原料的废物目录》和《自动进口许可管理类可

用作原料的废物目录》的固体废物

3. 国家规定有数量限制的限制进口货物实行（ ）管理。

A. 进口许可证　　B. 关税配额

C. 配额招标　　D. 自动进口许可证

4. 入境货物通关单适用于（ ）。

A. 列入《法定检验目录》的商品　　B. 进口可用作原料的废物

C. 进口旧机电产品　　D. 进口捐赠的医疗器械

二、判断题

1. 出口退税制度是国家税务当局针对出口产品退还其在国内生产、流通、出口环节已经缴纳的直接税的税收制度。（ ）

2. 除禁、限管制的商品、技术外，都属自由进出口管理商品。但基于监督的需要，我国对部分货物实行进出口自动许可管理，对技术进出口则实行合同登记管理。（ ）

3. 根据《贸易进口付汇核销监管暂行办法》的规定，境内机构在办理进口付汇手续时，应到外汇局办理列入对外付汇进口单位名录手续。（ ）

4. 接受退税人，即发生货物出口行为的企业，简称出口企业。目前我国对个人包括个体经营者出口的货物不予退税。（ ）

5. 报检单位在首次报检前，须持本单位营业执照和政府批文向检验检疫局申请办理登记备案手续，取得报检单位代码后，方能向检验检疫局报检。（ ）

第四章　进出口商品归类

教学目标

- 熟悉《协调制度》的产生
- 掌握《协调制度》的基本结构
- 熟练掌握《协调制度》编码的归类总规则
- 理解海关进出口商品分类目录各类、章的主要内容及其结构
- 熟悉进出口商品归类的有关依据和申报要求

学习要点

- 《协调制度》编码的归类总规划
- 我国海关进出口商品分类目录

导入案例

赖昌星于1994年成立厦门远华集团，从成立到1999年案发，远华集团从事走私犯罪活动达5年之久，走私货物总值人民币530亿元，偷逃税额人民币300亿元。此案涉案金额之大、人员之多，案情之复杂，经济犯罪和腐败问题之严重，触目惊心。

为了能使走私犯罪活动畅通无阻，赖昌星打通了海关、港务等众多部门，在厦门市区修建了走私的重要据点——海鑫堆场。货物从港口直接拉到堆场后，厦门海关同安办事处原副主任谢某某等人先圈定要查验的集装箱箱号，赖昌星走私犯罪集团骨干分子黄某某、陈某某等人立即根据集装箱号单，将装有香烟、汽车等高税率的走私货物集装箱掏空，再填进事先准备好的木浆、聚丙烯等低税率且与伪报品名相符的货物，办妥手续交付海关查验。经过如此一番“倒柜”，走私物品就能顺利入关。

厦门远华集团犯罪采取的手法为进口货物不报关、伪报贸易性质、伪报货物品名等，并有预谋地拉拢腐蚀一批国家工作人员为其走私提供帮助和庇护。

远华集团属于哪一种走私行为？通过何种手段实现走私？故意瞒报商品品名与商品编码的真正目的是什么？带着这些问题学习本章后，学生能够掌握《协调制度》及商品归类总规则。

第一节　《协调制度》概述

一、《协调制度》的产生

为了简化国际贸易程序，提高工作效率，在长期的国际贸易实践中，欧洲海关合作

理事会（1995 年更名为世界海关组织）与联合国分别编制了两个独立的商品分类目录，即《海关合作理事会商品分类目录》（Customs Co-operation Council Nomenclature，CCCN）和《国际贸易标准分类目录》（Standard International Trade Classification，SITC）。为了统一商品编码、方便国际贸易操作，海关合作理事会于 1983 年 6 月通过了《商品名称及编码协调制度公约》及其附件《商品名称及编码协调制度》（The Harmonized Commodity Description and Coding System，HS，以下简称《协调制度》），并于 1988 年 1 月 1 日起正式生效。自 1988 年生效以来，《协调制度》共进行了 6 次修订，形成了 1988 年、1992 年、1996 年、2002 年、2007 年、2012 年和 2017 年共 7 个版本。为了帮助人们正确理解和运用《协调制度》，海关合作理事会制定了《商品名称及编码协调制度注释》（简称《协调制度注释》）。

二、《协调制度》的基本结构

《协调制度》由归类总规则、注释、商品名称及编码表 3 个部分组成。它主要将国际贸易涉及的各种商品按照生产部类、自然属性和不同功能用途等分为 21 类 97 章，每章由若干品目构成，2017 年版《协调制度》共有 4 位数品目 1222 个；品目项下又细分出若干一级子目和二级子目，2017 年版《协调制度》共有 5387 个 6 位数子目。

《协调制度》为了避免各品目和子目所列商品发生交叉归类，在类、章下加有类注、章注和子目注释；为了保证其解释的统一性，设立了归类总规则，作为整个《协调制度》商品归类的总原则。

从类上看，基本上按生产部类来划分，如农业产品在第一、第二类，化学工业产品在第六类，纺织工业产品在第十一类，冶金工业产品在第十五类，机电制造业产品在第十六类等。

从章上看，基本上按商品的自然属性或功能、用途来划分。第一章至第八十三章（第六十四章至第六十六章除外）基本上按商品的自然属性来分章，这样分类的原因有两个：一是这些物品往往由多种材料构成，难以将这些物品作为某一种材料制成的物品来分类；二是商品的价值主要体现在生产该物品的社会必要劳动时间上。

从品目的排列看，一般是原材料先于成品，加工程度低的产品先于加工程度高的产品，列名具体的品种先于列名一般的品种。

第二节 《协调制度》编码的归类总规则

一、归类总规则一

类、章及分章的标题，仅为查找方便而设；具有法律效力的归类，应按品目条文和有关类注或章注确定，若品目、类注或章注无其他规定，则按以下规则确定。

1. 类、章及分章的标题不具法律效力，为查找方便而设，本身不是归类的依据

类、章及分章的标题不可能一一列出所有的商品。同一类的商品在不同条件下可能有不同的分类。例如，第一章的标题是“活动物”，但实际上，马、牛、羊等活动物归

入本章，而活的鱼、甲壳动物、软体动物及其他水生无脊椎动物却是归入第三章的。

2. 归类的法律依据应该是品目条文和有关的类注、章注

许多商品可直接按目录规定进行归类，而类注、章注在于限定类、章和品目的商品范围。例如，在第一章章注中注明了第一章不包括品目 95.08 的动物和品目 30.02 的培养微生物及其他产品，那么 95.08 的动物、30.02 的培养微生物就不能归入第一章。所以说，具有法律效力的归类应按项目条文和有关类注或章注确定。

3. 按品目条文、类注或章注仍无法确定归类的，按其他规则确定品目的归类

在确定归类时应首先考虑品目条文、相关的类注和章注的规定，其次考虑其他规则规定。它们的优先顺序是：子目注释—章注—类注—归类总则。

二、归类总规则二

A．品目所列货品，应视为包括该项货品的不完整品或未制成品，只要在进口或出口时该项不完整品或未制成品具有完整品或制成品的基本特征，应视为包括该货品的完整品或制成品（或按本款可作为完整品或制成品归类的货品）在进口或出口时的未组装件或拆散件。

B．品目中所列材料或物质，应视为包括该种材料或物质与其他材料或物质混合或组合的物品。品目所列某种材料或物质构成的货品，应视为包括全部或部分由该种材料或物质构成的货品。由一种以上材料或物质构成的货品，应按规则三归类。

上述两个规则的共同特点是扩大品目所列货品的范围。

（一）规则二 A 款有条件地将不完整品、未制成品也包括在品目所列货品范围之中

1. 具有完整品或制成品基本特征的不完整品和未制成品

品目所列的货品中不仅包括完整货品，还包括具有完整品或制成品基本特征的不完整品和未制成品。

1）不完整品是指货品主要部分都已具备，缺少非关键部位，如缺少键盘的便携式计算机。

2）未制成品是指货品尚未完全制成，需要进一步加工才成为制成品，如已剪裁成型未缝制的机织面料分指手套。

只要在报检时它们具有完整品或制成品的基本特征，就可以归入该货品。

2. 完整品或制成品的未组装件或拆散件

完整品或制成品的未组装件或拆散件应归类于已组装物品的同一品目，如机动游览船成套部件、未组装的自行车等。

鉴于第一类至第六类各品目所及的商品范围，规则二 A 款规定一般不适用于这 6 类所包括的货品。

（二）规则二 B 款有条件地将该品目货品的混合物及组合物也归入该品目之中

规定品目所列材料或物质，还应该扩大到该材料或物质中可以加入其他材料或物质；但条件是加入材料或物质并不改变原来材料或物质或其所构成货品的基本特征。例如，加碘的食用盐，其并没有改变盐的基本特征和性质，仍然按食用盐来归类。

关于上述规则的使用原则是：规则二只有在品目、类注或章注无其他规定（规则一）时方可使用。

三、归类总规则三

当货品按规则二 B 款或由于其他原因看起来可归入两个或两个以上品目时，按以下规则归类。

A. 列名比较具体的品目，优先于列名一般的品目。但是如果两个或两个以上品目都仅述及混合或组合货品所含的某部分材料或物质，或零售的成套货品中的某些货品，即使其中某个品目对该货品描述得更为全面、详细，这些货品在有关品目的列名应视为同样具体。

B. 混合物、不同材料构成或不同部件组成的组合物及零售的成套货品，如果不能按照规则三 A 款归类，在本款可适用的条件下，应按构成货品基本特征的材料或部件归类。

C. 货品不能按照规则三 A 款或 B 款归类时，应按号列顺序归入其可归最末一个品目。

（一）规则运用的先后顺序

规则三专门用于有歧义的归类。在规则一和规则二不能解决归类问题的情况下，都应先按规则三进行正确的归类。不能运用规则三 A 款时，才能运用规则三 B 款；不能按照规则三 A 款和 B 款两款归类时，才能运用规则 C 款。因此，它们的优先权次序为：①具体列名；②基本特征；③从后归类。

（二）归类方法

1. 具体列名归类法

具体列名归类法的主要内容如下。

1）列出品名比列出类名更为具体。例如，电动剃须刀应归入品目 8510“电动剃须刀、电动毛发推剪及电动脱毛器”，而不应归入品目 8509“家用电动器具”。又如，塑料碗就比塑料制品更为具体。

2）如果某一品目所列名称更为明确地述及某一货品，则该品目要比所列名称不那么明确述及该货品的其他品目更为具体。例如，用于小汽车的簇绒地毯，不应作为小汽车附件归入品目 8708“机动车辆的零件、附件”，而应归入品目 5703“簇绒地毯及纺织材料的其他簇绒铺地制品，不论是否制成的”，因为品目 5703 所列地毯更为具体。

如果两个或两个以上品目都仅述及混合或组合货品所含的某部分材料或物质，或零售成套货品中的某些货品，即使其中某个品目比其他品目对该货品描述得更为全面、详细，这些货品在有关品目的列名也应视为同样具体。在这种情况下，货品应按规则三 B 款或 C 款的规定进行归类。

2. 基本特征归类法

如果不能按规则三 A 款归类的混合物、组合物及零售的成套货品的归类，它们应按构成货品基本特征的材料或部件归类。例如，“豆油 70%、花生油 20%、橄榄油 10%的混合食用油”，因为豆油的含量最大，构成基本特征，从而运用规则三 B 款将其按豆油归类 15.07。根据规则一，归类的法律依据是品目条文，因此，根据“各种动、植物油混合而成的食用油”，归入品目 15.17 的品目。本规则所称“零售的成套货品”必须符合以下 3 个条件。

1）由至少两种看起来可归入不同品目的货品构成。

2）为了满足某种需要或开展某项专门活动而将几件产品或物品包装在一起，在用途上可相互补充、配合使用。例如，一个礼盒，内有咖啡一瓶、咖啡伴侣一瓶、塑料杯子两只。

3）直接销售给用户而无须重新包装的。例如，成套的理发工具，由一个电动理发推子、一把梳子、一把剪子、一把刷子及一条毛巾，装于一个皮匣子内组成，符合上述 3 个条件，所以属于“零售的成套货品”。

3. 从后归类法

例如，由 200 克巧克力糖果和 200 克奶糖混合而成的一袋 400 克的糖果，由于其中奶糖和巧克力糖果的含量相等，“基本特征”无法确定，因此应从后归类，奶糖应归入 1704，巧克力糖果应归入 1806，按规则三 C 款的解释，就应归入后一个品目 1806。

为了便于记忆，现将上述内容总结为以下口诀：有列名归列名，没有列名归用途，没有用途归成分，没有成分归类别，不同成分比多少，相同成分要从后。

四、归类总规则四

根据上述规则无法归类的货品，应归入与其最相类似的货品的品目。

科技、经济的发展加速了新产品的产生，在根据《协调制度》进行分类时，可能会遇到按以上规则一至规则三仍无法归类的货品，在此情况下，本规则规定用最相类似的货品的品目来替代。这里的“最相类似”指名称、特征、功能、用途、结构等因素，需要综合考虑才能确定。

例如，在进行商品税则归类时，对看起来可归入两个及两个以上税号的商品，在税目条文和注释均无规定时，其归类次序为具体列名、基本特征、从后归类、最相类似。

五、归类总规则五

除上述规则外，本规则适用于下列货品的归类。

A. 制成特殊形状仅适用于盛装某个或某套物品并适合长期使用的照相机套、乐器盒、枪套、绘图仪器盒、项链盒及类似容器，如果与所装物品同时进口或出口，并通常与所装物品一同出售，应与所装物品一并归类。但本款不适用于本身构成整个货品基本特征的容器。

B. 除规则五 A 款规定的以外，与所装货品同时进口或出口的包装材料或包装容器，如果通常是用来包装这类货品的，应与所装货品一并归类。但明显可重复使用的包装材料和包装容器可不受本款限制。

本规则主要解决的是某包装材料或包装容器在什么情况下单独归类、在什么情况下与所装的物品一并归类的问题。

（一）关于能长期使用的特制容器的归类

规则五 A 款适用于专门制作仅适用于某种特殊物品并能长期使用的容器的归类，这些容器必须具备以下条件。

1）专门制作。该种容器必须是专门制作且用于盛装特定物品的。

2）长期使用。该容器适合长期使用的同时还起到保护物品的作用。

3）必须与所装物品一同报验。不论是为了运输方便与否，所报货物与包装都必须一同报验，如装香水的瓶子。否则，单独报验的容器应归入其所应归入的品目。

4）通常与所装物品一同出售。

5）包装容器本身并不构成整个货品的基本特征。

例如，与所装电动剃须刀一同报验的电动剃须刀的皮套，由于符合以上条件，因此应与电动剃须刀一并归入品目 8510。但是，本款规则不适用于本身构成整个货品基本特征的容器，如装有茶叶的银质茶叶罐（归入银制品品目 7114）。

（二）基本上无法反复使用的包装材料及包装容器的归类

规则五 B 款仅适用于同时符合以下各条规定的包装材料及包装容器。

1）属规则五 A 款以外的包装容器和包装材料。

2）通常用于包装有关货品的，并与所装物品一同报验的（单独报验的包装材料及包装容器应归入其所应归入的品目）。

3）不属于明显可重复使用的。例如，装有冰箱的瓦楞纸箱，由于符合以上条件，因此应与冰箱一并归入品目 8528。

但是，如果是明显可重复使用的包装材料和包装容器，则本款规定不适用。例如，“40 升专用钢瓶装液化氮气”，由于其具有明显可重复使用的特性，所以不能与氮气一并归类，而应分开归类。

六、归类总规则六

货品在某一品目项下各子目的法定归类，应按子目条文或有关的子目注释及以上各条规则来确定，但子目的比较只能在同一数级上进行。除条文另有规定的以外，有关的类注、章注也适用于本规则。

本规则主要解决如何确定品目下的子目的归类原则。在《进出口税则》中，税则号列的前 4 位数码称为品目，后 4 位称为子目，子目又分 4 级：第 5 位为一级子目，又称一杠子目（因在货品栏目中用“—”表示，故得之）；第 6 位为二级子目，又称二杠子目；第 7 位为三级子目，又称三杠子目；第 8 位为四级子目，又称四杠子目。其中前 6 位是《协调制度》的法定编码，对缔约国具有法律约束力；最后两位编码是我国增加的子目，对我国具有法律约束力。在具体确定子目时，应当注意以下几点：①确定子目时，一定要按先确定一级子目、再确定二级子目、然后确定三级子目、最后确定四级子目的顺序进行；②确定子目时，应遵循“同级比较”的原则，即一级子目与一级子目比较，二级子目与二级子目比较，以此类推；③下一级子目的货品范围不得超过其上一级子目的货品范围。例如，四级子目的货品总和不能超过三级子目的货品总和，其他亦如此。

例如，“中华绒螯蟹种苗”，在归入品目 0306 项下子目时，应按以下步骤进行。

1）确定一级子目，即将两个一级子目“冻的”与“未冻的”进行比较后归入“未冻的”。

2）确定二级子目，即将二级子目“龙虾”“大螯虾”“小虾及对虾”“蟹”“其他”进行比较后归入“蟹”。

确定三级子目，即将两个三级子目“种苗”与“其他”进行比较后归入“种苗”。所以，中华绒螯蟹种苗应归入子目 0306.2410。

第三节 进出口商品归类的海关行政管理

将进出口的商品进行正确归类是海关执行国家关税政策、贸易管制措施和编制海关进出口统计的基础，因此，做好进出口商品的归类工作意义重大。

一、进出口商品归类的依据

（一）进出口商品归类的主要依据

根据《海关法》和《中华人民共和国进出口关税条例》（以下简称《进出口关税条例》），海关总署以第 158 号总署令发布了《中华人民共和国海关进出口货物商品归类管理规定》，规范进出口货物的商品归类，保证商品归类结果的准确性和统一性。

进出口商品的归类应在遵循客观、准确、统一的原则的基础上，依据《进出口税则》的相关规定，遵照《协调制度》归类总规则、类注、章注、子目注释、目录条文解释，参照《海关进出口税则——统计目录及商品品目注释》及海关总署发布的关于商品归类的行政裁定和海关总署发布的商品归类决定。

（二）进出口商品归类的其他依据

在对进出口商品进行归类的过程中，海关可以要求进出口货物的收发货人提供商品归类所需的有关资料并将其作为归类的依据；必要时，海关可以组织化验、检验，并将海关认定的化验结果作为商品归类的依据。

二、归类的申报要求

（一）申报要素

为了规范进出口企业申报行为、提高申报数据质量、促进贸易便利化，海关总署制定了《中华人民共和国海关进出口商品规范申报目录》（以下简称《规范申报目录》）。《规范申报目录》按我国海关进出口商品分类目录的品目顺序编写，并根据需要在品目级或子目级列出了申报要素。

例如，品目 8528“电视接收装置，不论是否装有无线电收音装置或声音图像的录制或重放装置”的申报要素为：①品名；②用途；③品牌；④显像类型；⑤显示屏幕尺寸；⑥型号。

（二）保密内容的申报

要求海关予以保密的，应当事前向海关提出书面申请，并且具体列明需要保密的内容，海关应当依法为其保密。收发货人或者其代理人不得以商业秘密为理由拒绝向海关提供有关资料。

（三）配合海关依法行使行政职权

海关依照《海关法》和《进出口关税条例》的规定有权查阅、复制有关单证、资料；要求收发货人或者其代理人提供必要的样品及相关商品资料；组织对进出口货物实施化验、检验，并且根据海关认定的化验、检验结果进行商品归类。海关在行使上述职权时，收发货人或者其代理人应当予以配合。

三、归类的修改

收发货人或者其代理人申报的商品编码需要修改的，应当按照《中华人民共和国海关进出口货物报关单修改和撤销管理办法》（以下简称《海关进出口货物报关单修改和撤销管理办法》）等规定向海关提出申请。海关经审核认为收发货人或者其代理人申报的商品编码不正确的，可以根据《中华人民共和国海关进出口货物征税管理办法》（以下简称《征管办法》）有关规定，按照商品归类的有关规则和规定予以重新确定，并且根据《海关进出口货物报关单修改和撤销管理办法》等有关规定通知收发货人或者其代理人对报关单进行修改、删除。

四、预归类制度

由于商品归类工作技术性强，有时还会涉及化验、鉴定等环节，往往需要一段时间才能得出结论，因此，单纯依靠通关环节进行商品归类已不能适应实际工作的需要。为了正确地对进出口商品进行归类，便利合法进出口快速通关，我国海关参照了国际上的通行做法，在海关注册登记的进出口货物经营单位（以下简称申请人），可以在货物实际进出口的 45 日前，向直属海关申请就其拟进出口的货物预先进行商品归类（以下简称预归类）。申请人申请预归类的，应当向拟实际进出口货物所在地的直属海关提交中华人民共和国海关商品预归类申请表。经直属海关审核有明确规定的，应当在接受申请之日起 15 个工作日内制发中华人民共和国海关商品预归类决定书，并且告知申请人。属于没有明确规定的，应当在接受申请之日起 7 个工作日内告知申请人按照规定申请行政裁定。

第四节　我国海关进出口商品分类目录

一、进出口商品分类概述

经国务院批准，从 1992 年 1 月 1 日起，我国海关采用《协调制度》。我国现行的《进出口税则》和《中华人民共和国海关统计商品目录》（以下简称《海关统计商品目录》）是以 2017 年版《协调制度》为基础编制的，其第一章至第九十七章（第七十七章除外）的前 6 位数码及其商品名称与《协调制度》完全一致，第 7、第 8 位数码是根据我国海关征税、统计及贸易管理的需要细分的。

《进出口税则》中的商品号列称为税号，为征税需要，每项税号后列出了该商品的税率；《海关统计商品目录》中的商品号列称为商品编号，为统计需要，每项商品编号后列出了该商品的计量单位，并增加了第二十二类“特殊交易品及未分类商品”，分为第九十八章、第九十九章。

以《协调制度》为基础的海关进出口商品分类目录对商品进行的分类和编排是有规律可循的。以类来看，基本上是按生产部类划分的，即把属于同一部类的产品归在同一类里。章目的划分基本上是按商品的属性或功能、用途划分的。每一章各税目的排列顺序一般按动物、植物、矿物质产品或原材料、半制成品、制成品顺序排列。进出口商品分类目录采用结构号列，即税目或品目号列不是简单的顺序号，而是有一定含义的编码。现以 0301.9110“鳟鱼苗”为例说明进出口编码的表示方法。

编码：	0 3	0 1	9	1	1	0
位数：	1 2	3 4	5	6	7	8
含义：	章号	顺序号	一级子目	二级子目	三级子目	四级子目

若第 5 至第 8 位上出现数字“9”，则通常代表未具体列名的商品，即在“9”的前面一般留有空序号，以便用于修订时增添新商品。例如，上述编码 0301.9110 中第 5 位的“9”代表除观赏鱼以外的其他活鱼，其中 1 到 9 之间的空序号可以用于将来增添新的其他需要具体列名的活鱼。

二、我国海关进出口商品分类内容

《进出口税则》中的目录分为 21 类、97 章。《海关统计商品目录》分为 22 类、99 章，其中有 21 类、97 章的内容与《进出口税则》内容完全相同。现将这两个分类目录介绍如下。

（一）第一类：活动物；动物产品（第一章至第五章）

1. 内容概述

第一章：活动物。

第二章：肉及食用杂碎。

第三章：鱼、甲壳动物、软体动物及其他水生无脊椎动物。

第四章：乳品；蛋品；天然蜂蜜；其他食用动物产品。

第五章：其他动物产品。

本类可分为3部分：活动物（第一章和第三章）；食用动物产品（第二章和第四章）；非食用动物产品（第五章）。某些加工程度较高的动物产品及作为一些生产行业的原材料的动物产品，不归入本类。

2. 归类时应注意的问题

（1）活动物

第一章包括所有活动物，但下列各项除外：①鱼、甲壳动物、软体动物及其他水生无脊椎动物；②培养微生物及其他产品；③流动马戏团、动物园或其他类似巡回展出用的动物；④在运输途中死亡的动物，应按其鲜度是否适合供人食用分别归入第二章或第五章。

第三章包括各种活的或死的鱼：①因品种或鲜度不适合供人食用的死动物不归入本章；②熏制前或熏制过程中烹煮了的熏鱼及蒸过或水煮过的带壳甲壳动物仍归入本章；③第三章的加工程度要高于第二章，主要包括蒸过或用水煮过的带壳的甲壳动物。例如，熏制的大西洋鲑鱼税则号为0305.4110，而熏鱿鱼则归入第十六章。

（2）食用动物产品

第二章主要包括第一章所列可供人食用的动物的肉及食用杂碎，以及未炼制、不论是否供人食用的不带瘦肉的肥猪肉、猪脂肪及家禽脂肪。在加工程度上，第二章动物产品的加工程度仅限于鲜、冷、冻、盐腌、盐渍、干制、熏制或在面上撒糖或糖水的。第二章不包括以下几类：①不适合供人食用的肉及食用杂碎及其制成的细粉、粗粉；②不论是否可供人食用的动物胃、肠、膀胱[税（品）目号0504]和动物血[税（品）目号0511或3002]；③税（品）目号0209以外的动物脂肪（第十五章）；④鱼、甲壳动物、软体动物和其他水生无脊椎动物；⑤除了猪脂肪及家禽脂肪以外，别的脂肪，如牛的脂肪应该归入第三类里动、植物油、脂及其分解产品。

例如，鲜整头乳猪肉（重量不足10千克）税则号为0203.1110；装入肠衣的熏腌牛肉（未经绞碎、未经调味、供食用）归入第二章。

第四章包括乳（全脂乳、半脱脂乳和全脱脂乳）及奶油；酪乳、凝结的乳及奶油、酸乳、酸乳酒及其他发酵或酸化的乳和奶油；乳清；天然乳为基本成分的未列名产品；黄油及其他乳制得的脂和油；乳酪及凝乳。蛋品包括禽蛋及蛋黄，可以是鲜、干、蒸煮的、模制成型、冰冻或用其他方法保藏的。第四章不包括以下几类：①按重量计乳糖含量（以干燥无水乳糖计）超过95%的乳清制品；②以一种物质（如油酸酯）代替乳中一种或多种天然成分（如丁酸酯）而制得的产品；③白蛋白（包括按重量计干质成分的乳清蛋白含量超过80%的两种或两种以上的乳清蛋白浓缩物）及球蛋白。

（3）非食用动物产品

第五章包括各种未加工或仅经简单加工的各种未列名的动物产品，通常不作为食品。某些无论是否可供人食用的动物肠、膀胱、胃及动物血，以及未加工的人发、猪鬃、马毛、骨、角、蹄、爪、壳及供配药用的动物产品等归入第五章。第五章不包括以下几类：①食用产品（整个或切块的动物肠、膀胱和胃以及液态或干制的动物血除外)；②生皮或毛皮，但税目 05.05 的货品及税目 05.11 的生皮或毛皮的边角废料仍归入本章；③马毛及废马毛以外的动物纺织原料（第十一类)；④供制帚、制刷用的成束、成簇的材料。

（二）第二类：植物产品（第六章至第十四章）

1. 内容概述

第六章：活树及其他活植物；鳞茎、根及类似品；插花及装饰用簇叶。

第七章：食用蔬菜、根及块茎。

第八章：食用水果及坚果；柑橘属水果或甜瓜的果皮。

第九章：咖啡、茶、马黛茶及调味香料。

第十章：谷物。

第十一章：制粉工业产品；麦芽；淀粉；菊粉；面筋。

第十二章：含油子仁及果实；杂项子仁及果实；工业用或药用植物；稻草、秸秆及饲料。

第十三章：虫胶；树胶、树脂及其他植物液、汁。

第十四章：编结用植物材料；其他植物产品。

本类主要包括各种活植物及经过有限度地简单加工的植物产品。归入本类的植物产品一般按照活植物（第六章）—食用植物产品（第七章至第十二章）—非食用植物产品（第十三章和第十四章）的顺序编排。

2. 归类时应注意的问题

1）第六章不包括未焙制的菊苣根，马铃薯、洋葱、青葱、大蒜，以及第七章的某些鳞茎、块茎、球茎、根或根茎，拼贴画或类似的装饰板。

2）第七章包括食用蔬菜、根及块茎；蔬菜可以加工成各种形状，如整的、切块、切片、破碎或制成粉，也可以是鲜、冷、冻、经临时保藏处理或干制的，但做进一步加工的归入第二十章。

3）第八章包括通常供人食用的水果、坚果及柑橘属果皮或甜瓜皮。可以是鲜、冷、冻或经暂时保藏处理或干制的，若做进一步加工则主要归入第二十章。

从加工程度来说，第八章的水果和坚果可以是完整的，也可以切片、切丝、去核、捣浆、磨碎、去皮或去壳。加工成粉状的应归入第十一章。不属于食用果品范围的植物果实、子仁均不归入第八章，如第七章的油橄榄、番茄、黄瓜等，第九章的咖啡、香子兰豆、杜松子等，第十二章的花生及其他含油果实、干椰子肉、刺槐豆、杏仁等，第十八章的可可豆。第八章不包括果粉，用于榨油而不适于人食用的干椰子肉，非供食用的坚果或水果。

4）第九章涉及的产品可以是完整的，也可以捣碎或制成粉末。第九章不包括以下几类：芥子和芥末粉；啤酒花；虽能做调味香料，但多用于制造香水及药物产品；混合调味品；咖啡、茶、马黛茶的浓缩精汁，不含咖啡的烘焙咖啡代用品。

5）第十章中谷物不论是否成穗或带秆。除稻谷外，去壳、碾磨、磨光、上光、半熟、改良或破碎的大米归入本章；其余谷物的加工程度不能超出脱粒加工的范围。

6）第十一章包括制粉工业产品，用碾磨或经其他方法加工第十章的谷物及第七章的甜玉米所得的产品，如粗粉、细粉、粗粒、团粒，以及经去壳、滚压、制片、制成粒状、切片或粗磨加工的谷物；将第十章的谷物按本章所列方法，如麦芽发芽、提取淀粉或面筋等加工的产品，以及其他章的原料（干豆、马铃薯、果实等）用类似上述两种方法加工的细粉、粗粉或粉片。这些产品如果再进一步加工，一般归入第十九章。

7）第十二章包括有特殊用途的植物产品；榨油用含油子仁及果实；种植用的种子；酿啤酒用的啤酒花及蛇麻腺；榨糖用甜菜及甘蔗；稻草、秸秆及植物性饲料；工业用或药用植物；海草及其他藻类；以及主要供食用的未列名果核、果仁及其他植物产品。

8）第十三章包括虫胶、天然树胶、树胶脂、含油树脂、香树脂和其他植物液汁、浸膏、果胶等，以及从植物产品制得的琼脂及其他胶液和增稠剂。我国禁止进口鸦片。

9）第十四章包括各种非供食用的植物产品。主要用于编结、制帚、制刷或做填塞、衬垫用的未加工或简单加工的植物材料；供雕刻、制扣及制其他花哨小商品用的子、核、壳、果；棉短绒及未列名的其他植物产品。

（三）第三类：动、植物油、脂及其分解产品；精制的食用油脂；动、植物蜡（第十五章）

1. 内容概述

第十五章：动、植物油、脂及其分解产品；精制的食用油脂；动、植物蜡。

2. 归类时应注意的问题

（1）动、植物油脂加工产品的归类

动、植物油脂根据其加工程度归类如下：

油脂（初榨、精制）{ 动物……………………品目 1501～1506
　　　　　　　　　　 植物……………………品目 1507～1515

油脂（化学改性）………………………………品目 1516、1518

混合食用油脂……………………………………品目 1517

动、植物蜡………………………………………品目 1521

残渣………………………………………………品目 1522

例如，“初榨的豆油”“精制的豆油”“氢化的豆油”“氧化的豆油”“混合的豆油”，它们的归类应随着加工方式和加工程度的不同而分别归入子目 1507.1000、1507.9000、1516.2000、1518.0000、1517.9000。

（2）动、植物油、脂分解产品的归类

动、植物油、脂分解产品中的粗甘油归品目 1520，而脂肪酸、脂肪醇等，以及经过提纯的精制甘油则要按化工品归入第六类。具体归类如下：①未炼制的猪脂肪及家禽脂肪应归入品目 02.09；②从乳中提取的黄油及其他油、脂应归入品目 04.05（与 1517 人造黄油区别开）；③可可油、可可脂应归入品目 18.04；④粗甘油（纯度在 95%以下）归入1520，若纯度在95%以上则归入2905.4500丙三醇（甘油）。

（四）第四类：食品；饮料、酒及醋；烟草、烟草及烟草代用品的制品（第十六章至第二十四章）

1. 内容概述

第十六章：肉、鱼、甲壳动物、软体动物及其他水生无脊柱动物的制品。
第十七章：糖及糖食。
第十八章：可可及可可制品。
第十九章：谷物、粮食粉、淀粉或乳的制品；糕饼点心。
第二十章：蔬菜、水果、坚果或植物其他部分的制品。
第二十一章：杂项食品。
第二十二章：饮料、酒及醋。
第二十三章：食品工业的残渣及废料；配制的动物饲料。
第二十四章：烟草及烟草代用品的制品。

本类按照动物产品—植物产品—其他食品及嗜好品的顺序排列章次，按商品的原料属性和用途可将本类货品大致分为5组产品：第十六章主要为以动物产品为原料的食品；第十七章至第二十章主要为以植物产品为原料的食品；第二十一章为杂项食品；第二十二章为饮料、酒及醋；第二十三章为食品工业残渣及配制的动物饲料；第二十四章为烟草及其制品。

2. 归类时应注意的问题

（1）混合食品的归类

对于混合食品，如果动物类原料的含量在20%以上（其中不同的动物原料的含量可以相加）则应归入第十六章。对于含有两种或两种以上前述产品的食品，则应按其中重量最大的产品归入第十六章的相应品目。但是不含包馅食品，如饺子。

例如，“猪肉占15%、牛肉占20%、马铃薯占65%的罐头食品”，因为猪肉加上牛肉合计为35%，超过了20%，所以可归入第十六章的品目1602，又因为牛肉含量超过猪肉，所以应按牛肉食品归入子目1602.5010。

（2）均化食品的归类

子目1602.1000的“均化食品”，是指用肉、食用杂碎或动物血经精细均化制成供婴幼儿食用或营养用的零售包装食品，每件净重不超过250克。为了调味、保藏或其他目的，可以在均化食品中加入少量其他配料，还可以加入少量可见的肉粒或食用杂碎粒。归类时该子目优先于品目1602的其他子目。例如，由猪肉经精细均化制成供婴幼儿食用的净重250克的食品，应作为“均化食品”归入子目1602.1000。

涉及均化食品的2005、2007、2104等税（品）目与之相同，区别的方法是根据第十六章、第二十章、第二十一章的章注和子目注释。

（3）各种糖的归类

各种糖（如蔗糖、乳糖、麦芽糖、葡萄糖及果糖），以及糖浆、人造蜜、焦糖、提取或精炼糖时所剩的糖蜜及糖食应归入第十七章。但是化学纯糖（蔗糖、乳糖、麦芽糖、葡萄糖及果糖除外）应归入品目 2940。

（4）可可食品即含可可的食品的归类

有些可可食品可归入第十八章，但是含可可的饮料不能按含可可食品归入品目 1806，而应按饮料归入品目 2202。白巧克力不含可可，所以不归入第十八章。

（5）发酵酒的归类

发酵酒归入品目 2203～2206，而蒸馏酒归入品目 2207～2208。例如，黄酒属于发酵酒，应归入品目 2206；而威士忌酒属于蒸馏酒，应归入品目 2208。

（6）关于水的归类

普通天然水、矿泉水、冰、雪归入品目 22.01；加甜味或香料的普通水、矿泉水归入品目 22.02；海水，属于矿产品类，归入品目 25.01；蒸馏水、导电水及类似纯净水归入品目 28.53。

（五）第五类：矿产品（第二十五章至第二十七章）

1. 内容概述

本类包括原矿及经过一定程度加工的矿产品。

第二十五章：盐；硫磺；泥土及石料；石膏料、石灰及水泥。

第二十六章：矿砂、矿渣及矿灰。

第二十七章：矿物燃料、矿物油及其蒸馏产品；沥青物质；矿物蜡。

2. 归类时应注意的问题

（1）第二十五章矿物的归类

除条文及注释四另有规定的以外，第二十五章各品目只包括原产状态的矿产品，或只经过洗涤（包括用化学物质清除杂质而未改变产品结构的）、破碎、磨碎、研粉、淘洗、筛分，以及用浮选、磁选和其他机械物理方法（不包括结晶法）精选过的矿产品，但不得经过焙烧、煅烧、混合或超过品目所列的加工范围。例如，食用盐归入 2501.0011，纯的氯化钠（或者是符合化学定义的氯化钠）归入 2501.0020，而氯化钠制的光学元件归入品目 9001。

（2）第二十六章矿物的归类

第二十六章矿物不包括全部“金属矿”。对于矿砂、矿渣及矿灰，本章包括各种冶金工业用的金属矿砂、矿渣及矿灰，也就是在商业上用于提取第七十一章所列的贵金属和第十五类所列的贱金属、汞及矿砂，即使这些矿砂不用于冶金工业，也包括在本章内。但不包括未焙烧的黄铁矿、菱镁矿、碱金属或碱土金属的矿物，从脉石或杂矿石中分选出来的天然金属、天然合金、稀土金属矿。

（3）第二十七章矿物的归类

第二十七章的煤、石油、天然气可以进行化学提取和其他加工，但经化学提取得到的矿物能归入本章的一般是一些粗产品，如果经进一步的化学提纯，则应归入第二十九章。本章还包括废油。

（六）第六类：化学工业及其相关工业的产品（第二十八章至第三十八章）

1. 内容概述

第二十八章：无机化学品；贵金属、稀土金属、放射性元素及其同位素的有机及无机化合物。

第二十九章：有机化学品。

第三十章：药品。

第三十一章：肥料。

第三十二章：鞣料浸膏及燃料浸膏；鞣酸及其衍生物；染料、颜料及其他着色料；油漆及清漆；油灰及其他类似胶粘剂；墨水、油墨。

第三十三章：精油及香膏；芳香料制品及化妆盥洗品。

第三十四章：肥皂、有机表面活性剂、洗涤剂、润滑剂、人造蜡、调制蜡、光洁剂、蜡烛及类似品、塑型用膏、“牙科用蜡”及牙科用熟石膏制剂。

第三十五章：蛋白类物质；改性淀粉；胶；酶。

第三十六章：炸药；烟火制品；火柴；引火合金；易燃材料制品。

第三十七章：照相及电影用品。

第三十八章：杂项化学产品。

2. 归类时应注意的问题

（1）化学品中的优先归类原则

1）凡符合品目 2844 或 2845 规定的货品（放射性矿砂除外），应分别归入这两个品目而不归入《协调制度》的其他品目。除了放射性矿砂以外，所有的放射性化学元素、同位素及它们的化合物，即使本来可能可以归入其他品目，也应一律归入品目 2844 或 2845。

2）除上述 1）另有规定的以外，凡符合品目 2843、2846 或 2852 规定的货品，应分别归入以上品目而不归入本类的其他品目。例如，硝酸银即使已制成零售包装供摄影用，也应归入品目 2843 而不归入品目 3707。

3）除上述 1）、2）外，凡由于按一定剂量或作为零售包装而可归入品目 3004、3005、3006、3212、3303、3304、3305、3306、3307、3506、3707、3808 的货品，应分别归入以上品目，而不归入《协调制度》的其他品目。例如，零售包装的染料应归入品目 3212。

（2）第二十八章无机化学品的归类

第二十八章仅限于单独的化学元素及单独的已有化学定义的化合物，其编目结构按商品的分子结构从简单到复杂排列，即按元素、非金属化合物、金属化合物、杂项产品顺序排列。杂质的主要类型有未转化原料、存在于原料中的杂质、所用试剂、副产品。

（3）第二十九章有机化学品的归类

第二十九章分成 13 个分章，共有 42 个 4 位数税（品）目号。本章按商品分子结构从简单到复杂排列。例如，青霉素属于抗菌素，应归入品目 2941。

（4）第三十章药品的归类

1）如果是已配定剂量或已制成零售包装，则归入品目 3004；如果是未配定剂量也未制成零售包装，则要看其是未混合产品还是混合产品，前者按其成分归入第二十九章或第二十八章，后者则归入品目 3003。例如，“安乃近原药，粉状，5 千克装”，由于该商品未配定剂量也未制成零售包装，并且是未混合产品，所以应归入子目 2933.1920。

2）品目 3303～3307 的化妆盥洗品，不能作为药品归入第三十章，而应按化妆盥洗品归入第三十三章。例如，某品牌的洗发水具有去屑止痒的功效，仍应按护发品归入品目 3305。

3）除供静脉摄入用的滋养品可归入本章外，营养品、糖尿病食品、强化食品、保健食品、滋补饮料及矿泉水不能作为药品归入本章，只能作为食品、饮料而归入第四类。例如，某品牌的运动饮料具有补充运动中流失的维生素和矿物质和增强体质的作用，仍应按一般饮料归入品目 2202。

（5）第三十一章肥料的归类

第三十一章包括通常做天然或人造肥料的绝大多数产品。本章产品可分成动、植物肥料，单一肥效成分矿物或化学肥料，含有多种肥效成分的矿物或化学肥料，动植物肥料与矿物或化学肥料的混合物，制成片状及类似形状或每包毛重不超过 10 千克的本章各类货品。

（6）第三十三章香料的归类

天然香料归入品目 3301，化学合成的单独化学成分的香料则一般应归入第二十九章。例如，“天然的薄荷油”归入品目 3301，而人工合成的“薄荷醇”则应归入品目 2906；几种香料的混合物或香料与其他成分的混合物，则一般应归入品目 3302。

（7）第三十二章油漆的归类

以合成聚合物或化学改性天然聚合物为基本成分制成的油漆，其中，分散于或溶于非水介质的归入品目 3208，分散于或溶于水介质的归入品目 3209，以合成聚合物或化学改性天然聚合物之外的其他原料为基本成分制成的油漆应归入品目 3210。

（8）第三十二章染料和颜料的归类

按染料和颜料的来源和加工归入品目 3203～3206；如果是无机颜料（不包括用作发光体的无机产品）并且是单独的符合化学定义的，则不能归入本章，而应归入第二十八章。例如，二氧化钛不能归入品目 3206，而应作为无机化合物归入品目 2823。

（9）第三十四章各种制剂的归类

第三十四章主要包括通过工业处理油、脂或蜡而得的具有共同特点的各种产品（如肥皂、某些润滑剂、调制蜡、光洁剂及蜡烛等）。化妆品一般按其用途归入品目 3303～3307。例如，“博士伦”隐形眼镜片专用护理液，应作为“芳香料制品及化妆盥洗品归入子目 3307.9000。本章不包括已有化学定义的单独化合物，也不包括未混合或未经处理的天然产品。

（10）第三十四章表面活性剂的归类

通常我们将具有表面活性的一类物质称为表面活性剂，但是品目 3402 所称“有机表面活性剂”是不符合化学定义的有机化合物，是指温度在 20℃时与水混合配成 0.5%浓度的水溶液，并在同样温度下搁置 1 小时后与下列规定相符的产品：①成为透明或半透明的液体或稳定的乳浊液而未离析出不溶解物质；②将水的表面张力减低到每厘米 45 达因及以下。

（11）第三十四章洗涤用品的归类

肥皂和做肥皂用或做洁肤用的表面活性剂产品制成的洗涤用品，如果符合 3401 品目条文的规定，则应归入品目 3401；其他表面活性剂产品制成的洗涤用品，如果符合 3405 品目条文的规定，则应归入品目 3405，否则归入品目 3402；如果表面活性剂产品属于洗发剂、洁齿品、剃须膏及沐浴用制剂，则必须优先归入第三十三章的相应品目。例如，“含有表面活性剂的洗发香波”应归入品目 3305。

（12）第三十七章照相用品的归类

对于未曝光的照相用品根据其基材来判断归类，如果是纸、纸板、纺织物制作的归入品目 3703，其他材料制作的归入品目 3701 或品目 3702；在品目 3701 与品目 3702 中，如果是平片，则归入品目 3701，如果是卷片，则归入品目 3702。例如，“医用 X 光卷片”，由于其基材是塑料，并且是卷片，所以应归入品目 3702。

（13）农药的归类

农药按其列名归入品目 3808，但如果是农药原药（未混合，未制成零售包装），则应归入第二十九章或第二十八章。例如，农药原药 DV 菊酸甲酯应归入子目 2916.2010。

（14）第三十八章杂项化学产品的归类

第三十八章包括广泛的化学产品及相关工业产品，各类城市垃圾、下水道淤泥、医疗废物、废有机溶剂、废的金属酸洗液、液压油、制动液和防冻液及其他化学及相关工业废物。不包括单独的已有化学定义的化学元素及化合物，也不包括其他类、章已列名的货品。例如，用作增塑剂的邻苯二甲酸二辛酯应归入品目 2917。

（七）第七类：塑料及其制品；橡胶及其制品（第三十九和第四十章）

1. 内容概述

第三十九章：塑料及其制品。

第四十章：橡胶及其制品。

2. 归类时应注意的问题

1）第三十九章不包括部分天然高分子化合物。例如，天然树脂归入第十三章；酯树胶、再熔胶归入第三十八章。另外，第三十九章包括的制品有卫生洁具、机械用塑料制品、铺地制品、塑料糊墙纸、塑料衣服及衣着零件、装饰品等。

2）第四十章包括天然橡胶及与天然橡胶物理性质相似的产品，如具有一定弹性的天然胶、合成橡胶、油膏等。

（八）第八类：生皮、皮革、毛皮及其制品；鞍具及挽具；旅行用品、手提包及类似容器；动物肠线（蚕胶丝除外）制品（第四十一章至第四十三章）

1. 内容概述

第四十一章：生皮（毛皮除外）及皮革。

第四十二章：皮革制品；鞍具及挽具；旅行用品、手提包及类似容器；动物肠线（蚕胶丝除外）制品。

第四十三章：毛皮、人造毛皮及其制品。

2. 归类时应注意的问题

1）第四十一章主要按商品的加工程度顺序排列，先生皮，后皮革，最后是皮革的边角废料、粉末和再生皮革。不包括生皮边角废料，带羽绒的整张或部分鸟皮。税（品）目号 4101～4103 不包括可食用的动物皮（如猪皮、鱼皮等）。可食用的动物皮未蒸煮的归入第二章或第三章，已蒸煮的归入第十六章。

2）第四十二章中的税（品）目号 4202 包括两部分物品。第一部分是衣箱、提箱、小手袋、公文箱、公文包、书包、眼镜盒、望远镜盒、照相机套、乐器盒、枪套及类似容器。这些容器基本上装有固定的物品并长期使用，除第四十二章章注二（一）和三（二）另有规定的以外，这一部分所包括的物品可用任何材料制成。第二部分是旅行包、食品或饮料保温包、化妆包、帆布包、手提包、购物袋、钱夹、钱包、地图盒、瓶盒、首饰盒、粉盒、刀叉餐具盒及类似容器，用皮革或再生皮革、塑料片、纺织材料、钢纸或纸板制成，或者全部或主要用上述材料或纸包覆制成。

3）第四十三章中的“人造毛皮”是指以毛、发或其他纤维粘附或缝合于皮革、织物或其他材料之上而构成的仿毛皮，但不包括以机织或针织方法制得的仿毛皮[一般归入税（品）目号 5801 或 6001]。

（九）第九类：木及木制品；木炭；软木及软木制品；稻草、秸秆、针茅或其他编结材料制品；篮筐及柳条编结品（第四十四章至第四十六章）

1. 内容概述

第四十四章：木及木制品；木炭。
第四十五章：软木及软木制品。
第四十六章：稻草、秸秆、针茅或其他编结材料制品；篮筐及柳条编结品。

2. 归类时应注意的问题

（1）木及木制品的归类

第四十四章是按照树种及加工程度进行归类的，按照加工程度由低到高排列，规律如下。

木材原料（不包括竹的原料）……………………………………品目 4401～4406
经简单锯、削、刨平、端接及制成连续形状的木材……………品目 4407～4409
木质碎料板、纤维板、胶合板及强化木等………………………品目 4410～4413
木制品……………………………………………………………………品目 4414～4421

例如，木制的电线杆如果经过防腐处理，则归入子目 4403.10；如果没有经过类似处理，则应根据其树种材质分别归入该品目的其他子目。例如，竹制筷子归入品目 4419，竹制牙签归入品目 4421，但竹制编结材料制品则归入第四十六章，竹的原料归入第十四章。

（2）板材的归类

一般板材按其厚度归入品目 4407 或 4408；若在端部和侧面制成连续形状（如带有槽、榫等）则归入品目 4409；若是木质碎料板、木纤维板及胶合板的端部和侧面也制成连续形状（如带有槽、榫等），则归入品目 4410～4412。品目 4411 项下的一级子目是按纤维板的生产工艺分类的。其中，子目 4411.1 的中密度纤维板（MDF）只包括用干法生产工艺获得的纤维板，按其厚度和密度进行归类，而子目 4411.9 的其他木纤维板一般是用湿法生产工艺获得的纤维板，只按其密度进行归类。

（3）木地板的归类

天然木地板（又称实木地板，其侧面带有槽和榫）归入品目 4409，碎料板制木地板（其侧面不论是否制成品目 4409 所列的连续形状）归入品目 4410，纤维板制木地板（其侧面不论是否制成品目 4409 所列的连续形状）归入品目 4411，胶合板制木地板（其侧面不论是否制成品目 4409 所列的连续形状）归入品目 4412，已拼装的拼花木地板归入品目 4418，由品目 4410～4412 为原料生产的制成品应归入品目 4418。

（4）木制品的归类

大部分木制品归入品目 4414～4421，其中品目 4421 为其他木制品，但不是所有未列名的木制品都归入此品目，必须是其他品目未列名及第四十四章章注也未排除的。例如，木制的衣箱应归入品目 4202；木制的家具应归入第九十四章，木制衣架归入子目 4421.1000，但若是落地式木制衣架，因其具有家具的特征，应归入品目 9403。

（5）第四十六章编结材料制品的归类

第四十六章包括稻草、秸秆、针茅或其他编结材料制品、篮筐及柳条编结品。本章包括稻草、秸秆、针茅或其他编结材料制品、篮筐及柳条编结品，还包括丝瓜络制品。截面尺寸不超过 1 毫米的塑料单丝及表观宽度不超过 5 毫米的塑料扁条制品，要按纺织品归入第五十四章。

（十）第十类：木浆及其他纤维状纤维素浆；回收（废碎）纸或纸板；纸、纸板及其制品（第四十七章至第四十九章）

1. 内容概述

第四十七章：木浆及其他纤维状纤维素浆；回收（废碎）纸或纸板。
第四十八章：纸及纸板；纸浆、纸或纸板制品。
第四十九章：书籍、报纸、印刷图画及其他印刷品；手稿、打字稿及设计图纸。

2. 归类时应注意的问题

（1）纸张的归类

第四十八章根据纸的加工程度来排列，结构规律如下。

未涂布的机制或手工纸……………………………………品目 4801～4805
未涂布但经进一步加工的纸…………………………………品目 4806～4808
经涂布的纸………………………………………………品目 4809～4811
特定用途的纸及其制品……………………………………品目 4812～4823

（2）品目 4801～4805 所列的纸张不能超出第四十八章章注三所规定的加工方法

“新闻纸”和“牛皮纸”必须符合第四十八章章注四和章注六规定的规格和纤维含量。

（3）要判断其规格尺寸是否符合第四十八章章注条件

一般情况下，品目 4801 和 4803～4809 仅适用于大规格尺寸的纸，即成条或成卷时宽度要大于 36 厘米；成矩形（包括正方形）时一边超过 36 厘米，另一边要超过 15 厘米（以未折叠计）。对于品目 4801 和 4803～4809 所列名的小规格尺寸的纸（即不符合第四十八章章注八规定的尺寸要求），一般要归入 4816～4823 的相关品目。例如，宽度为 110 厘米成卷的卫生纸归入品目 4803，而宽度为 20 厘米（在 36 厘米以下）成卷的卫生纸应归入品目 4818。

（4）木浆的类别

根据加工方法的不同，木浆可分为机械浆、化学浆和化学-机械浆。例如，子目 4802.5 要求不含机械浆或化学-机械浆，或这些纸浆的含量不超过全部纤维含量的 10%。

（5）涂布纸的归类

涂布纸是指在纸的单面或双面施以涂料，以使纸面产生特殊的光泽或使其适合特定需要。若是涂布高岭土或其他无机物质，则归入品目 4810，如铜版纸等；若是涂布塑料、沥青、焦油、蜡或其他有机物质，则归入品目 4811，如涂塑相纸、绝缘纸和热敏纸等。

（6）壁纸的归类

只有成卷状且宽度在 45～160 厘米的壁纸才归入品目 4814。 若既可铺地又可做壁纸用，则按铺地制品归入品目 4823。

（7）已印刷的壁纸及标签的归类

品目 4814 的壁纸及品目 4821 的纸或纸板制各种标签，即使已经印制仍归入第四十八章，而不归入第四十九章。

（8）报纸、杂志的归类

一般的报纸、杂志归入品目 4902。用纸以外的材料装订成册的报纸、杂志和期刊，以及一期以上装订在同一封面里的成套报纸、杂志和期刊，不论其是否有广告材料，都应归入品目 4901。例如，装订成册的《半月谈》杂志全年合订本应归入子目 4901.9900。

（9）邮票的归类

我国新发行并且未经使用的邮票、印花税票及类似票证归入品目 4907；我国发行且已使用过的旧邮票归入品目 9704；外国发行我国不承认其面值且没有使用过的新邮票、外国发行我国不承认其面值且已经使用过的旧邮票归入品目 9704。

（十一）第十一类：纺织原料及纺织制品（第五十章至第六十三章）

1. 内容概述

（1）第五十章至第五十五章的归类

这 6 章都按纤维类别划分，每章内又按纺织品的加工程度由低到高排列，基本按纺织纤维—纱线—机织物的顺序列目。

第五十章：蚕丝。

第五十一章：羊毛、动物细毛或粗毛；马毛纱线及其机织物。

第五十二章：棉花。

第五十三章：其他植物纺织纤维；纸纱线及其机织物。

第五十四章：化学纤维长丝；化学纤维纺织材料制扁条及类似品。

第五十五章：化学纤维短纤。

（2）第五十六章至六十三章的归类

这8章内容包括以特殊的方式或工艺制成的或有特殊用途的半成品及制成品，并且除品目5809和5902外，品目所列产品一般不区分纺织原料的性质。

第五十六章：絮胎、毡呢及无纺织物；特种纱线；线、绳、索、缆及其制品。

第五十七章：地毯及纺织材料的其他铺地制品。

第五十八章：特种机织物；簇绒织物；花边；装饰毯；装饰带；刺绣品。

第五十九章：浸渍、涂布、包覆或层压的纺织物；工业用纺织制品。

第六十章：针织物及钩编织物。

第六十一章：针织或钩编的服装及衣着附件。

第六十二章：非针织或非钩编的服装及衣着附件。

第六十三章：其他纺织制成品；成套物品；旧衣着及旧纺织品；碎织物。

2. 归类时应注意的问题

熟悉纺织产品的分类、纺织加工工序，掌握《协调制度》对纺织品的归类要求是正确归类的前提。

（1）纺织材料的分类

纺织材料一般分为天然纤维和化学纤维，天然纤维主要有丝、毛、棉、麻，化学纤维又分为合成纤维和人造纤维。

合成纤维是将有机单体物质加以聚合而制成聚合物，如聚酰胺、聚酯、聚丙烃、聚氨基甲酸酯，或通过上述加工将聚合物经化学改性制得制品，如聚乙酸乙烯酯水解制得的聚乙烯醇。常见的合成纤维有聚酯（俗称涤纶）和聚酰胺（俗称尼龙）等。

人造纤维是将天然有机聚合物（如纤维素）溶解或化学处理制成聚合物，如铜铵纤维或粘胶纤维，或将天然有机聚合物经化学改性制成聚合物，如醋酸纤维素纤维或藻酸盐纤维。常见的人造纤维有粘胶纤维和醋酸纤维等。

（2）混纺材料的归类

由两种或两种以上纺织材料混合制成的货品，称为混纺材料。归类时应按其中比重最大的那种纺织材料归类；当没有一种纺织材料占较大比重时，应按可归入的有关品目中最后一个品目所列的纺织材料归类。

例如，由35%亚麻、25%黄麻及40%棉加工而得的纺织材料，根据商品的名称，可以知道本商品属于纺织材料，按照纺织纤维来归类。并且本商品由几种纺织纤维加工而得，因此按照混纺纤维的归类步骤来归类。其中，亚麻和黄麻都归入第五十三章，因此合并计算亚麻35%、黄麻25%，合计60%，比棉的含量大，因此归入第五十三章。亚麻的重量大于黄麻的重量，因此按亚麻进行归类，该商品归入5301.2900品目。

又如，棉40%、已梳兔毛25%、粗梳羊毛35%的混纺材料，本商品属于混纺材料，由几种纤维混纺而得，因此按照混纺纤维的归类步骤来归类。羊毛和兔毛都属于第五十一章，两者相加为60%，超过了棉的含量，因此归入第五十一章。又由于羊毛超过了兔毛，因此该混纺材料应按羊毛来归类。由于羊毛是粗梳羊毛，因此该商品归入5105.1000品目。

（3）纱线的归类

由于第一部分（第五十章至第五十五章）包括纱线的品目，第二部分的第五十六章也包括纱线的品目，因此，在对纱线进行归类时，首先要确定纱线是特种纱线还是普通纱线。如果是特种纱线，则归入第五十六章的相应品目。如果是普通纱线，再判断纱线是由一种纤维制成，还是由多种纤维制成。例如，“涤纶弹力丝”（非供零售用、非缝纫线），首先判断其属于特殊纱线还是属于普通纱线，由于不符合第五十六章特殊纱线的品目，因此按普通纱线归类。并且涤纶属于合成纤维，弹力丝一般由长丝加工而成，所以“涤纶弹力丝”归入第五十四章的长丝，查阅54.02是合成纤维长丝，涤纶的学名是聚酯，因此“涤纶弹力丝”归入5402.3310。

（4）织物的归类

织物按制作方法分以下几种。

普通……………………………………………………第五十章至第五十五章

特种……………………………………………………第五十八章

絮胎、毡呢、无纺织物…………………………………第五十六章

地毯……………………………………………………第五十七章

针织物、钩编织物………………………………………第六十章

其他特殊加工的织物……………………………………第五十八章和第五十九章

例如，普通的棉机织物归入第五十二章，棉针织物归入第六十章，用塑料涂布的棉机织物归入第五十九章。又如，起绒织物、绳绒织物、毛巾织物、纱罗、网眼织物、金属线织物等属于特种织物，归入第五十八章。

（5）狭幅机织物的归类

狭幅机织物归入品目5806，要符合下列条件：①幅宽不超过30厘米的机织物，不论是否织成或从宽幅料剪成，但两侧必须有织成的、胶粘的或用其他方法制成的布边；②压平宽度不超过30厘米的圆筒机织物；③折边的斜裁滚条布，其未折边时的宽度不超过30厘米。但是，流苏状的狭幅机织物应归入品目5808。

（6）纺织制成品的归类

符合下列条件之一的，应作为本类所称“制成的”纺织品归类：①裁剪成除正方形或长方形以外的其他形状的；②呈制成状态，无须缝纫或其他进一步加工（或仅需剪断分隔联线）即可使用的，如某些抹布、毛巾、台布、方披巾、毯子；③已缝边或滚边，或者在任一边带有结制的流苏，但不包括为防止剪边脱级而锁边或用其他简单方法处理的织物；④裁剪成一定尺寸并经抽纱加工的；⑤缝合、胶合或用其他方法拼合而成的（将两段或两段以上同样料子的织物首尾连接而成的匹头，以及由两层或两层以上的织物，不论中间有无胎料，层叠而成的匹头除外）；⑥针织或钩编成一定形状，不论报验时是单件还是以若干件相连成幅的。例如，仅从大块布料裁剪下来的长方形（包括正方形）物品，如果未经加工和不带剪断分隔联线形成的流苏，不应视为“制成的”纺织品，而纺织材料的服装式样则可视为“制成的”纺织品。

(7) 服装及衣着附件的归类

针织或钩编归入第六十一章（品目 6212 的商品除外），非针织非钩编归入第六十二章。在第六十一章或第六十二章内，优先考虑婴儿服装及衣着附件，然后考虑用塑料、橡胶或其他材料处理过的织物制成的服装。第六十二章还包括用毡呢、无纺布制成的服装。服装及衣着附件的结构规律，一般是由外到内，同类服装先男后女，再到不分性别的服装，然后是婴儿服装、其他服装、衣着附件。如果是套装（如西服套装、便服套装、滑雪套装），则必须符合相应的章注规定，才能作为套装一并归类，否则必须分开归类。

对于服装，凡门襟为左压右的，应视为男式；右压左的，应视为女式。但本规定不适用于其式样已明显为男式或女式的服装。无法区别是男式还是女式的服装，应按女式服装归入有关品目。

(8) 婴儿服装及衣着附件的归类

婴儿服装及衣着附件是指用于身高不超过 86 厘米幼儿的服装，也包括婴儿尿布。针织或钩编的既可归入品目 6111，也可归入第六十一章其他品目的物品，应归入品目 6111。例如，婴儿穿着的针织袜子应归入品目 6111。

非针织或非钩编的既可归入品目 6209，也可归入第六十二章其他品目的物品，应归入品目 6209。

（十二）第十二类：鞋、帽、伞、杖、鞭及其零件；已加工的羽毛及其制品；人造花；人发制品（第六十四章至第六十七章）

1. 内容概述

第六十四章：鞋靴、护腿和类似品及其零件。
第六十五章：帽类及其零件。
第六十六章：雨伞、阳伞、手杖、鞭子、马鞭及其零件。
第六十七章：已加工羽毛、羽绒及其制品；人造花；人发制品。

2. 归类时应注意的问题

(1) 鞋靴的归类

当鞋面和鞋底由不同材料构成时，则鞋面的材料应以占表面面积最大的那种材料为准，而鞋底的材料应以与地面接触最广的那种材料为准。例如，尺寸为 26 码的旅游鞋，鞋面由皮革和帆布构成且皮革的表面积大于帆布的表面积，鞋底材料为橡胶。因为鞋底为橡胶，鞋面主要为皮革材料，所以该旅游鞋应归入子目 6403.9900。

(2) 旧鞋的归类

明显穿用过，并且报验时呈散装、捆装、大袋装或类似大包装的（除石棉以外材料制成的鞋靴和帽类外），应归入品目 6309。另外，石棉制的鞋靴和帽类应归入品目 6812。

(3) 滑冰鞋的归类

装有冰刀或轮子的归入第九十五章，未装有冰刀或轮子的按运动鞋靴归入第六十四章。

(4) 鞋靴的零件的归类

鞋靴的零件不包括第六十四章章注二所列的货品。例如，鞋带、鞋钉等不能按鞋靴的零件归类，一般按材料属性归类。

（5）帽的归类

下列帽类不归入第六十五章，即旧的帽类归入品目 6309，石棉制的帽类归入品目 6812，玩偶用帽及其他玩具用帽或狂欢节的用品归入第九十五章。

（十三）第十三类：石料、石膏、水泥、石棉、云母及类似材料的制品；陶瓷产品；玻璃及其制品（第六十八章至第七十章）

1. 内容概述

第六十八章：石料、石膏、水泥、石棉、云母及类似材料的制品。

第六十九章：陶瓷产品。

第七十章：玻璃及其制品。

本类所包含的商品大都是由第五类的矿产品经进一步加工所制得的制品，商品基本上是制成品，不包括原料。

2. 归类时应注意的问题

（1）第六十八章的归类

第六十八章包括石料、石膏、水泥、石棉等制品，主要来源于第五类的原料，并且一般只是对第五类的矿产品改变原来的形状，而不改变其原料的性质。品目 6812 包括石棉织造的服装、鞋帽，因此将石棉织造的服装按纺织品归入第十一类。

（2）陶瓷制品的归类

有些陶瓷制品已在第六十九章章注二中被排除，不归入第六十九章。但也有一些陶瓷制品即使具有第十六类机器或零件的特征，仍应归入第六十九章。例如，陶瓷泵、陶瓷水龙头等均归入第六十九章。对属于耐火材料的陶瓷制品，如果可归入 6901～6903 中的一个品目，又可归入 6904～6914 中的一个品目，应优先归入品目 6901～6903。

（3）第七十章玻璃及其制品的归类

第七十章既包括玻璃的半制成品（玻璃板、片、球等），也包括玻璃制品。本章的某些玻璃制品虽具专有用途，基本上按照加工程度由浅至深的顺序，同时兼顾了制造方法、材质类别及用途的不同排列品目。若已在本章列名，就归入本章。例如，钟表玻璃应归入本章的品目 7015，而不按钟表零件归入第九十一章；玩偶等用的玻璃假眼应归入本章的品目 7018，而不按玩具的零件归入第九十五章。

只有玻璃纤维和未经光学加工的光学元件才归入品目 7019 和品目 7014，而光导纤维、经光学加工的光学元件应归入品目 9001，不归入本章。

（十四）第十四类：天然或养殖珍珠、宝石或半宝石、贵金属、包贵金属及其制品；仿首饰；硬币（第七十一章）

1. 内容概述

第七十一章：天然或养殖珍珠、宝石或半宝石、贵金属、包贵金属及其制品；仿首饰；硬币。

2. 归类时应注意的问题

（1）贵金属的归类

贵金属包括银、金及铂。铂指铂族元素，包括铂、铱、锇、钯、铑及钌。例如，品目 7110 的品目条文中的铂及子目 7112.92 的子目条文中的铂，均指铂族元素。但是子目 7110 所指的铂只包括铂本身，不包括铂族元素的其他元素。例如，子目 7110.1910 的“板、片”只包括铂本身这一种元素的板、片。

（2）贵金属合金的归类

只要其中一种贵金属含量达到合金重量的 2%，便视为贵金属合金，这不同于第十五类贱金属合金的归类原则（按含量较高的金属归类）。按重量计含铂量在 2%及以上的合金，应视为铂合金。按重量计含金量在 2%及以上的合金，应视为金合金。按重量计含银量在 2%及以上的合金，应视为银合金。

因此，贵金属合金归类的先后顺序为：铂合金最优先，其次是金合金，最后是银合金。例如，按重量计含铁 80%、含铜 15%、含银 3%的金属合金（未经锻造，非货币使用），其银的含量占 3%，已经超过了 2%，因此按银合金进行归类，应归入 7106.9190。

（3）包贵金属和镀贵金属的归类

注意区分包贵金属与表面镀贵金属的贱金属的异同点。包贵金属是指以贱金属为底料，在其一面或多面用焊接、熔接、热轧或类似机械方法覆盖一层贵金属的材料，与镀贵金属的相同之处在于表面都是贵金属，内部底料都是贱金属。两者不同的地方是制造的方法不同：包贵金属通过焊接、熔接、热轧等机械方法制得，表面镀贵金属的贱金属通过电镀的化学方法制得。

包贵金属的覆盖层无论多薄都应按贵金属归入第七十一章。表面镀贵金属的贱金属无论镀层多厚都按内部的底料来归类（7117、7118 的品目除外）。

（4）硬币的归类

7118 品目的硬币，既可以用贵金属制成，也可以用贱金属制成。

（5）首饰、金银器具的归类

首饰是指个人用小饰物（如戒指、手镯、项圈、饰针、耳环、表链、表链饰物、垂饰、领带别针、袖扣、饰扣、宗教性或其他勋章及徽章）及通常放置在衣袋、手提包或佩戴在身上的个人用品（如烟盒、粉盒、链袋、口香丸盒、念珠）。其中：完全由贵金属或包贵金属制的首饰归入品目 7113；完全由珍珠、宝石制的首饰归入品目 7116；镶嵌珍珠、宝石的贵金属或包贵金属制的首饰归入品目 7113。例如，金制的手镯归入品目 7113，玛瑙制的手镯归入品目 7116。

金银器具包括装饰品、餐具、梳妆用具、吸烟用具及类似的家庭、办公室或宗教用的其他物品，应归入品目 7114。

（6）仿首饰的归类

仿首饰是用珠宝、贵金属或包贵金属以外的物品制成的，应归入品目 7117。例如，铂制的戒指归入品目 7113，而铜制的戒指应归入品目 7117。

（十五）第十五类：贱金属及其制品（第七十二章至第八十三章）

1. 内容概述

第七十二章：钢铁。
第七十三章：钢铁制品。
第七十四章：铜及其制品。
第七十五章：镍及其制品。
第七十六章：铝及其制品。
第七十七章：空（保留为税则将来所用）。
第七十八章：铅及其制品。
第七十九章：锌及其制品。
第八十章：锡及其制品。
第八十一章：其他贱金属、金属陶瓷及其制品。
第八十二章：贱金属工具、器具、利口器、餐匙、餐叉及其零件。
第八十三章：贱金属杂项制品。

2. 归类时应该注意的问题

（1）通用零件主要包括的内容

通用零件主要包括：品目 7307 的钢铁制管子附件，品目 7312 的线、绳、索、缆，品目 7315 的链，品目 7317 或 7318 的各种钉及其他贱金属制的类似品；品目 7320 的钢铁制弹簧、弹簧片及其他贱金属制的弹簧、弹簧片；品目 8301 的锁等，品目 8302 的家具等用的五金件，品目 8306 的框架及贱金属镜子，品目 8308 的管形铆钉等，品目 8310 的标志牌等。

（2）合金及复合材料制品的归类

贱金属与贱金属的合金按所含重量最大的那种金属归类；本类贱金属与非本类元素（贵金属除外）构成的合金，只有本类贱金属的总重量等于或超过其他类元素的总重量时才归入本类。含有两种或两种以上贱金属的制品，应按其所含重量最大的那种贱金属的制品归类。如果合金中没有一种贵金属（银、金、铂族元素之和）的重量达到合金重量的 2%，这种合金应作为贱金属归类，否则，应归入第七十一章。

（3）钢及钢材的分类

第七十二章中的钢按所含元素的不同分为非合金钢和合金钢。一般只含碳元素的钢称为非合金钢，或称为碳钢；除碳元素外，还含有其他元素的钢称为合金钢。在对第七十二章的钢材进行归类时，应首先清楚所给的钢材的材料性质，以判断该钢材应归入本章的哪个分章。其次，根据所给钢材的外形尺寸、报验状况，依据第七十二章章注一（十）款判断是否属于平板轧材，若不属于平板轧材，再依据章注一（十一）、（十四）、（十二）款判断是不规则盘绕的热轧条、杆，还是钢丝或者是其他条杆。最后，根据以上判断确定该钢材所归入的品目，再根据所给出的其他条件归入相应的编码。不锈钢最常见，只有符合下列条件的合金钢才被视为不锈钢：按重量计含碳量在 1.2%及以下，含铬量在

10.5%及以上，不论是否有其他元素。

（4）非合金钢平板轧材的归类

截面为矩形（正方形除外）并且不符合第七十二章章注一（九）款所述定义的下列形状实心轧制产品才能作为平板轧材归类。①层叠的卷材。②平直形状，如果其厚度在4.75毫米以下，则宽度至少是厚度的10倍；如果其厚度在4.75毫米及以上，其宽度应超过150毫米，并且至少应为厚度的2倍。平板轧材包括直接轧制而成并有凸起式样（如凹槽、肋条形、格槽、珠粒、菱形）的产品，以及穿孔、抛光或制成瓦楞形的产品，但不具有其他品目所列制品或产品的特征。

（5）非合金钢条杆、型材、丝及空心材的归类

非合金钢条杆、型材、丝及空心材的归类如表4.1所示。

表4.1　非合金钢条杆、型材、丝及空心材的归类

名称		特点	归类
平板轧材		符合第七十二章章注一（十）款的要求	品目7208～7212
条杆类	盘条	热轧不规则盘卷状	品目7213
	热轧条杆	热轧直条状	品目7214
	冷轧条杆	冷轧直条状	品目7215
角材、型材及异型材		符合第七十二章章注一（十三）款的要求	品目7216
丝		冷加工规则盘卷状	品目7217
空心材	空心钻钢	用于钻探，且外形尺寸在15～52毫米，最大内径小于最大外径的1/2	品目7228
	管	全长截面相同且只有一个闭合空间的同心中空产品	品目7304～7306
	空心异型材	不符合“管”的定义，且主要是内外截面形状不同的空心产品	品目7306

（6）钢铁容器的归类

盛装物料用的钢铁囤、柜、罐、桶、盒及类似容器一般按其容积的不同归入品目7309～7310，一般只包括非家用的，不是包括所有的钢铁容器；家庭或厨房用的钢铁容器，如粗腰饼干桶、茶叶罐、糖听及类似容器应归入品目7323，这些容器不能误按容积小于300升的容器归入品目7310。

（7）各种“钢铁钉”的归类

在《协调制度》中有各种“钢铁钉”，如果类型、用途不同，则它们的归类也不同。普通钢铁钉、平头钉、图钉归入品目7317；订书机用的订书钉归入品目8305；带有铜或铜合金钉头的钢铁钉、平头钉归入品目7415；钢铁制螺钉、普通铆钉（实心的）归入品目7318；管形铆钉/开口铆钉（主要用于衣着、鞋帽、帐篷、皮革制品和工程技术）归入品目8308。

（8）可互换性工具及刀具的归类

机床用可互换性工具及刀具，如锻压、冲压用模具，机床上用的各种刀具，归入第十六类机器的零件，但仍要归入第八十二章。例如，钻床用的钻头、车床用的车刀、铣床用的铣刀等归入品目8207，但木工锯床用的锯片要归入品目8202。

（9）成套工具及餐具的归类

由8205中不同种类的货品构成的成套货品归入此品目内，归入8205.9000；8202～

8205 中两个或多个品目所列工具组成的零售包装成套品目归入 8206；由 8211 中不同种类的刀构成的成套货品仍归入此品目内 8211.1000；由 8211 中一把或多把刀具与品目 8215 至少数量相同的物品构成的成套货品，以及由 8215 中不同种类的贱金属货品构成的成套货品归入品目 8215。

（10）手动机械器具的归类

手动机械器具一般归入第八十二章，有的还有重量的限制。例如，手摇的钻孔工具归入品目 8205，用于加工或调制食品或饮料的手动机械器具（且重量不超过 10 千克）归入品目 8210。

（十六）第十六类：机器、机械器具、电气设备及其零件；录音机及放声机、电视图像、声音的录制和重放设备及其零件、附件（第八十四和第八十五章）

1. 内容概述

第八十四章：核反应堆、锅炉、机器、机械器具及其零件。

第八十五章：电机、电气设备及其零件；录音机及放声机、电视图像、声音的录制和重放设备及其零件、附件。

2. 归类时应注意的问题

（1）组合机器、多功能机器的归类

组合机器是指由两部及两部以上机器装配在一起形成的机器。多功能机器是指具有两种及两种以上互补或交替功能的机器。首先按机器的主功能归类，当不能确定其主要功能时，按“从后归类”的原则归类。例如，具有提供热、冷水功能的饮水机，该设备具有加热和制冷两种功能，其用途为提供饮用水，属于多功能机器，比较两种功能，很难确定哪一种为主功能，所以按“从后归类”的原则归入品目 8516。

（2）功能机组的归类

功能机组是由几个具有不同功能的机器（包括机组部件）结合在一起而构成的。这些机器通常由管道、传动装置、电缆或其他装置连接起来。

组合后的功能明显符合第八十四章或第八十五章某个品目所列功能时，全部机器或部件均归入该品目，而不再分别归类。例如，番茄酱的成套加工设备，由番茄破碎设备、番茄汁浓缩设备、杀菌设备、电气控制柜等组成。这套设备的主要功能是食品加工，符合功能机组的条件，故应将成套设备一并归入子目 8438.6000。

（3）家用电动器具的归类

品目 85.09 的家用器具通常是指这样的一些家用电动器具：任何重量的真空吸尘器、地板打蜡机、食品研磨机及食品搅拌器，水果或蔬菜的榨汁器。但是有部分品目是受重量限制的（重量不超过 20 千克）。例如，绞肉机，小于等于 20 千克的电动绞肉机归入品目 8509；大于 20 千克的电动绞肉机则按工业上用的食品加工机器归入品目 8438；不超过 10 千克的家用手摇绞肉机则应按手工工具归入品目 8210。

（4）动力机器及其零部件的归类

动力机器（电动机除外）归入品目 8406～8412。内燃机为最广泛的动力机器之一，点燃式内燃发动机（主要包括汽油机）归入品目 8407，而压燃式内燃发动机即柴油机归入品目 8408。液压、气压动力装置（即以液体能或压缩气体作为动力源的装置）也作为动力装置归入品目 8412。

电动机（将电能转变成机械能的动力装置）归入品目 8501。

只有“主要用于或专用于”内燃机的零部件归入品目 8409，如活塞、连杆、汽缸体、汽缸盖等。例如，别克轿车用发动机，汽缸容量为 1.8 升，发动机为点燃往复式内燃发动机，应归入子目 8407.3410。

（5）液体泵、气体泵和压缩机的归类

液体泵归入品目 8413。归入本品目的液体泵可以带有计量装置或计价装置，不要将计量泵按仪器归入第九十章。

气泵、压缩机等归入品目 8414。本品目还包括手动或动力驱动的用以压缩空气或其他气体（如氟利昂）或抽成真空的机器设备，空气或其他气体循环用的机器（风机和风扇），如手动的打气筒也归入此品目。

（6）制冷设备的归类

制冷设备主要包括空调器和电冰箱等。空调器及其专用零件归入品目 8415，其他制冷设备及其零件归入品目 8418。

例如，家用分体式空调具有制冷和制热功能，制冷量为 3200 大卡/时。此空调属于分体式，归入品目 8415，根据分体式和制冷量再归入子目 8415.1021。

（7）印刷机械及打印、复印、传真等多功能机器的归类

归入本品目的机器在确定子目时，主要考虑的因素包括是否是传统的印刷机器，可否与自动数据处理设备或网络（这里的网络既包括计算机网络，也包括电话网、电报网络等）相连，是否具有打印、复印、传真等多种功能。这里应注意，具有单一功能的打印机不能按自动数据处理设备的输出部件归入品目 8571，具有单一功能的传真机不能按通信设备归入品目 8517。例如，激光打印机（只有打印功能）可与自动数据处理设备相连，归入子目 8443.3212，但是激光打印机用硒鼓作为打印机的零件，应归入子目 8443.9990。

（8）各种加工机床及零件的归类

机床的一般归类方法如下。①判断其是否符合第八十四章章注九有关品目 8486 的设备和装置的规定，若符合则优先归入品目 8486。②判断其是否用激光、光子束、超声波等加工各种材料的特种加工机床，若是则优先归入品目 8456；若不是，则根据加工对象的不同归类。如果是加工金属的机床归入品目 8457～8463，而加工其他材料的机床归入品目 8464～8465。③确定某些子目时还要考虑是立式机床还是卧式机床，立式机床指机床的回转主轴为垂直方向，卧式机床指机床的回转主轴为水平方向。④品目 8464 的机床加工对象包括石料、陶瓷、混凝土、石棉水泥、玻璃等物质；品目 8465 的加工对象包括木材、软木、骨、硬质橡胶、硬质塑料等。例如，木工用刨床、钻床、铣床等应归入品目 8465。⑤只有专用于上述机床的零件、附件才归入零件专用品目 8466，如工具夹具、工件夹具及分度头等；若是在其他品目列名的零件、附件，则归入其他相关品目。例如，机床上用的刀具（如车刀、铣刀、钻头等）归入品目 8207。

（9）自动数据处理设备及零部件的归类

归入品目 8471 的自动数据处理设备要符合以下条件：存储处理程序和执行程序直接需要的起码的数据；按照用户的要求随意编辑程序；按照用户指令进行算术计算；在运行过程中，可无须人为干预而通过逻辑判断，执行一个处理程序，这个处理程序可改变计算机指令的执行。

自动数据处理设备的部件如果单独报验，则应归入品目 8471。

（10）通用机械零部件的归类

通用机械零部件归入品目 8480～8484 及品目 8487，其中：①模具（包括金属铸造、玻璃热加工、陶瓷、水泥制品、橡胶、塑料制品等）归入品目 8480；②机器设备用的各种阀门及龙头归入品目 8481；③机器设备用的传动装置（如传动轴、变速箱及单个齿轮、离合器及联轴器归入品目 8483；④滚动轴承和滑动轴承都属于轴承，但前者归入品目 8481，后者归入品目 8483，安装这些轴承的轴承座归入品目 8483；⑤只有用金属片与其他材料制成或用双层或多层金属片制成的密封垫或类似接合衬垫才归入品目 8484，而用单一材料制的密封垫不归入品目 8484，应按所用材料归类，如点燃式内燃发动机用的汽缸密封垫（由两层铜片中间夹层纸板构成）是用金属片与其他材料制成的，符合品目 8484 条文的描述，所以归入子目 8484.1000；⑥第八十四章其他品目未列名的通用机器零件归入品目 8487，如不同行业的机器上可通用的手轮归入品目 8487。

（11）电池的归类

电池按其是否可充电分为原电池和蓄电池，一般不可充电的原电池归入品目 8506，可以充电的蓄电池归入品目 8507。例如，石英手表用的扣式锂电池为不可充电电池，归入子目 8506.5000；手机用锂电池为可充电电池，归入子目 8507.8020。但与这两类电池工作原理不同的光电池则要归入子目 8541.4000。废的原电池、蓄电池归入品目 8548。

（12）电动机械器具的归类

一般电动机械器具归入品目 8508～8510，其中，真空吸尘器不论是家用还是非家用，一律归入品目 8508，而电动剃须刀归入品目 8510，其他家用的电动机械器具归入品目 8509；品目 8509 仅适用于“家用”和“电动”的器具，还应注意归入该品目的有些家用电动器具要受重量的限制（不超过 20 千克）。另外，其他品目已列名的家用电动器具不归入本品目。例如，家用洗衣机在品目 8450 中已有列名。

（13）加热器具的归类

加热器具归类时一般要考虑的因素包括工业或实验室用还是家用、是炉具还是一般加热器具、是电加热还是非电加热。一般将电加热的工业或实验室用炉具归入品目 8514，而非电加热的工业或实验室用炉具归入品目 8417；一般家用的电加热器具归入品目 8516，家用非电热的器具归入品目 8419，非家用的加热器具（不论是否为电加热）也归入品目 8419。

（14）焊接设备的归类

在对焊接设备进行归类时，首先判断其工作方式，若是以电气、激光、光子束、超声波、电子束、等离子弧等方式工作的焊接设备，归入品目 8515；若是以其他方式工作的焊接设备（如气焊设备、摩擦焊设备），则归入品目 8468。

（15）通信设备的归类

不论是有线通信设备还是无线通信设备，一律归入品目 8517，只有在确定子目时才区分是有线通信设备还是无线通信设备。常见的通信设备包括有线电话、蜂窝网络电话或其他无线网络电话（主要指手机），基站，电话交换机，光通信用设备（如光端机等），计算机网络通信用设备（如以太网交换机、路由器、集线器等），其他声音、图像或其他数据的转换及接收设备和发送设备。这里应注意，无绳电话机不同于无线电话机，无绳电话机又称子母机，由主机和副机两部分组成，因主机与电话线相连，只是主机与副机的通信为无线方式，故无绳电话机仍属有线通信设备，而无线电话机属无线通信设备。

用于声音、图像或其他数据的发送设备不要误归入品目 8525，计算机通信用的集线器等不要误按自动数据处理设备的部件归入品目 8471；其他品目已列名的通信设备，不归入本品目。例如，传真机已在品目 8443 列名，不要误按通信设备归入本品目。

（16）音像设备及无线广播、电视接收设备的归类

音像设备主要包括声音的录制、播放设备，转化设备（话筒和喇叭）等，图像的录制播放设备，摄像机等，其归类情况如表 4.2 所示。

表 4.2　音像设备及无线广播、电视接收设备的归类

信号种类	变换方式	归类
声音	话筒和喇叭（声音＝电信号）	品目 8518
	放音（记录媒体→声音）	品目 8519
	录音（声音→记录媒体）	品目 8519
	音（无线电广播信号→声音）	品目 8527
图像	录放像（图像电信号＝记录媒体）	品目 8521
	摄像（图像→记录媒体）	品目 8525
	电视（无线电电视信号→图像、声音）	品目 8528

（17）记录媒体的归类

记录媒体一律归入品目 8523，只有在确定本国的第 7、8 位子目时才考虑是否录制信息。目前常见的记录媒体主要包括磁性媒体、光学媒体和半导体媒体。磁性媒体常见的类型为磁带、磁盘及磁卡；光学媒体常见的类型主要是光盘；半导体媒体常见的类型有 U 盘、数码照相机用的记忆棒、SD 卡、CF 卡、SM 卡等。

例如，DVD 光盘（内含国外获奖影片）属光学记录媒体，归入品目 1523，因它既包含声音信息，又包含图像信息，所以归入子目 8523.4099。微电脑用内存条不能作为记录媒体归入品目 8523，应作为自动数据处理设备的零件归入 8473.3090；移动硬盘不能作为记录媒体归入品目 8523，应作为自动数据处理设备的存储部件归入 8471.7010。

（18）灯、灯具的归类

对灯、灯具进行归类时，一般考虑的因素包括是否带有灯座、何种用途等。各种灯泡、白炽灯等照明装置应归入品目 8539；带灯座的灯具（如台灯、床头灯）归入品目 9405；机动车辆照明、信号灯，应归入品目 8512；火车和飞机的前灯应归入品目 9405；一些自供能源的灯（如手电筒）应归入品目 8513；交通管理用的信号灯（如红绿灯）应

归入品目 8530；照相用的闪光灯及灯泡归入品目 9006。

（19）通用电子元器件及简单电器装置的归类

通用电子元器件一般按其不同的特性归入品目 8532～8533、品目 8540～8542，这些元器件一般作为电气设备的零件，其中：无源元件主要包括归入品目 8532 的电容器，归入品目 8533 的电阻器（但加热电阻器归入品目 8516）；有源元件主要包括归入品目 8540 的热电子管、冷阴极管或光阴极管，归入品目 8541 的半导体器件（二极管、晶体管等）。集成电路归入品目 8542，然后按其用途（处理器及控制器用、存储器用、转换器用等）归入不同的子目。常见的电感元器件在前面的品目中已有列名，应归入品目 8504。简单的电器装置一般分为高压电器（电压大于 1000 伏）和低压电器（电压小于等于 1000 伏），前者归入品目 8535，后者归入品目 8536；而由品目 8535 的高压电器或品目 8536 的低压电器组成的通常装于盘、板、台上或柜子里的组合体，应归入品目 8537，如一些电器控制柜（数控装置）等。本品目同时也包含一些较为复杂的装置，如可编程序控制器等。例如，耳机插座属于连接电路的电气装置，且为低压电器（电压小于 1000 伏），归入品目 8536，然后按插座归入子目 8536.6900。

（20）具有独立功能未列名机电产品的归类

具有独立功能且其他品目未列名的机电产品一般归入品目 8479（机械设备）或品目 8543（电气设备）。归入这两个品目的商品必须满足下列条件：第一，任何类注或章注中均未规定不包括在这两章内；第二，没有更为具体地列入《协调制度》其他各章的某一品目内；第三，根据其功能和用途均不能归入这两章以外的其他品目。例如，配有机械装置的潜水箱应作为未列名的机械设备归入品目 8479。

（十七）第十七类：车辆、航空器、船舶及有关运输设备（第八十六章至第八十九章）

1. 内容概述

第八十六章：铁道或电车道机车、车辆及其零件；铁道或电车道轨道固定装置及其零件、附件；各种机械（包括电动机械）交通信号设备。

第八十七章：车辆及其零件、附件，但铁道及电车道车辆除外。

第八十八章：航空器、航天器及其零件。

第八十九章：船舶及浮动结构体。

本类还包括运输设备有关的具体列名的货品，如归入品目 8609 的集装箱。

2. 归类时应注意的问题

（1）按用途进行归类

既能在道路上又能在轨道上行驶的车辆归入第八十七章；水陆两用的机动车辆归入第八十七章；可兼作地面车辆的航空器归入第八十八章；在导轨上运行的气垫火车归入第八十六章；水陆两用的气垫运输工具归入第八十七章；水上航行但只能在海滩或浮动码头上登陆或在冰上行驶的气垫运输工具归入第八十九章。

（2）运输设备零件、附件的归类

其他类已列名的零、附件不归入本类。例如，汽车发动机是车辆的一个部件，在第八十四章有列名，故归入第八十四章，不归入第八十七章。专用于本类设备的零件、附件与设备一并归类或归入零件专用的品目。第八十九章不包括零件、附件，只包括船舶及浮动结构体等运输设备，所以即使能确定专用于或主要用于船舶也不归入本章，一般按主要用途归入前面各章。例如，船舶用舵机作为船舶的一个部件，应归入子目8479.8910，而不归入第八十九章。

（3）客车、货车的归类

客车的分类如下。

客车
- 10 座及以上的车辆：按发动机类型和座位数等因素归入品目 8702 下的相关子目
- 10 座以下的车辆：按用途、发动机类型及汽缸容量等归入品目 8703 下的相关子目

货车按发动机类型和车辆的总重量归入品目 8704 项下的相关子目。

例如，“宝来”轿车，排气量 1.8 升，座位少于 10 座，根据座位先判断品目归入 8703，然后根据发动机及排气量来确定其品目。轿车发动机属于点燃式（柴油机属于压燃式），排气量为 1800 毫升，因此其品目为 8703.2314。

车辆的总重量的计算公式为

车辆的总重量＝车辆的自重＋最大设计载荷＋加满油的油箱重量＋驾驶员的重量

（4）特种车辆的归类

不以载人、载货为主要目的的特种车辆归入品目 8705，如消防车、起重车等。

用于展示、教学用而无其他用途的未剖开或已剖开的模型车辆及真实车辆不归入第八十七章，而归入品目 9023。

以载人为主要目的的特殊用途车辆（如囚车、警车、灵车、赛车、雪地车等）归入品目 87.02～87.03，不归入品目 87.05。

以载货为主要目的的特殊车辆（如冷藏货车、运钞车、自动装卸货车等）归入品目 87.04，不归入品目 87.05。

（5）机动车辆底盘的归类

常见的机动车辆底盘有 3 种类型，分别归类如下：只装有发动机的机动车辆底盘归入品目 8706；装有驾驶室和发动机的机动车辆底盘，按相应的整车归入品目 8702～8704；未装有驾驶室和发动机的机动车辆底盘，按机动车辆的零件归入品目 8708。

（6）汽车零件、附件的归类

首先，只有确定在其他类未列名的情况下，才归入品目 8708。零件的子目是按照前面整车的类型排列的，因此要先确定整车的编码，才能确定其零件。例如，变速箱（如果车辆总吨为 15 吨，柴油发动机）按汽车专用零件归入品目 8708，再确定其一级子目 8708.4，再根据汽车的类型，确定其编码。车辆总吨为 15 吨，柴油发动机，编码为 8704.2240，因此其变速箱应归入品目 8708.4050。

（7）摩托车和自行车的归类

摩托车归入品目 8711，自行车归入品目 8712。摩托车按发动机类型和汽缸容量归入不同的子目；自行车按用途和车轮直径（以英寸为单位）归入不同的子目。

（十八）第十八类:光学、照相、电影、计量、检验、医疗或外科用仪器及设备、精密仪器及设备；钟表；乐器；上述物品的零件、附件（第九十章至第九十二章）

1. 内容概述

第九十章：光学、照相、电影、计量、检验、医疗或外科用仪器及设备、精密仪器及设备；上述物品的零件、附件。

第九十一章：钟表及其零件。

第九十二章：乐器及其零件、附件。

2. 归类时应注意的问题

（1）光学元件的归类

未经光学加工的光学元件，按材料归入品目 7014；经光学加工，但未装配的光学元件归入品目 9001；已装配（带有镜筒或框架），同时还要“作为仪器装置的零件、配件”的光学元件归入品目 9002；其他材料（如有机玻璃）制的光学元件，不论是否经过光学加工，一律归入品目 9001；对于玻璃制的光学元件，只有经过光学加工的光学元件（但未装配的）才归入品目 9001，未经加工应按材料归入品目 7014。

（2）光学仪器的归类

光学仪器一般按其功能和用途归入品目 9005～9013。其中：①双筒望远镜、单筒望远镜等普通望远镜归入品目 9005，但用于机床上的校直望远镜和坦克上的潜望镜要归入品目 9013；②印刷制版用的电子分色机、激光照相排版设备归入品目 9006，不能制版的设备归入品目 8442；③一些看起来不属于光学仪器的设备，如电子显微镜归入子目 9012.1000，液晶显示板归入子目 9013.8030。

（3）医疗器械及器具的归类

医疗器械及器具一般归入品目 9018～9022。在确定其品目时，一般要依据其工作原理、特性及用途等因素。

（4）钟表及计时器具的归类

第九十一章的排列结构顺序为完整品—不完整品（如钟表芯）—零件。品目 9101 与 9102 所列手表的区别是：①只有表壳全部用贵金属或包贵金属制得的表才归入品目 9101；②若是表壳用贵金属或包贵金属以外的材料制成，或表壳用贵金属或包贵金属制成而表背面用钢制成，或表壳用镶嵌贵金属的贱金属制成的表均归入品目 9102。

（5）乐器的归类

各种乐器及其零件归入第九十三章。乐器归类的关键是确定其种类（弦乐器、管乐器、打击乐器、电子乐器、其他未列名乐器）。例如，普通钢琴归入品目 9201，而目前市场上销售的电钢琴，不能按普通钢琴归类，因为它属于电子乐器，所以应归入品目 9102。

（十九）第十九类：武器、弹药及其零件、附件（第九十三章）

1. 内容概述

第九十三章：武器、弹药及其零件、附件。

本类主要包括供军队、警察或其他有组织的机构（海关、边防等）在陆、海、空战斗中使用的各种武器，个人自卫、狩猎等用的武器等。

2. 归类时应注意的问题

归类时应注意以下问题：①装甲战斗车辆不能作为武器归入第九十三章，应按车辆归入品目 8710；弓、箭头、击剑等不能作为武器归入第九十三章，应作为运动用品归入第九十五章。②其他章已列名的武器及零件不应归入第九十三章。例如，武器瞄准用的望远镜应归入第九十章。

（二十）第二十类：杂项制品（第九十四至第九十六章）

1. 内容概述

第九十四章：家具；寝具、褥垫、弹簧床垫、软坐垫及类似的填充制品；未列名灯具及照明装置；发光标志、发光铭牌及类似品；活动房屋。

第九十五章：玩具、游戏品、运动用品及其零件、附件。

第九十六章：杂项制品。

2. 归类时应注意的问题

（1）家具及其零件的归类

具有实用价值的落地式“可移动”的家具（如桌、椅等），落地式或悬挂的、固定在墙壁上叠摞的碗橱、书柜、其他架式家具，坐具及床归入品目 9401～9403。

单独报验的组合家具各件均归入第九十四章，但落地灯不能按家具归类，应按灯具归入品目 9405。

品目 9402 的医疗、外科、牙科或兽医用的家具不能带有医疗器械（设备）。例如，带有牙科器械的牙科用椅不能归入本品目，而应按医疗器械归入品目 9018。

具有特定用途或为安装特定用途的装置、设备而特制的家具，一般按特定用途的装置、设备归类。例如，有象棋棋盘桌面的桌子和桌球台归入品目 9504，作为缝纫机台架用的家具归入品目 8452。

品目 9401～9403 的家具可用木、柳条、竹、藤、塑料、贱金属、玻璃、皮三石、陶瓷等材料制成。例如，玻璃制的柜台仍归入第九十四章，而不按玻璃制品归类。

专用于或主要用于第九十四章家具的零件归入本章相应品目；单独报验的玻璃或镜子、大理石等按材料归类。

第九十四章也包括机动车辆、飞机等用的坐具及零件（如座椅调角器），这些坐具及零件不能按车辆或飞机的零件归入第十七类。

（2）床上用品及寝具的归类

装有弹簧或内部填充棉花、羊毛、马毛、羽绒、合成纤维等，或以海绵橡胶或泡沫塑料制成的床上用品及寝具，如褥垫、被褥及床罩（内含填充物）、鸭绒被、棉被、枕头、靠垫、坐垫、睡袋等归入品目 9404。

未装有内部填充物的床上用品及寝具，如床单、床罩、枕头套、鸭绒被靠垫套、毯子等则按纺织品归入第六十三章。

（3）玩具的归类

儿童乘骑的带轮玩具（如三轮车、踏板车、踏板汽车等），玩偶车，玩偶及其零件、附件（如玩偶用的服装、鞋、靴、帽等）和其他供儿童或成人娱乐用的各种智力玩具或其他玩具均归入品目 9503，但宠物玩具不归入品目 9503。

（4）体育用品和游乐场用娱乐设备的归类

一般体育用品归入品目 9506 或品目 9507，游乐场用娱乐设备归入品目 9508。体育用品中不同用途的球归入不同的子目，归纳如下：①可充气的足球、篮球、排球归入子目 9506.6210；②草地网球归入子目 9506.6100；③乒乓球归入子目 9506.4010；④高尔夫球归入子目 9506.3200；⑤羽毛球归入子目 9506.9190。

（5）杂项制品的归类

各种纽扣归入品目 9606，拉链归入品目 9607，梳子归入品目 9615，这些不应按制成材料归入其他类。打字机色带归入品目 9612，不应按打印机的零件归入第八十四章。裁缝用和商品陈列或广告宣传用的人体活动模型归入品目 9618，不应按专供示范型归入品目 9023。

（二十一）第二十一类：艺术品、收藏品及古物（第九十七章）

第九十七章：艺术品、收藏品及古物。

1. 内容概述

一般归入本类商品的最大特点是具有一定的收藏价值，主要包括艺术品和收藏品，如完全手工绘制的油画、粉画，雕版画、印制画、石印画原本，雕塑品原件，邮票，动物、植物、矿物等的标本和超过 100 年的古物。

2. 归类时应注意的问题

（1）超过 100 年古物的归类

除品目 9701～9705 以外的物品，若为超过 100 年的古物则优先归入品目 9706。例如，超过 100 年的乐器不按乐器归入第九十二章，而应归入品目 9706，而品目 9701～9705 的物品即使超过 100 年，仍归入原品目。

（2）雕版画、印制画、石印画原本和雕塑品原件的归类

只有完全用手工制作的印版直接印制出的原本才归入品目 9702，而使用机器或照相制版方法制作的印版印制出的原本不能归入本品目；只有各种材料制的雕塑品原件才归入品目 9703，而成批生产的复制品不能归入本品目。

（3）其他艺术品、收藏品的归类

对于已装框的油画、粉画，若框架的种类、价值与作品相称，此时一并按作品归类；若框架种类、价值与作品不相称，则框架与作品应分别归类。第九十七章邮票具有收藏价值，以收藏为主要目的，而第四十九章邮票不具有收藏价值。

知识拓展

根据《进出口关税条例》及相关规定，国务院关税税则委员会 2020 年 12 月 30 日发布公告，公布《中华人民共和国进出口税则（2021）》（以下简称《进出口税则（2021）》），自 2021 年 1 月 1 日起实施。

《进出口税则》是《进出口关税条例》的组成部分，包括根据国家关税政策及有关国际协定确定的进出口关税税目、税率及归类规则，是海关计征关税的依据。

《进出口税则（2021）》进出口税目、最惠国税率、进口暂定税率、协定税率，在《进出口税则（2020）》基础上，根据《国务院关税税则委员会关于 2021 年关税调整方案的通知》进行了调整。除《进出口税则（2021）》中已公布的税目税率外，法律、行政法规等对进出口关税税目、税率调整另有规定的，仍依照法律、行政法规等实行。

《进出口税则（2021）》公布之前，国务院关税税则委员会已宣布，2021 年调整部分进口商品的最惠国税率、协定税率和暂定税率。《进出口税则（2021）》的公布，有利于继续保持关税政策调整的规范化、透明化，为公众提供更多便利，也有利于持续优化营商环境，推进贸易高质量发展。

（资料来源：赵建华，2020.《中华人民共和国进出口税则（2021）》公布[EB/OL].（2020-12-31）[2021-05-24]. https://www.chinanews.com/cj/2020/12-31/9376186.shtml.）

小　结

《协调制度》是一个多用途的国际贸易商品分类目录，有其独特的基本结构与编码规律。它主要分为归类总归则、注释、商品名称及编码表 3 个部分，并将各种进出口商品按照生产部类、自然属性和不同功能用途等分为 21 类 97 章，每一种商品都有与其相对应的归类编码。

其中，六大总规则是我们对货物进行归类时应该遵循的基本原则。只有熟悉这些规则，我们才能够根据进出口商品的性质等实际情况进行具体归类。

将进出口的商品进行正确归类是海关执行国家关税政策、贸易管制措施和编制海关进出口统计的基础，因此，做好进出口商品的归类工作意义重大。

为规范进出口货物的商品归类，保证商品归类结果的准确性和统一性，进出口商品的归类在遵循客观、准确、统一的原则的基础上，主要依据《进出口税则》，包括《协调制度》归类总规则、类注、章注、子目注释、目录条文；《海关进出口税则——统计目录及商品品目注释》及海关总署发布的关于商品归类的行政裁定和海关总署发布的商品归类决定。

由于商品归类工作技术性强，有时还会涉及化验、鉴定等环节，有时需要一段时间才能得出结论，因此，单纯依靠通关环节进行商品归类已不能适应实际工作的需要。为了正确地对进出口商品进行归类，便利合法进出口快速通关，我国海关参照了国际上的通行做法，在海关注册登记的进出口货物经营单位，可以在货物实际进出口的45日前，向直属海关申请就其拟进出口的货物预先进行商品归类。

案例分析

有一种商品，商家称其“咖啡壶”，它是一个玻璃制的带有刻度的1000毫升玻璃杯，外面包裹着6条不锈钢制的钢条，起固定作用，钢条上连着一个塑料的把手。人们可以把水倒进玻璃杯里烧开冲咖啡用或者连咖啡带水一起烧。

思 考

这是一把几乎每个商场都能看见的非常普通的咖啡壶。试对这款产品进行编码。

分析提示

首先尝试按照具体列名原则归类，然后按照用途归类，最后按照成分归类。

自 测 题

一、选择题

1．下列选项中属于归类依据的是（　　）。

A.《进出口税则》

B.《商品及品目注释》

C.《本国子目注释》

D. 海关总署发布的关于商品归类的行政裁定或决定

2. 下列叙述正确的是（　　）。

A. 在进行商品归类时，列名比较具体的税目优先于一般税目

B. 在进行商品归类时，混合物可以按照其中的一种成分进行归类

C. 在进行商品归类时，商品的包装容器应该单独进行税则归类

D. 从后归类原则是商品归类时优先采用的原则

3. 下列关于商品归类的表述正确的是（　　）。

A. 商品归类是查找进出口商品在《进出口税则》中的编码

B. 只有准确归类，才能正确征税和确定所需许可证件

C. 报关员的基本技能之一就是准确填写报关单上的进出口商品编码

D. 在电子通关系统中，商品编码是海关管理的基础信息

4. 在对商品进行归类时，品目条文所列的商品，应包括该项商品的非完整品或未制成品，只要在进口或出口时这些非完整品或未制成品具有完整品或制成品的（　　）。

A. 基本功能　　　　B. 相同用途

C. 基本特征　　　　D. 核心组成部件

5. 下列货品中属于《协调制度》归类总规则中所规定的“零售的成套货品”的是

（ ）。

A. 一个礼盒，内有咖啡一瓶、伴侣一瓶、塑料杯两只

B. 一个礼盒，内有一瓶白兰地酒、一支打火机

C. 一个礼盒，内有一盒巧克力和一个芭比娃娃

D. 一碗方便面，内有一块面饼、两包调味包和一把塑料叉

二、判断题

1. 当货品看起来可归入两个或两个以上税目时，应按“从后归类”的原则。（ ）
2. 40 升专用钢瓶装液化氮气应分别归类。（ ）
3. 直属海关作出的预归类决定在本关区范围内有效。（ ）
4. 未组装的自行车应按完整品归类。（ ）
5. 豆油 70%、花生油 20%、橄榄油 10%的混合食用油应按豆油归类。（ ）

第五章　进出口税费

教学目标

- 掌握货物进出口税费的含义、种类及其征收范围
- 熟练掌握进出口货物完税价格的审定原则及进出口货物原产地确定的原则和方法
- 熟悉进出口税费的减免、缴纳和退补等内容及程序

学习要点

- 进出口税费的计算
- 进出口税费的减免、缴纳和退补的相关规定

导入案例

某公司2020年9月从荷兰进口3000箱“喜力”牌啤酒，规格为24支×330毫升/箱，成交价为FOB鹿特丹HKD 50/箱，运费为HKD 20 000，保险费率为0.3%。经海关审定：进口关税税率为3.5/升，消费税税率为RMB 220元/吨（1吨=988升），增值税税率为13%，汇率HKD 100 = RMB 106。试问该批啤酒的关税、消费税、增值税分别为多少？

带着这些问题学习本章后，学生能够掌握货物进出口税费征收的范围、原则和方法及程序。

第一节　进出口税费概述

进出口税费是指在进出口环节中由海关依法征收的关税、消费税、增值税等税费。依法征收税费是海关的任务之一。依法缴纳税费是有关纳税义务人的基本义务。

一、关税

关税是国家税收的重要组成部分，是由海关代表国家按照国家制定的关税政策和有关法律、行政法规的规定，对准许进出关境的货物和物品向纳税义务人征收的一种流转税。

关税是一种国家税收，其征收主体是国家，由海关代表国家向纳税义务人征收；课税对象是进出关境的货物和物品。

关税纳税义务人亦称关税纳税人或关税纳税主体，是指依法负有直接向国家缴纳关税义务的法人或自然人。我国关税的纳税义务人是进口货物的收货人、出口货物的发货人、进出境物品的所有人。

从报关业务的角度来看，关税分为进口关税和出口关税。

（一）进口关税

1. 进口关税的含义

进口关税是指一国（地区）海关以进境货物和物品为课税对象而征收的关税。在国际贸易中，它一直被各国公认为一种重要的经济保护手段。

2. 进口关税的种类

从征收关税的标准来看，进口关税分为从价税、从量税、复合税和滑准税。

（1）从价税

从价税是以货物和物品的价格为计税标准，以应征税额占货物价格的百分比为税率的关税。计算公式为

从价税应征税额＝进口货物完税价格×进口从价关税税率

价格和税额呈正比例关系。我国征收进口关税主要采用此标准。

（2）从量税

从量税是以货物和物品的计量单位（如重量、数量、容量等）为计税标准，按每一计量单位的应征税额征收的关税。计算公式为

从量税应征税额＝进口货物数量×单位税额

我国采用此标准征收进口关税的货物有原油、啤酒、胶卷、冻鸡。

（3）复合税

复合税是在《进出口税则》中，一个税目中的商品同时使用从价、从量两种标准计税，计税时按两者之和作为应征税额征收的关税。计算公式为

复合税应征税额＝进口货物的完税价格×进口从价关税税率
＋进口货物数量×单位税额

我国目前采用此标准征收进口关税的货物有录像机、放像机、摄像机、非家用型摄录一体机、部分数字照相机等进口商品。

（4）滑准税

滑准税是为了使该种商品的国内市场价格保持稳定，在《进出口税则》中预先按产品的价格高低分档制定若干不同的税率，然后根据进口商品价格的变动而增减进口税率的一种关税。当商品价格上涨时采用较低税率，当商品价格下跌时则采用较高税率。

例如，2008 年，我国对关税配额外进口的棉花（税号：5201.0000）实行 5%～40%的滑准税；对滑准税率低于 5%的进口棉花按 0.570 元/千克计征从量税。

（二）出口关税

出口关税是指一国海关以出境货物、物品为课税对象所征收的关税。征收出口关税的主要目的是限制、调控某些商品的过度、无序出口，特别是防止本国一些重要自然资源和原材料的无序出口。

我国出口关税主要以从价税为计征标准。自 2019 年 1 月 1 日起，我国海关继续对铬、铁等 108 项出口商品征收出口关税或实行出口暂定税率。

根据《进出口关税条例》的规定，适用出口税率的出口货物有暂定税率的，应当适用暂定税率。除法律法规有明确规定可以免征出口关税的外，对各类企业出口的应税商品，一律照章征收出口关税。

以上进口、出口关税税率设置详情见《进出口税则（2021）》。

（三）暂准进出境货物进出口关税

海关按照审定进出口货物完税价格的有关规定和海关接受该货物申报进出境之日适用的计征汇率、税率，审核确定其完税价格、按月征收税款，或者在规定期限内货物复运出境或者复运进境时征收税款。暂准进出境货物在规定期限届满后不再复运出境或者复运进境的，纳税义务人应当在规定期限届满前向海关申报办理进出口及纳税手续，缴纳剩余税款。

计征税款的期限为60个月。不足1个月但超过15天的，按1个月计征；不超过15天的，免予计征。计征税款的期限自货物放行之日起计算。按月征收税款的计算公式为

$$每月关税税额=关税总额\times\frac{1}{60}$$

$$每月进口环节代征税税额=进口环节代征税总额\times\frac{1}{60}$$

二、进口环节海关代征税

进口货物办理完通关手续后，进入国内销售市场。进入国内流通领域的进口货物与国内货物一样，也要缴纳应征的国内税，包括增值税和消费税，按规定由海关在进口环节依法代征。

（一）增值税

增值税是以商品在生产、流通过程中或劳务服务过程中的各环节所创造新增价值为课税对象的一种流转税。进口环节增值税是在货物、物品进口时，由海关依法向进口货物的法人或自然人征收的一种增值税。国内的增值税由税务机关征收。

进口环节增值税以组成价格作为计税价格，征税时不得抵扣任何税额。进口环节的增值税的组成价格由关税完税价格加上关税税额组成，对于应征消费税的品种，其组成价格还要加上消费税税额。计算公式为

$$应纳税额=增值税组成计税价格\times增值税税率$$

$$增值税组成计税价格=关税完税价格+关税税额+消费税税额$$

进口环节增值税的起征额为人民币50元，低于50元的免征。进口环节增值税的征收管理，适用关税征收管理的规定。

在我国境内销售货物（销售不动产或免征的除外）或提供加工、修理、修配劳务及进口货物的单位或个人，都要依法缴纳增值税。在我国境内销售货物，是指所销售的货物的起运地或所在地都在我国境内。纳税人销售货物、劳务、有形动产租赁服务或者进口货物，除《中华人民共和国增值税暂行条例》第二条第二项、第四项、第五项另有规定外，税率为13%。纳税人销售交通运输、邮政、基础电信、建筑、不动产租赁服务，销售不动产，转让土地使用权，销售或者进口下列货物，税率为9%：①粮食等农产品、

食用植物油、食用盐；②自来水、暖气、冷气、热水、煤气、石油液化气、天然气、二甲醚、沼气、居民用煤炭制品；③图书、报纸、杂志、音像制品、电子出版物；④饲料、化肥、农药、农机、农膜；⑤国务院规定的其他货物。

（二）消费税

消费税是以消费品或消费行为的流转额作为课税对象而征收的一种流转税。在我国境内生产、委托加工和进口《消费税暂行条例》规定的消费品（以下简称应税消费品）的单位和个人，为消费税的纳税义务人。我国消费税采用从价税、从量税和复合税 3 种方法计征，并采用价内税的计税方法，即计税价格的组成中包括消费税税额。计算公式为

$$\text{消费税应纳税额}=\text{消费税组成计税价格}\times\text{消费税比例税率}$$

其中

$$\text{消费税组成计税价格}=\frac{\text{关税完税价格}+\text{关税税额}}{1-\text{消费税比例税率}}$$

复合税则是将从价税与从量税相加。进口环节消费税的起征额为人民币 50 元，低于 50 元的免征。符合下列条件的消费品要征收消费税：①一些过度消费会对人的身体健康、社会秩序、生态环境等方面造成危害的特殊消费品，如烟、酒、酒精、鞭炮、焰火等；②奢侈品、非生活必需品，如贵重首饰及珠宝玉石、化妆品等；③高能耗的高档消费品，如小轿车、摩托车、汽车轮胎等；④不可再生和替代的资源类消费品，如汽油、柴油等。

其中：葡萄酒、贵重珠宝首饰、化妆品、烟花爆竹、木制一次性筷子、实木地板、小轿车、摩托车、汽车轮胎、高尔夫球、高档手表、游艇等采用从价税计征；啤酒、黄酒、汽油、柴油、石脑油、溶剂油、润滑油等采用从量税计征方法；白酒、卷烟则按复合税方法计征。

除加工贸易外，对于进出口的钻石统一，须将其集中到上海钻石交易所办理报关手续，其他口岸均不得进出口钻石。同时，国家可根据经济社会发展和消费政策、消费结构的变化对消费税进行调整。

三、船舶吨税

船舶吨税（以下简称吨税）是指由海关在设关口岸对进出、停靠我国港口的国际航行船舶（包括外籍船舶、外商租用的中国籍船舶、中外合资企业租用的中国籍船舶及中国企业租用的外籍船舶）征收的一种使用税。

（一）吨位的计算

丈量吨位按照船舱的结构是封闭式或开放式来分别计算，封闭式为大吨位，开放式为小吨位。装货多时用大吨位，装货少时用小吨位。我国现行规定，凡同时持有大小吨位两种吨位证书的船舶，不论实际装货情况，一律按大吨位计征吨税。吨税按净吨位计算。

吨税按净吨位计征。净吨位的计算公式为

$$净吨位=\frac{船舶的有效容积\times吨}{立方米}$$

船舶净吨位的尾数按四舍五入，半吨以下的免征尾数，半吨以上的按 1 吨计算。不及 1 吨的小型船舶，除经海关总署特准免征者外，一律按 1 吨计征。

（二）吨税的征收和退补

吨税起征日为“船舶直接抵口之日”，即进口船舶应自申报进口之日起征收。进境后驶达锚地的，以船舶抵达锚地之日起计算；进境后直接靠泊的，以靠泊之日起计算。

船舶抵港之日，船舶负责人或其代理人应向海关出具船舶停留时仍然有效的船舶吨税执照。吨税的有效期限规定为 90 天和 30 天两种，期限不同，税率也不同，由纳税人申报纳税时自行选择，并且应于海关填发的税款缴款书之日起 15 日内向指定银行缴纳税款，逾期不缴纳的，按日加征 0.5‰的滞纳金。

吨税的计算公式为

$$应纳船舶吨税税额=注册净吨位\times船舶吨税税率（元/净吨）$$

具有下列情况之一的，海关凭船舶负责人或其代理人提供的有效证明文件，在 1 年内办理船舶吨税的退补手续：①船舶负责人因不明规定而造成重复缴纳船舶吨税的；②其他原因造成错征、漏征的。

四、滞纳金

滞纳金是税收管理中的一种行政强制措施，指应纳税的单位或个人因逾期向海关缴纳税款而依法缴纳的款项。按照规定，关税、进口环节增值税、进口环节消费税、吨税等的纳税义务人或其代理人，应当自海关填发税款缴款书之日起 15 日内向指定银行缴纳税款，逾期缴纳的，按日加收滞纳税款 0.5‰的滞纳金。

海关对滞纳天数的计算规则是自发生滞纳税款之日起至进出口货物的纳税义务人缴纳税费之日止，其中的法定节假日不予扣除。缴纳期限届满日遇周六、周日等休息日或者法定节假日的，顺延至休息日或法定节假日之后的第一个工作日。

如果纳税义务人未在规定的 15 日内缴款期限内缴纳税款，另行加收自缴款期限届满之日起至缴清税款之日止所滞纳税款的 0.5‰的滞纳金。

滞纳金的起征额为人民币 50 元，不足人民币 50 元的免予征收。计算公式为

$$关税滞纳金金额=滞纳关税税额\times0.5‰\times滞纳天数$$

$$进口环节海关代征税滞纳金金额=滞纳进口环节海关代征税税额\times0.5‰\times滞纳天数$$

第二节　进出口货物完税价格的审定

一、进出口货物完税价格的含义

进出口货物完税价格是指海关对进出口货物征收从价税时审查估定的应税价格，是凭以计征进出口货物关税及进口环节代征税税额的基础。我国已加入世界贸易组织，并已全面实施世界贸易组织估价协定，这使我国对进口货物海关审价的法律法规与国际通

行规则相衔接。

二、进口货物完税价格的审定

进口货物完税价格的审定包括一般进口货物完税价格的审定和特殊进口货物完税价格的审定。

（一）一般进口货物完税价格的审定

海关确定进口货物完税价格共有进口货物成交价格估价法、相同货物成交价格估价法、类似货物成交价格估价法、倒扣价格估价法、计算价格估价法、合理估价法等 6 种估价方法。上述估价方法应当依次采用，倒扣价格法和计算价格法例外。

1. 进口货物成交价格估价法

（1）完税价格与成交价格

进口货物的完税价格，由海关根据该货物的成交价格审查确定，并应包括货物运抵我国境内输入地点起卸前的运输及相关费用、保险费。

进口货物的成交价格，是指卖方向我国境内销售该货物时买方为进口该货物向卖方实付、应付的，并按有关规定调整后的价款总额，包括直接支付的价款和间接支付的价款。

（2）计入项目

买方支付时应计入完税价格的项目包括以下几个。①除购货佣金以外的佣金和经纪费。佣金分为购货佣金和销售佣金。购货佣金（买方佣金）不计入完税价格，销售佣金（卖方佣金）要计入完税价格。②与进口货物作为一个整体的容器费。例如，酒香水与香水瓶构成一个不可分割的整体，两者归入同一税号，如果没有包括在酒的完税价格中间，则应该计入。③包装费。包装费既包括材料费，也包括劳务费。④协助的价值。协助的价值是指可按适当比例分摊的，由买方直接或间接免费提供或以低于成本价的方式销售给买方或有关方的，未包括在实付或应付价格中的货物或服务的价值。协助的价值包括以下几种：进口货物所包含的材料、部件、零件和类似货物的价值；在生产进口货物过程中使用的工具、模具和类似货物的价值；在生产进口货物过程中消耗的材料的价值；在境外完成的为生产该货物所需的工程设计、技术研发、工艺及制图等工作的价值。⑤特许权使用费。特许权使用费是指进口货物的买方为取得知识产权权利人及权利人有效授权人关于专利权、商标权、专有技术、著作权、分销权或者销售权的许可或者转让而支付的费用。⑥返回给卖方的转售收益。如果买方在货物进口之后，把进口货物的转售、处置或使用的收益的一部分返还给卖方，这部分收益的价格应该计入完税价格。

上述各项计入完税价格应同时满足三个条件：第一，由买方负担；第二，未包括在进口货物的实付或应付价格中；第三，有客观量化的数据资料。

（3）扣减项目

进口货物的价款中单独列明的下列费用，如果成交价格中已经包含这些项目，则将其从成交价格中扣除，如果成交价格中没有包含这些项目，则不计入该货物的完税价格：①厂房、机械或者设备等货物进口后发生的建设、安装、装配、维修或者技术援助费用，但是保修费用除外；②货物运抵境内输入地点起卸后发生的运输及其相关费用、保险费；③进口关税、进口环节代征税及其他国内税；④为在境内复制进口货物而支付的费用；⑤境内外技术培训及境外考察费用。

【例 5.1】A 公司从德国进口一套机械设备，发票列明：设备价款 CIF 天津 USD 300 000，设备进口后的安装及技术服务费用 USD 10 000，买方佣金 USD 1000，卖方佣金 USD 1500。该批货物经海关审定后的成交价格应为 USD 301 500（成交价格＝机械设备价款 USD 300 000＋卖方佣金 USD 1500）。这里安装及技术服务费用不属于计入项目，买方佣金不是计入项目，而且没有说明这些费用已计入设备价款，因此不是扣减的项目。

（4）成交价格本身须满足的条件

成交价格本身须满足的条件如下。①买方对进口货物的处置和使用权不受限制。下列情况应视为买方对进口货物的处置和使用权受到了限制：进口货物只能用于展示；进口货物只能销售给指定的第三方等。②货物的价格不应受到导致该货物成交价格无法确定的条件或因素的影响。例如，进口价格是以买方向卖方购买一定数量的其他产品为条件而确定的。③卖方不得直接或间接地从买方获得因转售、处置或使用进口货物而产生的任何收益，除非该收益有具体量化的数据。④买卖双方之间的特殊关系不影响价格。

2. 相同及类似货物成交价格估价法

相同及类似货物成交价格估价法是海关估价中使用频率最高的一种估价方法。它是指海关以与被估货物同时或大约同时向我国境内销售的相同货物及类似货物的成交价格为基础，审查确定进口货物完税价格的方法。

“相同货物”是指与进口货物在同一国家或者地区生产的，在物理性质、质量和信誉等所有方面都相同的货物，但是表面的微小差异允许存在。

“类似货物”是指与进口货物在同一国家或者地区生产的，虽然不是在所有方面都相同，但是具有相似的特征、相似的组成材料、相同的功能，并且在商业中可以互换的货物。

“同时或大约同时”是指在海关接受申报之日的前后各 45 日以内。

海关在使用该方法确定进口完税价格时，首先使用与进口货物处于相同商业水平、进口数量基本一致的相同或类似货物的成交价格，其次才是选择处于不同商业水平、不同进口数量的相同或类似货物的成交价格。在使用和进口货物处于相同商业水平、进口数量基本一致的相同或类似货物的成交价格时，应优先使用同一生产商生产的相同或类似货物的成交价格。没有同一生产商生产的相同或类似货物的成交价格时，可以使用同一生产国或者地区其他生产商生产的相同或类似货物的成交价格。如果有多个相同或类似货物的成交价格，则以最低的成交价为基础。对进口货物与相同或类似货物之间由于运输距离和运输方式不同而在成本和其他费用方面产生的差异应进行必要的调整。

3. 倒扣价格估价法

倒扣价格估价法即以进口货物、相同或类似进口货物在境内第一环节的销售价格为基础，扣除境内发生的有关费用来估定完税价格。“第一环节”是指有关货物进口后进行的第一次转售，且转售者与境内买方之间不能有特殊关系。使用倒扣价格估价法的销售价格应同时符合下列条件：①在被估货物进口的同时或大约同时，该货物、相同或类似进口货物在境内销售的价格；②按照该货物进口时的状态销售的价格；③在境内第一环节销售的价格；④向境内无特殊关系方销售的价格；⑤按照该价格销售的货物合计销售总量最大。

确定销售价格以后需要倒扣的项目包括以下几种：①该货物的同级或同种类货物在境内第一环节销售时通常支付的佣金以及利润和一般费用；②货物运抵境内输入地点之后的运输及其相关费用、保险费；③进口关税、进口环节代征税及其他国内税；④加工增值额。

4. 计算价格估价法

计算价格估价法是以发生在生产国或地区的生产成本为基础的价格。但如果进口货物纳税义务人提出要求，并经海关同意，计算价格估价法可以与倒扣价格估价法颠倒顺序使用。

采用计算价格估价法时，进口货物的完税价格由下列各项目的总和构成：①生产该货物所使用的料件成本和加工费用；②向境内销售同等级或者同种类货物通常的利润和一般费用（包括直接费用和间接费用）；③货物运抵我国境内输入地点起卸前的运输及其相关费用、保险费。

5. 合理估价法

合理估价法实际上不是一种具体的估价方法，而是根据公平、统一、客观的估价原则，以客观量化的数据资料为基础规定使用方法的范围和原则。

在运用合理估价法时，禁止使用以下 6 种价格：①境内生产的货物在境内的销售价格；②在两种价格中选择高的价格；③依据货物在出口地市场的销售价格；④以计算价格估价法规定之外的价值或者费用计算的相同或者类似货物的价格；⑤依据出口到第三国或地区货物的销售价格；⑥依据最低限价或武断、虚构的价格。

（二）特殊进口货物完税价格的审定

1. 加工贸易进口料件及其制成品完税价格的审定

对加工贸易进口货物进行估价主要考虑的是征税标准和征税环节的确定，具体有以下 4 种情况。①进口时须征税的进料加工进口料件，以该料件申报进口时的成交价格为基础确定完税价格。②内销的进料加工进口料件或其制成品（包括残次品、副产品）以料件原进口成交价格为基础审查确定完税价格。制成品因故转为内销时，以制成品所含料件原进口成交价格为基础审查确定完税价格。料件原进口成交价格不能确定的，海关以接受内销申报的同时或者大约同时进口的与料件相同或者类似的货物的进口成交价格为基础确定完税价格。③来料加工进口料件或者其制成品（包括残次品）内销时，以接受内销申报的同时或者大约同时进口的与料件相同或者类似的货物的进口成交价格确定完税价格。④加工企业内销加工过程中产生的边角料或者副产品，以海关确定的内销价格为完税价格。

2. 保税区内加工企业内销进口料件或者其制成品完税价格的审定

保税区内加工企业内销进口料件或者其制成品完税价格的审定应从以下几个方面

考虑：①保税区内的加工企业内销的进口料件或者其制成品（包括残次品），海关以接受内销申报的同时或者大约同时进口的相同或者类似货物的进口成交价格为基础确定完税价格；②保税区内的加工企业内销的进料加工制成品中，如果含有从境内采购的料件，海关以制成品所含从境外购入的料件原进口成交价格为基础审查确定完税价格；③保税区内的加工企业内销的来料加工制成品中，如果含有从境内采购的料件，海关以接受内销申报的同时或者大约同时进口的与制成品所含从境外购入的料件相同或者类似货物的进口成交价格为基础确定完税价格；④保税区内的加工企业内销加工过程中产生的边角料或者副产品，以海关审查确定的内销价格为完税价格；⑤保税区内的加工企业内销制成品（包括残次品）、边角料或者副产品的完税价格按照上述规定仍然不能确定的，由海关按照合理的方法确定完税价格。

3. 从保税区、出口加工区、保税物流园区、保税物流中心等区域、场所进入境内需要征税的货物完税价格的审定

从保税区、出口加工区、保税物流园区、保税物流中心等区域、场所进入境内需要征税的货物，以从上述区域、场所进入境内的销售价格为基础审查确定完税价格，加工贸易进口料件及其制成品除外。

4. 出境修理复运进境货物完税价格的审定

运往境外修理的机械器具、运输工具或者其他货物，出境时已向海关报明，并在海关规定的期限内复运进境的，海关以境外修理费和料件费审查确定完税价格。

5. 出境加工复运进境货物的完税价格的审定

运往境外加工的货物，出境时已向海关报明，并在海关规定期限内复运进境的，海关以境外加工费和料件费，以及该货物复运进境的运输及其相关费用、保险费审查确定完税价格。

6. 暂时进境货物完税价格的审定

经海关批准留购的暂时进境货物，以海关审查确定的留购价格作为完税价格。

7. 租赁进口货物完税价格的审定

租赁进口货物完税价格的审定分以下3个方面：①以租金方式对外支付的租赁货物，在租赁期间以海关审定的该货物的租金为完税价格，利息予以计入；②留购的租赁货物以海关审定的留购价格为完税价格；③纳税义务人申请一次性缴纳税款的，可以选择申请按照规定估价方法确定完税价格，或者以海关审查确定的租金总额为完税价格。

【例 5.2】某航空公司以租赁方式从美国进口一架价值 USD 1 800 000 的小型飞机，租期为 1 年，年租金为 USD 60 000，此情况经海关审查属实。在这种情况下，海关审定该飞机的完税价格为 USD 60 000。

8. 减免税货物完税价格的审定

特定减免税货物如果有特殊情况，经过海关批准可以出售、转让、移作他用，须向海关办理补税手续。海关以审定的该货物原进口时的价格，扣除折旧部分价值为完税价格，其计算公式为

$$完税价格=海关审定的该货物原进口时的价格\times\left(1-\frac{征税时实际已进口的月数}{监管年限\times12}\right)$$

其中，“征税时实际已进口的月数”，不足1个月但超过15日的，按照1个月计算；不超过15日的，不予计算。

9. 无成交价格货物完税价格的审定

以易货贸易、寄售、捐赠、赠送等不存在成交价格的进口货物，总体而言，都不适用成交价格法，海关与纳税义务人进行价格磋商后，依照《中华人民共和国海关审定进出口货物完税价格办法》（以下简称《审价办法》）第六条列明的相同货物成交价格估价法、类似货物成交价格估价法、倒扣价格估价法、计算价格估价法及合理估价法审查确定完税价格。

10. 软件介质的完税价格的审定

进口载有专供数据处理设备用软件的介质，有下列情形之一的，以介质本身的价值或者成本为基础审查确定完税价格。

1）介质本身的价值或者成本与所载软件的价值分列。

2）介质本身的价值或者成本与所载软件的价值虽未分列，但是纳税义务人能够提供介质本身的价值或者成本的证明文件，或者能提供所载软件价值的证明文件。

含有美术、摄影、声音、录像、影视、游戏、电子出版物的介质不适用上述规定。

（三）进口货物完税价格中运输及其相关费用、保险费的计算

进口货物完税价格中运输及其相关费用、保险费的计算标准分别如下。

1. 运费的计算标准

进口货物的运费，按照实际支付的费用计算。进口货物的运费无法确定的，海关按照该货物的实际运输成本或者该货物进口同期运输行业公布的运费率（额）计算运费。

2. 保险费的计算标准

进口货物的保险费，按照实际支付的费用计算。如果进口货物的保险费无法确定或者未实际发生，海关按照“货价加运费”两者总额的3‰计算保险费，其计算公式为

$$保险费=（货价+运费）\times3‰$$

3. 邮运货物运费计算标准

邮运进口的货物（如快件），以邮费作为运输及其相关费用、保险费。

4. 边境口岸运费计算标准

以境外边境口岸价格条件成交的铁路或者公路运输进口货物，按照境外边境口岸价格的1%计算运输及其相关费用、保险费。

三、出口货物完税价格的审定

1. 出口货物的完税价格

出口货物的完税价格由海关以该货物的成交价格为基础审查确定，包括货物运至我国境内输出地点装载前的运输及其相关费用、保险费。

2. 出口货物的成交价格

出口货物的成交价格，是指该货物出口销售时，卖方为出口该货物向买方直接收取或间接收取的价款总额。

3. 不计入出口货物完税价格的税收、费用

下列费用不计入出口货物完税价格：①出口关税；②在货物价款中单独列明的货物运至我国境内输出地点装载后的运输费其相关费用、保险费；③在货物价款中单独列明由卖方承担的佣金。

4. 出口货物其他估价方法

出口货物的成交价格不能确定的，可依次以下列价格审查确定该货物的完税价格：①同时或者大约同时向同一国家或者地区出口的相同或类似货物的成交价格；②根据境内生产相同或者类似货物的成本、利润和一般费用（包括直接费用和间接费用）、境内发生的运输及其相关费用、保险费计算所得的价格；③如果出口货物的销售价格中包含出口关税，则出口货物完税价格的计算公式为

$$\text{出口货物完税价格} = \text{FOB（中国境内口岸）} - \text{出口关税}$$
$$= \text{FOB}\frac{\text{中国境内口岸}}{1+\text{出口关税税率}}$$

四、海关估价中的价格质疑与磋商

在确定完税价格的过程中，海关对申报价格的真实性或准确性有疑问，或有理由认为买卖双方的特殊关系可能影响成交价格时，向纳税义务人或者其代理人制发中华人民共和国海关价格质疑通知书，将质疑的理由书面告知纳税义务人或者其代理人。

纳税义务人或者其代理人应自收到价格质疑通知书之日起5个工作日内，以书面形式提供相关资料或者其他证据。确有正当理由无法在规定时间内提供资料或证据的，可以在规定期限届满前以书面形式向海关申请延期。除特殊情况外，延期不得超过10个工作日。

价格磋商是指海关在使用除成交价格以外的估价方法时，在保守商业秘密的基础

上，与纳税义务人交换彼此掌握的用于确定完税价格的数据资料的行为。

纳税义务人须自收到中华人民共和国海关价格磋商通知书之日起5个工作日内与海关进行价格磋商。纳税义务人未在规定的时限内与海关进行磋商的，视为其放弃价格磋商的权利，海关可以直接按照《审价办法》规定的方法审查确定进出口货物的完税价格。海关与纳税义务人进行价格磋商时，应当制作中华人民共和国海关价格磋商记录表。

下列情况海关可以不进行价格质疑和价格磋商，直接确定进出口的完税价格：①同一合同项下分批进出口的货物，海关对其中一批货物已经实施估价的；②进出口货物的完税价格在人民币10万元以下或者关税及进口环节代征税总额在人民币2万元以下的；③进出口货物属于危险品、鲜活品、易腐品、易失效品、废品、旧品等的。

第三节 进口货物原产地的确定及税率的适用

在实际国际贸易业务中，原产地是指货物生产的国家（地区），就是货物的“国籍”。确定了进口货物国籍，就直接确定了其依照进口国的贸易政策所适用的关税和非关税待遇。原产地的不同决定了进口商品所享受的待遇不同。各国为执行本国关税及非关税方面的国别贸易措施，以本国立法形式制定其鉴别货物“国籍”的标准。

一、进口货物原产地的确定

（一）原产地规则的含义

原产地规则是指一国（地区）为确定货物的原产地而实施的普遍适用的法律、法规和行政决定。从适用的对象上讲，原产地规则分为优惠原产地规则和非优惠原产地规则。

1. 优惠原产地规则

优惠原产地规则是指一国为了实施国别优惠政策而制定的法律法规，以优惠贸易协定通过双边、多边协定形式或者由本国自主形式制定的一些特殊原产地认定标准，因此也称为协定原产地规则。

优惠原产地规则主要有以下两种实施方式：一是通过自主方式授予，如欧盟普惠制（generalized system of preferences，GSP）和中国对最不发达国家的特别优惠关税待遇；二是通过协定互惠性方式授予，如《美国-墨西哥-加拿大协定》《中国-东盟自贸区协定》等。

2. 非优惠原产地规则

非优惠原产地规则是一国根据实施其海关税则和其他贸易措施的需要，由本国立法自主制定的，因此也称为自主原产地规则。适用于非优惠性贸易政策措施的原产地规则，其实施必须普遍地、无差别地适用于所有原产地为最惠国的进口货物。它包括实施最惠国待遇、反倾销和反补贴税、保障措施、数量限制或关税配额、原产地标记或贸易统计、政府采购时所采用的原产地规则。

（二）原产地认定标准

在认定货物的原产地时会出现两种情况：一种是货物完全是在一个国家（地区）获得或生产制造；另一种是货物由两个及以上的国家（地区）生产制造。无论是优惠原产地规则还是非优惠原产地规则，都要确定这两种货物的原产地认定标准。

1. 优惠原产地认定标准

我国目前使用的优惠原产地的认定标准主要有 3 个：完全获得标准、从价百分比标准和直接运输标准。

（1）完全获得标准

货物完全是在一个国家（地区）获得或生产制造，如农产品或矿产品，以产品的种植、开采或生产国为原产国，这种原则叫完全获得标准（wholly obtained standard）。

各优惠贸易协定项下的完全获得标准的内容基本相同，主要包括下列内容：①在该国（地区）领土或领海开采的矿产品；②在该国（地区）领土或领海收获或采集的植物产品；③在该国（地区）领土出生和饲养的活动物及从其所得产品；④在该国（地区）领土或领海狩猎或捕捞所得的产品；⑤由该国（地区）船只在公海捕捞的水产品和其他海洋产品；⑥在该国（地区）加工船上加工的前述第⑤项所列物品所得的产品；⑦在该国（地区）收集的仅适用于原材料回收的废旧物品；⑧该国（地区）利用上述第①～⑦项所列产品加工所得的产品。

（2）从价百分比标准

从价百分比标准是指受惠国对非该国原产材料进行制造加工后的增值部分不小于一定的百分比。

目前，我国签署的优惠贸易协定主要的从价百分比标准如下。①《亚太贸易协定》（由孟加拉国、印度、老挝、韩国、斯里兰卡、中国 6 个国家共同签定）规定在生产过程中所使用的非成员国原产的或者不明原产地的材料、零件或产物的总价值不超过该货物船上交货价（FOB 价）的 50%，原产于最不发达受惠国（即孟加拉国）的产品增值部分不超过 60%。②《中国-东盟合作框架协议》（东盟成员方包括印度尼西亚、马来西亚、菲律宾、新加坡、泰国、文莱、越南、老挝、缅甸、柬埔寨）规定用于所获得或生产产品中的原产于任一成员方的成分不少于该货物 FOB 价的 40%；或者非中国-东盟自由贸易区原产的材料、零件或者产物的总价值不超过所获得或者生产产品 FOB 价的 60%，且最后生产工序在成员方境内完成。③港澳 CEPA[①]项下的原产地规则。在港澳生产或获得产品 FOB 价的比例应大于或等于 30%。④《中国-巴基斯坦自由贸易协定》。该协定所用单一成员方原产成分占产品的 FOB 价的比例不小于 40%；或者，在某一成员方境内使用已获得中巴自贸区原产资格的货物作为生产享受《中华人民共和国政府与巴基斯坦伊斯兰共和国政府关于自由贸易协定早期收获计划的协议》（以下简称《早期收获协议》）协定税率的制成品的材料时，如果该制成品中原产于中国、巴基斯坦的成分累计不低于 40%，则该货物应当视为原产于该成员方。⑤特别优惠关税待遇。进口货物原产

① CEPA，英文全称为 Closer Economic Partnership Arrangement，即《关于建立更紧密经贸关系的安排》。

地规则的从价百分比标准是指在受惠国对非该国原产材料进行制造、加工后的增值部分不小于所得货物价值的 40%。⑥《中国-智利自由贸易协定》。区域价值成分不少于 40%，即在中国或智利生产或者加工的货物，所用的非成员方原产材料占该货物 FOB 价的比例小于 60%。

（3）直接运输标准

直接运输标准起源于普惠制中原产地规定的运输条件。受惠国的出口商品必须把取得优惠资格的商品直接运到给惠国，而不得在中途转卖或进行实质性的加工。

在我国，原产于其他成员国的进口货物从其他成员国直接运输到我国境内，未经任何非成员国境内；原产于其他成员国的进口货物虽经过一个或多个非成员国运输到我国境内，无论是否在这些国家转换运输工具或做临时储存，如果可以证明过境运输是由于地理原因或仅出于运输需要的考虑，产品未在这些国家进入贸易或消费领域，以及除装卸或其他为了保持产品良好状态的处理外，产品在这些国家未经其他任何加工的，视为直接运输。

中国香港 CEPA 项下的香港原产进口货物应当从香港地区直接运输至祖国内地口岸；中国澳门 CEPA 项下的进口货物不能从中国香港以外的地区或国家转运。

2. 非优惠原产地认定标准

目前，我国主要采用的非优惠原产地认定标准有完全获得标准和实质性改变标准。

（1）完全获得标准

完全在一个国家（地区）获得的货物，以该国（地区）为原产地；两个以上国家（地区）参与生产的货物，以最后完成实质性改变的国家（地区）为原产地。

以下货物视为在一国（地区）完全获得：①在该国（地区）出生并饲养的活的动物；②在该国（地区）野外捕捉、捕捞、搜集的动物；③从该国（地区）的活的动物获得的未经加工的物品；④在该国（地区）收获的植物和植物产品；⑤在该国（地区）采掘的矿物；⑥在该国（地区）获得的上述第①～⑤项范围之外的其他天然生成的物品；⑦在该国（地区）生产过程中产生的只能弃置或者回收用作材料的废碎料；⑧在该国（地区）收集的不能修复或者修理的物品，或者从该物品中回收的零件或者材料；⑨由合法悬挂该国旗帜的船舶从其领海以外海域获得的海洋捕捞物和其他物品；⑩在合法悬挂该国旗帜的加工船上加工上述第⑨项所列物品获得的产品；⑪从该国领海以外享有专有开采权的海床或者海床底土获得的物品；⑫在该国（地区）完全从上述第①～⑪项所列物品中生产的产品。

在确定货物是否在一个国家（地区）完全获得时，为运输、储存期间保存货物而做的加工或者处理，为货物便于装卸而做的加工或者处理，为货物销售而做的包装等加工或者处理等，不予考虑。

（2）实质性改变标准

当一种产品经过几个国家货物（地区）加工、制造的，以最后完成实质性加工的国家为原产国，这种标准称为实质性改变标准（substantial transformation standard）。它以税则归类改变为基本标准，税则归类改变不能反映实质性改变的，以从价百分比、制造或者加工工序等为补充标准。

税则归类改变是指在某一国家（地区）对非该国（地区）原产材料进行制造、加工后，所得货物在《进出口税则》中的4位数税号一级的税则归类发生改变。

制造或者加工工序是指在某一国家（地区）进行的赋予制造、加工后所得货物基本特征的主要工序。

从价百分比是指在某一国家（地区）对非该国（地区）原产材料进行制造加工后的增值部分，超过所得货物价值的30%。用公式表示为

$$\frac{\text{工厂交货价}-\text{非该国（地区）原产材料价值}}{\text{工厂交货价}}\times100\%\geqslant30\%$$

其中，工厂交货价是指支付给制造厂所生产的成品的价格；非该国（地区）原产材料价值是指直接用于制造或装配最终产品而进口原料、零部件的价值（含原产地不明的原料、零配件），以其进口的成本、保险费加运费价格（CIF价）计算。

（三）申报要求

申报要求主要遵守以下协议。

1.《亚太贸易协定》

1）纳税义务人除了提交其进口货物所需的单证外，还应当向海关提交受惠国政府指定机构签发的原产地证书正本作为报关单随附单证。

2）如果货物经过其他非受惠国关境，纳税义务人还应当向海关交验货物所经过的该过境国家（地区）有关部门出具的未再加工证明文件，以及自受惠国起运后换装运输工具至我国的全程提（运）单等。

3）如果货物经过中国香港、澳门地区，纳税义务人应分别提供由中国检验（香港）有限公司、中国检验认证集团澳门有限公司签发的未再加工证明文件；如果货物经过其他国家（地区），由过境地海关签发未再加工证明文件。

2.《中国-东盟全面经济合作框架协议》

货物申报进口时，进口货物收货人或者其代理人应当按照海关的申报规定填制中华人民共和国海关进口货物报关单，申明适用《中国-东盟全面经济合作框架协议》协定税率，并且应当提交由东盟成员国签证机构签发的有效原产地证书（或者流动证明）、货物的商业发票、货物的全程运输单证。

货物经过其他国家或者地区运输至我国境内的，应当提交其他国家或者地区海关出具的证明文件或者海关认可的其他证明文件。

3. 港澳CEPA

纳税义务人应当主动向申报地海关申明该货物适用零关税税率。纳税义务人除了提交其进口货物所需的单证之外，还应当向海关提交符合港澳CEPA项下规定的有效原产地证书作为报关单随附单证。

如果是中国香港CEPA项下原产于中国香港的受惠商品，应当从香港地区直接运输至祖国内地口岸，除了上述单证之外，纳税义务人还可以提交承运人提供的香港海关查

验报告以适用绿色关锁制度。

如果是中国澳门 CEPA 项下原产于中国澳门的受惠商品，且是经过中国香港转运至祖国内地口岸的，除了上述单证之外，纳税义务人还应当向海关交验在澳门签发的联运提单、中国检验（香港）有限公司出具的未再加工证明文件等。

4.《中国-巴基斯坦自由贸易协定》

进口货物收货人应当在向海关申报货物进口时，主动向海关申明适用《中国-巴基斯坦自由贸易协定》税率，并在有关货物进境报关时向海关提交巴基斯坦指定的政府机构签发的原产地证书。进口货物经过一个或者多个中国和巴基斯坦之外的国家（地区）运输的，进口货物收货人应当向海关提供下列单证：在巴基斯坦签发的联运提单、巴基斯坦有关政府机构签发的原产地证书、货物的原始商业发票副本等。

5.“特别优惠关税待遇”项下受惠进口货物

有关货物在进口报关时，进口货物收货人应当主动向进境地海关申明有关货物享受特别优惠关税，并提交出口受惠国原产地证书签发机构签发的由该国海关于出口时加盖印章的原产地证书。

6.《中国-智利自由贸易协定》

货物申报进口时，进口货物收货人应当主动向海关提交智利外交部国际经济关系总司在货物出口前签发或者出口后 30 日内签发的原产地证书正本。

原产于智利的货物，价格不超过 600 美元且不属于为规避有关规定而实施或者安排的一次或者多次进口货物的，免予提交原产地证书。

7.《中国-新西兰自由贸易协定》

货物申报进口时，进口货物收货人或其代理人应当按照海关的申报规定填制中华人民共和国海关进口货物报关单，申明适用《中国-新西兰自由贸易区协定》税率，并提交由授权签证机构签发的有效原产地证书正本。为进一步促进《中国-新西兰自由贸易协定》项下进出口货物通关便利，《中国-新西兰自由贸易协定》项下原产地电子信息交换系统已上线运行。在货物进口申报环节，如果海关已收到有关原产地证书电子信息，且与进口人申报内容一致，海关不再要求进口人提交原产地证书正本。海关认为有必要时，进口人应当补充提交相关原产地证书正本。

原产于新西兰的进口货物，每批经海关审定的货物完税价格不超过 1000 美元的，可免于提交原产地证书，但进口货物收货人应当提交符合规定格式的原产地声明。

8.《中国-新加坡自由贸易协定》

货物申报进口时，进口货物收货人或其代理人应当按照海关的申报规定填制中华人民共和国海关进口货物报关单，申明适用《中国-新加坡自由贸易协定》税率，并提交由授权签证机构在货物出口前、出口时或者在货物装运后 3 日内签发的有效原产地证书正本。

原产于新加坡的进口货物，每批货物出口价格（FOB）不超过600美元的，免于提交原产地证书。进口货物收货人应当同时按照有关要求就进口货物具备原产资格进行书面声明。

9.《中国-秘鲁自由贸易协定》

货物申报进口时，进口货物收货人或其代理人应当按照海关的申报规定填制中华人民共和国海关进口货物报关单，申明适用《中国-秘鲁自由贸易协定》税率，并提交由授权签证机构签发的有效原产地证书正本。

原产于秘鲁的进口货物，每批经海关审定的货物完税价格不超过1000美元的，可免于提交原产地证书。进口货物收货人应当同时按照有关要求就进口货物具备原产资格进行书面声明。

10.《海峡两岸经济合作框架协议》

货物申报进口时，进口货物收货人或其代理人应当按照海关的申报规定填制中华人民共和国海关进口货物报关单，申明适用协定税率，并提交由台湾签证机构签发的有效原产地证书。

《海峡两岸经济合作框架协议》项下原产地电子信息交换系统已上线运行。在货物进口申报环节，如果海关已收到有关原产地证书电子信息，且与进口人申报内容一致，海关不再要求进口人提交原产地证书正本。海关认为有必要时，进口人应当补充提交相关原产地证书正本。货物经过其他国家或地区运输至我国境内的，相关货物进入第三方停留时间最长不得超过60日。

11.《中国-哥斯达黎加自由贸易协定》

货物申报进口时，进口货物收货人或其代理人应当按照海关的申报规定填制中华人民共和国海关进口货物报关单，申明适用《中国-哥斯达黎加自由贸易协定》税率，并提交由授权签证机构签发的有效原产地证书正本。

原产于哥斯达黎加的进口货物，每批货物海关审定完税价格不超过600美元的，免于提交原产地证书。进口货物收货人应当同时按照有关要求就进口货物具备原产资格进行书面声明。

12.《中国-冰岛自由贸易协定》

货物申报进口时，进口货物收货人或其代理人应当按照海关的申报规定填制中华人民共和国海关进口货物报关单，申明适用《中国-冰岛自由贸易协定》税率，并提交由授权签证机构签发的有效原产地证书正本。

原产于冰岛的进口货物，每批货物海关审定完税价格不超过600美元的，免于提交原产地证书或者原产地声明。为规避本规定，一次或者多次进口货物的，不适用本规定。

13.《中国-瑞士自由贸易协定》

货物申报进口时，进口货物收货人或其代理人应当按照海关的申报规定填制中华人民民共和国海关进口货物报关单，申明适用《中国-瑞士自由贸易协定》税率，并提交由瑞士关境授权机构签发的有效原产地证书正本或者经核准出口商出具的原产地声明。

原产于瑞士关境的同一批次进口货物，经海关依法审定的完税价格不超过 600 美元的，免于提交原产地证书或者原产地声明。为规避本规定，一次或者多次进口货物的，不适用本规定。

14.《中国-澳大利亚自由贸易协定》

货物申报进口时，进口货物收货人或其代理人应当按照海关的申报规定填制中华人民共和国海关进口货物报关单，申明适用《中国-澳大利亚自由贸易协定》税率，并提交由授权签证机构签发的有效原产地证书正本或规定格式的原产地声明。

原产于澳大利亚的同一批次进口货物，海关审定完税价格不超过 6000 元的，免于提交原产地证书或者原产地声明。为规避本规定，一次或者多次进口货物的，不适用本规定。

15.《中国-韩国自由贸易协定》

货物申报进口时，进口货物收货人或其代理人应当按照海关的申报规定填制中华人民共和国海关进口货物报关单，申明适用《中国-韩国自由贸易协定》税率，并提交由授权签证机构签发的有效原产地证书正本。为进一步促进《中国-韩国自由贸易协定》项下进出口货物通关便利，《中国-韩国自由贸易协定》项下原产地电子信息交换系统已上线运行。在货物进口申报环节，如果海关已收到有关原产地证书电子信息，且与进口人申报内容一致，海关不再要求进口人提交原产地证书正本。海关认为有必要时，进口人应当补充提交相关原产地证书正本。

原产于韩国的进口货物，同一批次进口货物海关审定完税价格不超过 700 美元的，免于提交原产地证书。为规避本规定，一次或者多次进口货物的，不适用本规定。

16.《中国-格鲁吉亚自由贸易协定》

货物申报进口时，进口货物收货人或其代理人应当按照海关的申报规定填制中华人民共和国海关进口货物报关单，申明适用《中国-格鲁吉亚自由贸易协定》税率，并提交有效原产地证书。

原产于格鲁吉亚的进口货物，同一批次进口货物海关审定完税价格不超过 600 美元的，免于提交原产地证书。为规避本规定，一次或者多次进口货物的，不适用本规定。

（四）原产地证明书

原产地证明书是证明产品原产于某地的书面文件。它是受惠国的产品出口到给惠国时享受关税优惠的凭证，同时也是进口货物是否适用反倾销、反补贴税率及保障措施等贸易政策的参考凭证。

1. 适用优惠原产地规则的原产地证明书

（1）《亚太贸易协定》规则的原产地证明书

进口原产地证书应由出口成员国政府指定机构签发。进口货物收发货人或其代理人向海关提交的原产地证书、流动证明应当同时满足以下要求：由《亚太贸易协定》成员国签证机构签发；符合规定格式，以英文填制；原产地证书、流动证明的签证机构印章、签证人员签名与《亚太贸易协定》成员国通知中国海关的签证机构印章、签证人员签名样本相符；所列的一项或者多项货物为同一批次货物；具有唯一的证书编号；注明货物具备原产资格的依据。

进口货物原产地证书应当在货物装运前或者装运时签发；因不可抗力未能在货物装运前或者装运时签发的，可以在货物装运后 3 日内签发。进口货物原产地证书自签发之日起 12 个月内有效；流动证明的有效期与其据以签发的原产地证书的有效期相同。

（2）《中国-东盟全面经济合作框架协议》规则的原产地证明书

进口原产地证书应由出口成员国政府指定机构签发。进口货物收货人或其代理人向海关提交的原产地证书、流动证明应当同时满足以下要求：由中国或者东盟成员国授权机构签发；符合规定格式，以英文填制并由出口商署名和盖章；具有唯一的证书编号；所列的一项或者多项货物为同一批次货物；原产地证书、流动证明的签证机构印章、签证人员签名与中国海关和东盟成员国通知的签证机构印章、签证人员签名样本相符；注明货物具备原产资格的依据。

进口货物原产地证书应当在货物装运前或者装运时签发；因不可抗力未能在货物装运前或者装运时签发的，可以在货物装运后 3 日内签发。进口货物原产地证书自签发之日起 12 个月内有效；流动证明的有效期与其据以签发的原产地证书的有效期相同。

（3）港澳 CEPA 的原产地证明书

一个原产地证书只适用于一批进口货物，不可多次使用；一份报关单不可涉及多份原产地证书或含非原产地证书商品。

海关因故无法进行联网核对时，在应纳税义务人书面申请并经海关审批同意后，可以按照适用的最惠国税率或者暂定税率征收相当于应缴税款的等值保证金后先予放行货物，并按规定办理进口手续。

海关应当自该货物放行之日起 90 日内核定其原产地证书的真实情况，根据核查结果办理退还保证金手续或者保证金转税手续。

（4）《中国-巴基斯坦自由贸易协定》规则的原产地证明书

提交原产地证书正本必须用国际标准 A4 纸印制，所用文字为英文。原产地证书不得涂改及叠印。

原产地证书应当由巴基斯坦有关政府机构在货物出口前或出口时，或者在货物实际出口后 15 日内签发。未能在规定的日期签发原产地证书的货物，进口货物收货人可以向申报地海关提交在货物装运之日起 1 年内签发的注明“补发”字样的原产地证书。

如果原产地证书被盗、遗失或者毁坏，在该证书签发之日起 1 年内，进口货物收货人可以要求出口货物发货人向原签证机构申请签发经证实的原产地证书真实复制本，原产地证书第 12 栏中须注明“经证实的真实复制本”。该复制本应当注明原证正本的签发日期。

除不可抗力外，原产地证书应当自签发之日起 6 个月内向我国海关提交，如果货物运输经过一个或者多个中国和巴基斯坦之外的国家（地区），上述所规定的原产地证书提交期限延长至 8 个月。

从巴基斯坦进口享受《中国-巴基斯坦关于自由贸易协定早期收获计划的协议》（以下简称《中巴早期收获协议》）协定税率的货物在向海关申报之后、海关放行之前，目的地发生变化需要运往其他国家的，进口货物的收货人应当向海关提出书面申请，海关对原产地证书进行背书后将原产地证书返还进口货物收货人。

由巴基斯坦运至我国展览并在展览期间或者展览后销售到我国的货物，如果符合《中国-巴基斯坦自由贸易区原产地规则》的要求，可以享受《中巴早期收获协议》协定税率。

（5）“特别优惠关税待遇”进口货物规则的原产地证明书

原产地证书有效期为自签发之日起 180 天，用国际标准 A4 纸印制，所用文字为英文。进口货物收货人向海关申报时应当提交正本及第二副本。

（6）《中国-智利自由贸易协定》规则的原产地证明书

进口货物收货人向海关提交的智利原产地证书必须符合规定格式，所用文字应当为英文，并且加盖有“正本（ORIGINAL）”字样的印章。

原产地证书上所列的一项或者多项货物应当为同一批次进口到中国的原产于智利的货物。一份原产地证书应当仅对应一份报关单。

原产地证书自签发之日起 1 年内有效。进口货物收货人应当向海关提交在有效期内的原产地证书。

（7）《中国-新西兰自由贸易协定》规则的原产地证明书

进口货物收货人或其代理人向海关提交的原产地证书应当同时符合以下几点：双方商定格式，以英文填制，并加盖“正本”字样印章；原产地证书签证机构印章、签证人员签名与新西兰通知中国海关的签证机构印章、签证人员签名样本相符；具有不重复的原产地证书编号；所列一项或多项货物应当为同一批次进口货物；注明确定货物具有原产资格的依据。

该协议项下进口货物原产地证书自出口方签发之日起 1 年内有效。

（8）《中国-新加坡自由贸易协定》规则的原产地证明书

进口货物收货人或其代理人向海关提交的原产地证书应当同时符合以下几点：双方商定格式，以英文填制，由新加坡授权机构签发；原产地证书签证机构印章与新西兰通知中国海关的签证机构印章样本相符；所列一项或多项货物应当为同一批次进口货物。

该协议项下进口货物原产地证书自出口方签发之日起 1 年内有效。

（9）《中国-秘鲁自由贸易协定》规则的原产地证明书

进口货物收货人或其代理人向海关提交的原产地证书应当同时符合以下几点：双方商定格式，以英文填制，由秘鲁政府授权机构在出口前或出口时签发；原产地证书签证机构印章与秘鲁通知中国海关的签证机构印章样本相符；所列的一项或多项货物应当为同一批次进口货物，仅有一份正本，具有不重复的原产地证书编号；注明确定货物具有原产资格的依据。

原产地证书自出口方签发之日起 1 年内有效。

（10）《海峡两岸经济合作框架协议》规则的原产地证明

进口货物收货人或其代理人向海关提交的原产地证书应当同时符合以下几点：双方商定格式，正确填制、署名和签章；由签证机构在货物申报出口前签发；仅有一份正本并且具有单一证书编号；所列的货物为同一批次进口货物，项数不超过 20 项；一份进口报关单所列货物对应一份原产地证书。

该协议项下进口货物原产地证书自出口方签发之日起 1 年内有效。

（11）《中国-哥斯达黎加自由贸易协定》规则的原产地证明

进口货物收货人或其代理人向海关提交的原产地证书应当同时符合以下几点：双方商定格式，以英文填制；由哥斯达黎加授权机构在货物出口前或出口时签发；原产地证书签证机构印章与哥斯达黎加通知中国海关的签证机构印章样本相符；所列一项或多项货物应当为同一批次进口货物；仅有一份正本且具有不重复的原产地证书编号；注明确定货物具有原产资格的依据。

该协议项下进口货物原产地证书自出口方签发之日起 1 年内有效。

（12）《中国-冰岛自由贸易协定》规则的原产地证明

进口货物收货人或其代理人向海关提交的原产地证书应当同时符合双方商定的具有唯一的证书编号；列明同一批进口货物的一项或者多项货物；注明货物具有原产资格的依据；具有冰岛通知中国海关的签名或者印章样本等安全特征；以英文打印填制。

产地证书应在货物出口前或者出口时签发，自签发之日起 1 年内有效。

（13）《中国-瑞士自由贸易协定》规则的原产地证明

进口货物收货人或其代理人向海关提交的原产地证书应当同时符合以下几点：双方商定格式，以英文填制；由瑞士授权机构在货物出口前或出口时签发；含有瑞士通知中国海关的印章样本等安全特征；自签发之日起 12 个月内有效。

（14）《中国-澳大利亚自由贸易协定》规则的原产地证明

进口货物收货人或其代理人向海关提交的原产地证书应当同时符合以下几点：原产地证书应当由澳大利亚授权机构在货物出口前或者出口时签发；具有澳大利亚通知中国海关的印章样本等安全特征；以英文填制；自签发之日起 12 个月内有效。

原产地证书未能在货物出口前或者出口时签发的，可以在货物装运之日起 12 个月内补发。补发的原产地证书应当注明“补发”字样，其有效期为货物装运之日起 12 个月。

（15）《中国-韩国自由贸易协定》规则的原产地证明

进口货物收货人或其代理人向海关提交的原产地证书应当同时符合以下几点：原产地证书应当由韩国授权机构在货物装运前、装运时或者装运后 7 个工作日内签发；具有签名及印章等安全特征，并且印章应当与韩国通知中国海关的印章样本相符；以英文填制；具有不重复的证书编号；注明货物具备原产资格的依据；自签发之日起 12 个月内有效。

原产地证书未能在货物装运前、装运时或者装运后 7 个工作日内签发的，原产地证书可以在货物装船之日起 12 个月内补发。补发的原产地证书应当注明“补发”字样。

（16）《中国-格鲁吉亚自由贸易协定》规则的原产地证明

进口货物收货人或其代理人向海关提交的原产地证书应当同时符合以下几点：由格鲁吉亚授权机构在货物装运前或者装运时签发；具有唯一的证书编号；涵盖同一批次发运的一项或多项货物；注明货物具备原产资格的依据；具有样本签名或者印章等安全特征，并且印章应当符合格鲁吉亚通知中国海关的印章样本；以英文填制；自签发之日起 12 个月内有效。

原产地证书未能在货物装运前或者装运时签发的，可以补发。补发的原产地证书应当注明“补发”字样，其有效期为货物装运之日起12个月。

2. 适用非优惠原产地规则的原产地证明书

（1）对适用反倾销、反补贴措施的进口商品的要求

对适用反倾销、反补贴措施的进口商品有以下几点要求：①进口经营单位申报进口与实施反倾销措施的被诉倾销产品（以下简称被诉倾销产品）相同的货物时，应向海关提交原产地证书；②对于加工贸易保税进口与被诉倾销产品相同的货物，进口经营单位在有关货物实际进口申报时，也应向海关提交原产地证书；③对于在反倾销措施实施之前已经申报进口的加工贸易和其他保税进口货物，因故申报内销是在反倾销措施实施期间的，进口经营单位应在申报内销时向海关提交原产地证书；④对于进口经营单位确实无法提交原产地证书、经海关实际查验不能确定货物的原产地的，海关按与该货物相同的被诉倾销产品的最高反倾销税率或保证金征收比率征收反倾销税或现金保证金。

（2）对适用最终保障措施的进口商品的要求

自海关总署公告规定的加征关税之日起，进口企业申报进口涉案产品时，不能提供不适用最终保障措施的国家（地区）的原产地证书或尚不应加征关税的适用最终保障措施的国家（地区）的原产地证书，或者海关对其所提供的原产地证书的真实性有怀疑的，若经海关审核有关单证（包括合同、发票、提运单等）及对货物实际验估能够确定原产地的，应按照相关规定处理；仍不能确定原产地，且进口企业也不能进一步提供能够证明原产地的其他材料的，应在现行适用的关税税率基础上，按照相应的涉案产品适用的加征关税税率加征关税。

在海关审核认定原产地期间，进口企业可在提供相当于全部税款的保证金担保后，要求先行验放货物。

原产地证书并不是确定货物原产地的唯一标准。若海关通过查验货物或审核单证认为所提供的原产地证书可能不真实，海关将根据原产地规则标准予以确认。

（五）对原产于台湾地区的部分进口鲜水果、农产品实施零关税（台湾农产品零关税措施）

进口地海关凭经海关总署认可的台湾地区签发水果、农产品产地证明文件的有关机构和民间组织于实施日后签发的能够证明水果或农产品原产于台湾地区的产地证明文件，办理享受零关税水果、农产品的征税验放手续。

（六）原产地预确定制度

进口货物的收货人或经营单位在有正当理由的情况下，可以向直属海关申请对其将要进口的货物的原产地进行预确定，同时应当填写进口货物原产地预确定申请书并提交下列文件材料：①申请人的身份证明文件；②能说明将要进口货物情况的有关文件资料，包括进口货物的商品名称、规格、型号、税则号列、产品说明书等；③说明该项交易情况的文件材料，如进口合同、意向书、询价和报价单及发票等；④海关要求提供的其他文件资料。

海关应当在收到原产地预确定书面申请及全部必要资料之日起 150 天日，依照《中华人民共和国进出口货物原产地条例》的规定对该进口货物作出原产地预确定决定，并对外公布。

已作出原产地预确定决定的货物，自预确定决定作出之日起 3 年内实际进口时，与预确定决定所述货物相符，且原产地确定标准未发生变化的，海关不再重新确定该进口货物的原产地；不相符的，海关应当重新审核确定原产地。

二、税率的适用

（一）税率适用的规定

1. 进口税率适用原则

对于同时适用多种税率的进口货物，在选择适用的税率时，基本的原则是“从低适用”，特殊情况除外。

（1）协定税率

原产于共同适用最惠国待遇条款的世界贸易组织成员的进口货物，原产于与我国签订含有相互给予最惠国待遇条款的双边贸易协定的国家或地区的进口货物，以及原产于我国境内的复进口货物，适用最惠国税率。

原产于与我国签订含有关税优惠条款的区域性贸易协定的国家或者地区的进口货物，适用协定税率。

原产于与我国签订含有特殊关税优惠条款的贸易协定的国家或地区的进口货物，适用特惠税率。

（2）暂定税率

有暂定税率的进口货物，不同情况下适用的税率不同，如表 5.1 所示。

表 5.1 暂定税率的进口货物适用税率

与暂定税率同时存在的情形	适用税率
适用最惠国税率的进口货物有暂定税率的	暂定税率
适用协定税率、特惠税率的进口货物有暂定税率的	从低适用税率
适用普通税率的进口货物	不适用暂定税率
无法确定原产国（地区）的进口货物	适用普通税率

（3）关税配额税率

按照国家规定实行关税配额管理的进口货物，关税配额内的，适用关税配额税率；关税配额外的，其税率的适用按其所适用的其他相关规定执行。

（4）其他税率

其他情况下适用的税率包括以下几点。①按照有关法律、行政法规的规定对进口货物采取反倾销、反补贴、保障措施的，其税率的适用按照《中华人民共和国反倾销条例》、《中华人民共和国反补贴条例》和《中华人民共和国保障措施条例》的有关规定执行。②报复性关税税率。违反与我国签订或者共同参加的贸易协定及相关协定，对我国在贸易方面采取禁止、限制、加征关税或者其他影响正常贸易的措施的国家或地区，对原产于该国家或地区的进口货物可以征收报复性关税，适用报复性关税税率。③原产于与我国达成优惠贸易协定的国家或地区并享受协定税率的商品，属于我国实施反倾销或反补贴措施范围内的，应按照优惠贸易协定税率计征进口关税；属于我国采取保障措施范围内的，应在该商品全部或部分中止、撤销、修改关税减让义务后所确定的适用税率基础上计征进口关税。④执行国家有关进出口关税减征政策时，首先应当在最惠国税率基础上计算有关税目的减征税率，然后根据进口货物的原产地及各种税率形式的适用范围，将这一税率与同一税目的特惠税率、协定税率、进口暂定最惠国税率进行比较，税率从低执行，但不得在暂定最惠国税率基础上再进行减免。⑤从 2002 年起，我国对部分非全税目信息技术产品的进口按 ITA（information technology associates，信息技术协议）税率征税。

2. 出口税率适用原则

对于出口货物，在计算出口关税时，出口暂定税率的执行优先于出口税率。

（二）税率的实际运用

进出口货物应当适用海关接受该货物申报进口或者出口之日实施的税率。实际运用时存在以下不同情况。①进口货物到达前，经海关核准先行申报的，适用装载该货物的运输工具申报进境之日实施的税率。②进口转关运输货物，适用指运地海关接受该货物申报进口之日的税率；运抵指运地前先行申报的，适用装载该货物的运输工具抵达指运地之日实施的税率。③出口转关运输货物，适用起运地海关接受该货物申报出口之日实施的税率。④实行集中申报的进出口货物，适用海关接受该货物申报之日实施的税率。⑤因超过规定期限未申报而由海关依法变卖的进口货物，适用装载该货物的运输工具申报进境之日实施的税率。⑥纳税义务人违反规定需要追征税款的进出口货物，适用违反规定的行为发生之日实施的税率；行为发生之日不能确定的，适用海关发现该行为之日实施的税率。⑦已申报进境并放行的保税货物、减免税货物、租赁货物或者已申报进出境并放行的暂时进出境货物，有下列情形之一须缴纳税款的，应当适用海关接受纳税义务人再次填写报关单申报办理纳税及有关手续之日实施的税率：保税货物经批准不复运出境的；保税仓储货物转入国内市场销售的；减免税货物经批准转让或者移作他用的；可暂不缴纳税款的暂时进出境货物，经批准不复运出境或者进境的；租赁进口货物，分期缴纳税款的。

进出口货物关税的补征和退还，按照上述规定确定适用的税率。

第四节　进出口税费的计算

我国进出口关税一律以人民币计征，起征点为人民币 50 元，进出口货物的成交价格及有关费用以外币计价的，计算税款前海关按照该货物适用税率之日所适用的计征汇率折合为人民币计算完税价格，采用四舍五入法计算至分。

海关每月使用的计征汇率为上一个月第三个周三（第三个周三为法定节假日的，顺延采用第四个周三）中国人民银行公布的外币对人民币的基准汇率；以基准汇率币种以外的外币计价的，采用同一时间中国人民银行公布的现汇买入价和现汇卖出价的中间值（人民币元后采用四舍五入法保留小数点后 4 位）。

一、进口税费的计算

（一）从价税

1. 计算公式

从价税的相关计算公式为

$$进口关税税额=进口货物完税价格\times进口从价关税税率$$

其中：

进口货物完税价格使用 CIF 贸易术语成交并经海关审定

$$进口关税税额=CIF\times进口从价关税税率$$

进口货物完税价格使用 FOB 贸易术语成交并经海关审定

$$进口关税税额=（FOB+运输及相关费用+保险费）\times进口从价关税税率$$

进口货物完税价格使用 CFR 贸易术语成交并经海关审定

$$进口关税税额=（CFR+保险费）\times进口从价关税税率$$

或

$$进口关税税额=\frac{CFR}{1-保险费率}\times进口从价关税税率$$

2. 计算例题

大连某公司从日本购进某品牌轿车 15 辆，成交价格合计为 FOB osaka 120 800 美元，佣金 2%。另外，实际支付运费 5500 美元，保险费率 0.3%。已知汽车的规格为 4 座位，汽缸容量为 2000 毫升。计算应征进口关税（适用中国银行的外汇折算价为 1 美元＝6.39 元人民币）。

1）确定税则归类，汽缸容量 2000 毫升的小轿车归入税号 8703.2314。

2）原产国日本适用最惠国税率 15%。

3）计算完税价格，即

$$\begin{aligned}完税价格&=\frac{FOB价格+运费}{1-保险费率}\\&=\frac{120\,800\times6.39+120\,800\times6.39\times2\%+5500\times6.39}{1-0.3\%}\\&\approx824\,970.15（元）\end{aligned}$$

4）计算应纳税款，即

$$应纳进口关税税额=824\,970.15\times15\%\approx123\,745.52（元）$$

（二）从量税

1. 计算公式

从量税的计算公式为

从量税应征税额＝进口货物数量×单位税额

2. 计算例题

上海某公司从日本购进柯达彩色胶卷 40 000 卷（1 卷＝0.057 75 平方米），规格为 135/36，价格为 CIF 上海 1.2 美元/卷。计算应征进口关税（适用中国银行的外汇折算价为 1 美元＝6.39 元人民币）。

1）经查，彩色胶卷归入税号 3702.5410。

2）原产地日本适用最惠国税率 120 元/平方米。

3）确定其实际进口量：40 000×0.05775＝2310（平方米）。

4）计算应征税款，即

应征进口关税税额＝2310×120＝277 200（元）

（三）复合关税

1. 计算公式

复合关税的计算公式为

复合关税应征税额＝进口货物的完税价格×进口从价关税税率
＋进口货物数量×单位税额

2. 计算例题

2020 年，国内某公司从日本购进广播级录像机 80 台，其中 30 台成交价格为 CIF 境内某口岸 2300 美元/台，其余 50 台成交价格为 CIF 境内某口岸 1890 美元/台。计算应征进口关税（适用中国银行的外汇折算价为 1 美元＝6.39 元人民币）。

1）确定税则归类，该批录像机归入税号 8521.1011。

2）货物原产国日本适用最惠国税率：完税价格不高于 2000 美元/台的，适用单一从价税税率 30%；完税价格高于 2000 美元/台的，每台征收 3%的从价税和 4482 元的从量税。

3）计算完税价格，广播级录像机 30 台的成交价格为 69 000（2300×30）美元，50 台的成交价格为 94 500（1890×50）美元。

4）将外币价格折算成人民币分别为 440 910（69 000×6.39）元和 603 855（94 500×6.39）元。

5）按照计算公式分别计算进口关税税款，即

30 台从价进口关税税额＝货物数量×单位税额＋完税价格×关税税率
＝30×4482＋440 910×3%
＝134 460＋13 227.3
＝147 687.3（元）

50 台进口关税税额＝完税价格×进口关税税率
＝603 855×30%
＝181 156.5（元）

80 台合计进口关税税额＝147 687.3＋181 156.5＝328 843.8（元）

二、反倾销税税款的计算

1. 计算公式

反倾销税的计算公式为

反倾销税税额＝完税价格×适用的反倾销税税率

2. 计算例题

2020 年 7 月，国内某公司从美国购进氨纶（税则税号为 5402.4920）30 吨，成交价格为 CIF 境内某口岸 12 000 美元/吨，税则中的最惠国税率为 5%，该批货物适用 46%的反倾销税税率。计算应缴纳的进口关税税额及反倾销税税额（适用中国银行的外汇折价为 1 美元＝6.39 元人民币）。

1）确定归入税号 5402.4920。

2）原产国美国使用最惠国税率 5%，从美国进口氨纶的反倾销税税率为 46%。

3）计算完税价格：

完税价格＝12 000×30×6.39＝2 300 400（元）

4）计算应缴纳的进口关税：

应纳法定进口关税税额＝2 300 400×5%＝115 020（元）

5）计算应缴纳的反倾销税：

反倾销税税额＝完税价格×反倾销税税率
＝2 300 400×46%
＝1 058 184（元）

三、出口关税税款的计算

1. 计算公式

出口关税的计算公式为

应征出口关税税额＝出口货物完税价格×出口关税税率

$$出口货物完税价格=\frac{FOB价格}{1+出口关税税率}$$

出口货物以 FOB 价格成交的，应以该价格扣除出口关税后作为完税价格。以其他价格成交的，应换算成 FOB 价格后再按上述公式计算。

2. 计算例题

某进出口公司出口硫酸镁（税则税号为 2833.2100）1000 吨，申报价格 FOB 上海 95 美元/吨，当时的外汇牌价为 1 美元＝6.39 元人民币，税率为 0。计算应纳出口关税税额。

1）确定税则归类，该批硫酸镁归入税号 2833.2100，出口税率为 0。

2）计算成交价格并换算成人民币，即

$$成交价格=1000\times95\times6.39=607\ 050（元）$$

3）计算出口关税税额，即

$$\begin{aligned}出口关税税额&=\frac{成交价格}{1+出口关税税率}\times出口关税税率\\&=\frac{607\ 050}{1+0}\times0\\&=0（元）\end{aligned}$$

四、进口环节海关代征税的计算

（一）消费税税款的计算

1. 计算公式

从价征收的消费税计算公式为

$$消费税应纳税额=消费税组成计税价格\times消费税比例税率$$

其中：

$$消费税组成计税价格=\frac{关税完税价格+关税税额}{1-消费税比例税率}$$

从量征收的消费税的计算公式为

$$消费税应纳税额=应征消费税进口数量\times消费税定额税率$$

同时实行从量、从价征收的消费税计算公式为

$$\begin{aligned}消费税应纳税额=&应征消费税进口数量\times消费税定额税率\\&+消费税组成计税价格\times消费税比例税率\end{aligned}$$

2. 计算例题

某贸易公司从日本进口了1000箱啤酒，规格为24瓶/箱（400毫升/瓶）（1吨=988升），成交价格为CIF大连1180美元。计算该批啤酒的应纳消费税税额（适用外汇牌价为1美元=6.39元人民币）。

1）将进口货物的计量单位折算为计税单位，即

$$\frac{(1000\times24\times400)\times0.001}{988}\approx9.72（吨）$$

2）确定消费税税率。进口完税价格大于等于370美元/吨的消费税税率为250元/吨，进口完税价格小于370美元/吨的消费税税率为220元/吨。

$$单位完税价格=\frac{1180}{9.72}\approx121.4（美元/吨）<370（美元/吨）$$

3）计算进口环节消费税，即

$$\begin{aligned}进口环节消费税税额&=应征消费税消费品数量\times消费税单位税额\\&=9.72\times220\\&=2\ 138.40（元）\end{aligned}$$

（二）增值税税款的计算

1. 计算公式

增值税的相关计算公式为

$$\text{应纳增值税税额}=\text{增值税组成计税价格}\times\text{增值税税率}$$

$$\text{增值税组成计税价格}=\text{关税完税价格}+\text{关税税额}+\text{消费税税额}$$

2. 计算例题

上海某汽车贸易公司从日本进口 150 辆汽车，成交价格 CIF 上海 1 020 000 日元/辆，且经上海海关审定。查该汽车的适用关税税率为 15%，增值税税率为 17%，消费税税率为 9%。计算应纳进口环节增值税税额（外汇牌价为 100 日元＝6.8531 元人民币）。

1）确定进口货物完税价格并折算成人民币，即

$$\text{完税价格}=1\,020\,000\times150\times0.068\,531=10\,485\,243\text{（元）}$$

2）计算关税税额，即

$$\text{应纳关税税额}=\text{关税完税价格}\times\text{关税税率}=10\,485\,243\times15\%=1\,572\,786.45\text{（元）}$$

3）计算消费税税额，即

$$\begin{aligned}\text{应纳消费税税额}&=\frac{\text{进口关税完税价格}+\text{进口关税税额}}{1-\text{消费税税率}}\times\text{消费税税率}\\&=\frac{10\,485\,243+1\,572\,786.45}{1-9\%}\times9\%\\&=1\,192\,552.36\text{（元）}\end{aligned}$$

4）计算增值税税额

$$\begin{aligned}\text{应纳增值税税额}&=\text{（进口关税完税价格}+\text{进口关税税额}+\text{消费税税额）}\times\text{增值税税率}\\&=(10\,485\,243+1\,572\,786.45+1\,192\,552.36)\times17\%\\&\approx2\,252\,598.91\text{（元）}\end{aligned}$$

五、滞纳金的计算

1. 计算公式

滞纳金的相关计算公式为

$$\text{关税滞纳金金额}=\text{滞纳关税税额}\times0.5‰\times\text{滞纳天数}$$

$$\text{进口环节代征税滞纳金金额}=\text{滞纳的进口环节海关代征税税额}\times0.5‰\times\text{滞纳天数}$$

2. 计算例题

某进出口公司进口一批货物，经海关审核其成交价格总值为 CIF 境内某口岸 US$8 000.00。已知该批货物应征关税税额为 25 140.00 元人民币，应征增值税税额为 17 273.30 元人民币。海关于 2018 年 10 月 14 日填发海关专用缴款书，该公司于 2018 年 11 月 9 日缴纳税款。计算应征的滞纳金。

1）确定滞纳天数，然后计算应缴纳的关税和增值税的滞纳金金额。

税款缴款期限为2018年10月28日，10月29日—11月9日为滞纳期，共滞纳12天。

2）计算关税滞纳金金额，即

$$
\begin{aligned}
\text{关税滞纳金金额} &= \text{滞纳关税税额} \times 0.5‰ \times \text{滞纳天数} \\
&= 25\,140.00 \times 0.5‰ \times 12 \\
&= 150.84\text{（元）}
\end{aligned}
$$

3）计算进口环节增值税滞纳金金额，即

$$
\begin{aligned}
\text{进口环节增值税滞纳金金额} &= \text{滞纳的进口环节海关代征增值税税额} \times 0.5‰ \times \text{滞纳天数} \\
&= 17\,273.30 \times 0.5‰ \times 12 \\
&\approx 103.64\text{（元）}
\end{aligned}
$$

4）计算滞纳金总金额，即

$$
\text{应缴纳滞纳金总金额} = 150.84 + 103.64 = 254.48\text{（元）}
$$

第五节 进出口税费的缴纳、减免与退补

一、税款的缴纳

1. 缴纳方式

目前，纳税义务人向海关缴纳税款主要以进出口地纳税方式，也可采取属地纳税方式。进出口地纳税方式是指纳税义务人在货物的进出境地向海关缴纳税款；属地纳税方式是指经海关批准纳税义务人在其所在地向其主管海关缴纳税款。纳税义务人既可持缴款书到指定银行营业柜台办理税费缴付手续，也可向签有协议的银行办理电子缴付税费手续。

2. 缴纳凭证

海关征收进口货物的关税、进口环节增值税、消费税、吨税等的滞纳金时，应向纳税义务人或其代理人填发海关专用缴款书。纳税义务人或其代理人应持凭海关专用缴款书向银行缴纳税款。

二、进出口税款的退还

1. 退税范围

以下情况海关应向原纳税义务人退还税款：①已缴纳进口关税和进口环节代征税税款的进口货物，因品质或者规格原因原状退货复运出境的；②已缴纳出口关税的出口货物，因品质或者规格原因原状退货复运进境，并已重新缴纳因出口而退还的国内环节有关税收的；③已缴纳出口关税的货物，因故未装运出口，已退关的；④已征税放行的散装进出口货物发生短卸、短装，该货物的发货人、承运人或者保险公司已对短卸、短装部分退还或者赔偿相应货款的，纳税义务人可以向海关申请退还进口或者出口短卸、短装部分的相应税款；⑤进出口货物因残损、品质不良、规格不符的原因，由进出口货物的发货人、发运人或者保险公司赔偿相应货款的，纳税义务人可以向海关申请退还赔偿

货款部分的相应税款；⑥因海关误征，致使纳税义务人多缴税款的。

2. 退税期限

纳税义务人发现多缴税款的，自缴纳税款之日起1年内，可以以书面形式要求海关退还多缴的税款并加算银行同期活期存款利息。

进口环节增值税已予抵缴的除国家另有规定外不予退还。已征收的滞纳金不予退还。退税必须在原征税海关办理。海关应当自受理退税申请之日起30日内查实并通知纳税义务人办理退还手续。纳税义务人应当自收到通知之日起3个月内办理有关退税手续。

3. 退税凭证

海关退还已征收的关税和进口环节代征税时，应填发收入退还书（海关专用），同时通知原纳税义务人或其代理人。海关将收入退还书（海关专用）送交指定银行划拨款项。

收入退还书（海关专用）第一联为收账通知，交收款单位；第二联为付款凭证，由退款国库作付出凭证；第三联为收款凭证，由收款单位开户银行作收入凭证；第四联为付款通知，由国库随收入统计表送退库海关；第五联为报查凭证，由国库将进口环节代征税的送当地税务机关，关税的送退库海关；第六联为存根，由填发海关存查。

三、进出口税收的减免

（一）含义

进出口税收减免是指按照《海关法》、《进出口关税条例》和其他有关法律、行政法规的规定，对进出口货物的关税和进口环节海关代征税给予减征或免征。它可分为如下3种。

1）法定减免税。法定减免税是指按照《海关法》、《进出口关税条例》和其他法律、行政法规的规定，进出口货物可以享受的减免关税优惠。海关对法定减免税货物一般不进行后续管理。

2）特定减免税。特定减免税是指海关根据国家规定，对特定地区、特定用途和特定企业给予的减免关税和进口环节海关代征税的优惠，也称政策性减免税。

3）临时减免税。临时减免税是指法定减免税和特定减免税以外的其他减免税，国务院根据某个单位某类商品、某个时期或某批货物的特殊情况和需要，给予特别的临时性减免税优惠。一般是“一案一批”。

（二）减免税的范围

1. 法定减免税的范围

以下货物属于法定减免税的范围：①关税税额在人民币50元以下的一票货物；②无商业价值的广告品和货样；③外国政府、国际组织无偿赠送的物资；④在海关放行前遭受损坏或者损失的货物；⑤进出境运输工具装载的途中必需的燃料、物料和饮食用品；

⑥我国缔结或者参加的国际条约规定减征、免征关税的货物、物品；⑦法律规定减征、免征关税的其他货物、物品。

进口环节增值税或消费税税额在人民币 50 元以下的一票货物也应免征。

2. 特定减免税的范围

1）外商投资项目投资额度内进口自用设备。在我国境内依法设立的中外合资经营企业、中外合作经营企业和外资企业（以下统称外商投资企业），在投资总额内进口的自用设备及随设备进口的配套技术、配件、备件（以下简称自用设备），除《外商投资项目不予免税的进口商品目录》所列商品外，免征进口关税和进口环节增值税。投资项目符合国家重点鼓励产业条目的，除《国内投资项目不予免税的进口商品目录》《进口不予免税的重大技术装备和产品目录》所列商品外，可以免征关税，进口环节增值税照章征收。

2）外商投资企业自有资金项目。

3）国内投资项目进口自用设备。属于国内投资项目的投资总额内的进口的自用设备，若属国家重点鼓励发展产业的，除《国内投资项目不予免税的进口商品目录》《进口不予免税的重大技术装备和产品目录》所列商品外，可以免征进口关税，进口环节增值税照章征收。

4）贷款项目进口物资。外国政府贷款和国际金融组织贷款项目进口的自用设备，除《外商投资项目不予免税的进口商品目录》《进口不予免税的重大技术装备和产品目录》所列商品外，可以免征进口关税和进口环节增值税。

5）重大技术装备。国家为了提高企业核心竞争力及自主创新能力，不断推动产业结构调整和升级，促进国民经济可持续发展，贯彻落实国务院关于装备制造业振兴规划和加快振兴装备制造业有关调整进口税收优惠政策的决定，对经认定符合条件的国内企业为生产国家支持发展的重大技术装备和产品进口规定范围的关键零部件、原材料商品，免征进口关税和进口环节增值税。

6）支持科技创新税收优惠政策。为了深入实施创新驱动发展战略，发挥科技创新在全面创新中的引领作用，对科学研究机构、技术开发机构、学校等单位进口国内不能生产或性能不能满足需要的科学研究、科技开发和教学用品，免征进口关税和进口环节增值税、消费税；对出版物进口单位为科研院所、学校，进口用于科研、教学的图书、资料等，免征进口环节增值税。

7）救灾捐赠物资。对外国民间团体、企业、友好人士和华侨、港澳同胞和台湾同胞无偿向我国内地（大陆）受灾地区（限于新华社对外发布和民政部中国灾情信息公布的受灾地区）捐赠的直接用于救灾的物资，在合理数量范围内，免征关税和进口环节增值税、消费税。

8）扶贫慈善捐赠物资。境外捐赠人（指我国关境外的自然人、法人或者其他组织）无偿向受赠人捐赠的直接用于扶贫、慈善事业（指非营利的扶贫济困、慈善救助等社会慈善和福利事业）的物资，免征进口关税和进口环节增值税。

9）残疾人专用品。民政部直属企事业单位和省、自治区、直辖市民政部门所属福利机构、假肢厂、荣誉军人康复医院等，中国残疾人联合会直属事业单位和省、自治区、直辖市残联所属福利机构和康复机构进口的残疾人专用物品，免征进口关税和进口环节增值税、消费税。

10）集成电路项目进口物资。国家对集成电路生产企业进口自用生产性原材料及净化室专用建筑材料等实施税收优惠政策，对在我国境内设立的线宽小于0.25微米或者投资额超过80亿元、线宽小于0.5微米（含）的集成电路生产企业进口自用生产性原材料、消耗品，净化室专用建筑材料、配套系统，集成电路生产设备零、配件，免征进口关税及进口环节增值税。

11）海上石油、陆上石油项目进口物资。在我国海洋进行石油（天然气）开采作业的项目，进口国内不能生产或性能不能满足要求，并直接用于开采作业的设备、仪器、零附件、专用工具，在规定的免税进口额度内，免征进口关税和进口环节增值税。

12）远洋渔业项目进口自捕水产品。对批准获得农业农村部远洋渔业企业资格证书的远洋渔业企业在公海或者按照有关协议规定，在国外海域捕获并运回国内销售的自捕水产品（及其加工制品），免征进口关税和进口环节增值税。

13）无偿援助项目进口物资。无偿援助项目进口物资是指外国政府、国际组织无偿赠送及我国履行国际条约规定减免税进口的物资，其减免范围包括以下几个方面：根据中国与外国政府、国际组织间的协定或协议，由外国政府、国际组织直接无偿赠送的物资或者由其提供无偿赠款，由我国受赠单位按照协定或协议规定用途自行采购进口的物资；外国地方政府或民间组织受外国政府委托无偿赠送进口的物资；国际组织成员受国际组织委托无偿赠送进口的物资；我国缔结或者参加的国际条约规定减征、免征关税的货物和物品。

无偿援助项目进口物资，性质上属于法定减免税范畴，但是按照特定减免税货物管理。

14）科技重大专项进口。自2010年7月15日起，对承担《国家中长期科学和技术发展规划纲要（2006—2020年）》中民口科技重大专项项目（课题）的企业和大专院校、科研院所等事业单位（以下简称项目承担单位）使用中央财政拨款、地方财政资金、单位自筹资金及其他渠道获得的资金进口项目（课题）所需国内不能生产的关键设备（含软件工具及技术）、零部件、原材料，免征进口关税和进口环节增值税。科技重大专项包括核心电子器件、高端通用芯片及基础软件产品，极大规模集成电路制造装备及成套工艺，新一代宽带无线移动通信网，高档数控机床与基础制造装备，大型油气田及煤层气开发，大型先进压水堆及高温气冷堆核电站，水体污染控制与治理，转基因生物新品种培育，重大新药创制，艾滋病和病毒性肝炎等重大传染病防治。

15）新型显示器件生产企业。对新型显示器件（包括薄膜晶体管液晶显示器件、有机发光二极管显示面板）生产企业进口规定范围内的自用生产性（含研发用）原材料和消耗品，免征进口关税，照章征收进口环节增值税；对进口建设净化室所需的规定范围内的配套系统，免征进口关税和进口环节增值税；在经核定的年度进口金额内，对进口维修规定范围内的进口生产设备所需零部件，免征进口关税和进口环节增值税；对符合国内产业自主化发展规划的彩色滤光膜、偏光片等属于新兴显示器件产业上游的关键原材料、零部件的生产企业进口国内不能生产的自用生产性原材料（含研发用）、消耗品，免征进口关税。

16）勘探开发煤层气。勘探开发煤层气项目单位在我国境内进行煤层气勘探开发项目，进口国内不能生产或国内产品性能不能满足要求，并直接用于勘探开发作业的设备、仪器、零附件、专用工具，免征进口关税和进口环节增值税。

17）种子种源。对取得中华人民共和国农业农村部动植物苗种进（出）口审批表、国家林业和草原局种子苗木（种用）进口许可表、国家濒管办进口种用野生动植物种源确认表的企业，以及取得主管部门出具的证明有关工作犬和工作犬精液及胚胎属于免税品种范围的说明文件的部门，进口与农林业生产密切相关，并直接用于或服务于农林业生产的种子（苗）、种畜（禽）鱼种（苗）和种用野生动植物种源，警用工作犬及其精液和胚胎，免征进口环节增值税。

18）中储粮。在一定时期内，对中国储备粮管理集团有限公司及其子公司（包括中储粮油脂有限公司等）为实现中央储备粮油年度轮换、转储备及履行政府承诺而组织进口的粮油，免征进口环节增值税。

19）公益收藏。由财政部会同国务院有关部门审定并以公告形式发布的省级以上国有公益性收藏单位名单及其他国有公益性收藏单位，以从事永久收藏、展示和研究等公益性活动为目的，以接受境外捐赠、归还、追索和购买等方式进口的藏品，免征进口关税和进口环节增值税、消费税。

20）国内航空公司进口飞机。国家对国内从事航空运输业务的航空公司购买进口的空载重量在 25 吨以上的进口飞机，按 5%征收进口环节增值税。

21）动漫开发生产用品。为促进我国动漫产业健康快速发展，增强动漫产业的自主创新能力，经国务院有关部门认定的动漫企业自主开发、生产动漫直接产品，确需进口的商品可享受免征进口关税及进口环节增值税的政策。

此外，国家根据不同时期的需要还制定相关的减免税政策。

3. 临时减免税的范围

临时减免税是指为照顾纳税人生产、生活及其他特殊困难（如遭受自然灾害或不可抗拒的意外损失等）而临时批准给予的减税和免税。临时减免税一般采取“一案一批”制度。

四、延期纳税

纳税义务人因不可抗力或者国家税收政策调整不能按期缴纳税款的，应当在货物进出口前向办理进出口申报纳税手续所在地直属海关提出延期缴纳税款的书面申请并随附相关材料，同时还应当提供缴税计划。

纳税义务人在批准的延期缴纳税款期限内缴纳税款的，不征收滞纳金；逾期缴纳税款的，自延期缴纳税款期限届满之日起至缴清税款之日止按日加收滞纳税款 0.5‰的滞纳金。货物实际进出口时，纳税义务人要求海关先放行货物的，应当向海关提供税款担保。延期缴纳税款的期限，自货物放行之日起最长不超过 6 个月。

五、税款追征和补征

1. 追征、补征税款的范围

追征、补征税款的范围如下：①进出口货物放行后，海关发现少征或者漏征税款的；

②因纳税义务人违反规定造成少征或者漏征税款的；③海关监管货物在海关监管期内因故改变用途按照规定需要补征税款的。

2. 追征、补征税款的期限和要求

追征、补征税款的期限和要求如下：①进出口货物放行后，海关发现少征或者漏征税款的，应当自缴纳税款或者货物放行之日起 1 年内，向纳税义务人补征税款；②因纳税义务人违反规定造成少征或者漏征税款的，海关可以自缴纳税款或者货物放行之日起 3 年内追征税款，并按规定加收滞纳金；③海关发现海关监管货物因纳税义务人违反规定造成少征或者漏征税款的，应当自纳税义务人应缴纳税款之日起 3 年内追征，并按规定加收滞纳金。

3. 追征、补征税款凭证

海关追征或补征进出口货物关税和进口环节代征税时，应当向纳税义务人填发海关专用缴款书（含关税、进口环节代征税），同时纳税义务人凭海关专用缴款书向指定银行或开户银行缴纳税款。

小 结

关税是国家税收的重要组成部分，是由海关代表国家按照国家制定的关税政策和有关法律、行政法规的规定，对准许进出关境的货物和物品向纳税义务人征收的一种流转税。我国关税的纳税义务人是进出口货物的收发货人和进出境物品的所有人。

进口关税是指一国海关以进境货物和物品为课税对象而征收的关税。出口关税是指一国海关以出境货物、物品为课税对象所征收的关税。增值税是以商品在生产、流通过程中或劳务服务过程中的各环节所创造新增价值为课税对象的一种流转税。消费税是以消费品或消费行为的流转额作为课税对象而征收的一种流转税。吨税是指由海关在设关口岸对进出、停靠我国港口的国际航行船舶（包括外籍船舶、外商租用的中国籍船舶、中外合资企业租用的中国籍船舶及中国企业租用的外籍船舶）征收的一种使用税。

进出口货物完税价格是指海关对进出口货物征收从价税时审查估定的应税价格，是凭以计征进出口货物关税及进口环节代征税税额的基础。我国已加入世界贸易组织，并已全面实施世界贸易组织估价协定。

原产地是指货物生产的国家（地区），就是货物的“国籍”。确定了进口货物国籍，就直接确定了其依照进口国的贸易政策所适用的关税和非关税待遇。原产地的不同决定了进口商品所享受的待遇不同。各国为执行本国关税及非关税方面的国别贸易措施，以本国立法形式制定其鉴别货物“国籍”的标准。

我国进出口关税一律以人民币计征，起征点为人民币 50 元，进出口货物的成交价格及有关费用以外币计价的，计算税款前海关按照该货物适用税率之日所适用的计征汇率折合为人民币计算完税价格，采用四舍五入法计算至分。

案例分析

入境旅客行李物品和个人邮递物品是指进入我国关境的非贸易性的应税自用物品，其中包括馈赠物品。对这些物品征收的进口税包括关税、代征的国内增值税和消费税。该税的纳税人是入境行李物品的携带人和进口邮件的收付人。

从进口税率表中可以发现，在众多可以作为探亲礼品的物品中，如金银及其制品、包金饰品、纺织品和制成品、电器用具、照相机、手表、化妆品、录像机、烟、酒、汽车等，其进口税率各不相同，而且差异很大。有免税的，有100%甚至200%征税的。

思 考

你应该选择哪些馈赠物品？

自 测 题

一、选择题

1. 进口时在货物的价款中列明的税收、费用，不计入货物关税完税价格的有(　　)。
   A. 厂房、机械、设备等货物进口后进行建设、安装、装配、维修和技术服务的费用
   B. 进口货物运抵境内输入地点起卸后的运输及相关费用、保险费
   C. 进口关税及国内税收
   D. 作为该货物向我国境内销售条件，买方必须支付的，与该货物有关的特许权使用费

2. 当进口货物的完税价格不能按照成交价格确定时，海关应当依次使用相应的方法估定完税价格，依次使用的正确顺序是（　　）。
   A. 相同货物成交价格估价法；类似货物成交价格估价法；倒扣价格估价法；计算价格估价法；合理估价法
   B. 类似货物成交价格估价法；相同货物成交价格估价法；倒扣价格估价法；计算价格估价法；合理估价法
   C. 相同货物成交价格估价法；类似货物成交价格估价法；合理估价法；倒扣价格估价法；计算价格估价法
   D. 倒扣价格估价法；计算价格估价法；相同货物成交价格估价法；类似货物成交价格估价法；合理估价法

3. 下列船舶中，应征收吨税的有（　　）。
   A. 在青岛港口行驶的日本油轮
   B. 在厦门港口航行的美国货轮
   C. 航行于广州港口被马来西亚商人以期租船方式租用的中国籍船舶
   D. 航行国外兼营沿海贸易的被中国商人租用的韩国籍船舶

4．海关于 2019 年 9 月 6 日（周五）填发税款缴款书，纳税人应当最迟于（　　）到指定银行缴纳关税。

A．2019 年 9 月 20 日　　B．2019 年 9 月 21 日

C．2019 年 9 月 22 日　　D．2019 年 9 月 23 日

5. 某家企业从法国进口一台模具加工机床，发票分别列明：设备价款 CIF 上海 USD 600 000，机器进口后的安装调试费为 USD 20 000，卖方佣金 USD 2000，与设备配套使用的操作系统使用费 USD 80 000。该批货物经海关审定的成交价格应为（　　）。

A．USD 702 000　　B．USD 682 000

C．USD 680 000　　D．USD 662 000

二、判断题

1. 进出口货物完税价格是海关对进出口货物征收从价税时审查估定的应税价格，是凭以计征进出口货物关税及进口环节代征税税额的基础。（　　）

2. 进口时须征税的进料加工进口料件，以该料件申报进口时的成交价格为基础确定完税价格。（　　）

3. 保税区内的加工企业内销加工过程中产生的边角料或者副产品，以海关审查确定的内销价格为完税价格。（　　）

4. 纳税义务人不能提交原产地证书的，由海关依法确定进口货物的原产地，并据以确定适用税率。（　　）

5. 进出口货物应当适用海关接受该货物申报进口或者出口之日实施的税率。（　　）

第六章　一般进出口货物的通关

教学目标

- 掌握一般进出口货物的申报、查验、纳税、放行 4 个程序的具体规定及海关相关管理规范

学习要点

- 一般进出口货物的申报地点、申报期限、申报日期及需要准备的各种单证
- 海关查验的方式、方法及海关放行的具体操作

导入案例

沈阳红星机械进出口公司从英国进口精密数控磨床 3 台（列入法检商品，属于自动许可证管理，实行“一批一证制管理”）。2019 年 3 月 1 日，装载该批货物的“保罗号”轮船申报入境，沈阳红星机械进出口公司申请国家出入境检验检疫部门的检验，获得入境货物通关单，并申请了自动进口许可证，填写了进口货物报关单，连同其他单证一起向海关申报进口。正式申报前，沈阳红星机械进出口公司向海关申请查看进口货物，经批准查看货物后，发现其中一台与合同规定规格不符，沈阳红星机械进出口公司随即向英国出口商交涉，对方同意赔偿，并重新发运一台与合同规定规格完全相符的精密数控磨床，但要求沈阳红星机械进出口公司将不符合合同规定规格的精密数控磨床削价留购。沈阳红星机械进出口公司同意留购，并于 2019 年 3 月 19 日向海关申报进口，在缴纳了相关税费和 4 天的滞报金后，该公司提取了该批货物。

学习本章后，学生能够掌握完整的进出口货物通关程序。

第一节　一般进出口货物概述

一、一般进出口货物的含义

一般进出口货物是指在进出境时，依法向海关缴纳了应征的进出口税费并办结了所有必要的海关手续，海关放行后不再进行监管的货物。一般进出口货物在办结海关手续后，可以直接进入生产或消费领域，包括一般进口货物和一般出口货物。

一般进出口货物应与一般贸易货物相区别。在我国，一般贸易货物是指我国境内有进出口经营权的企业按照一般贸易方式单边进出口的货物，是国际贸易的交易方式之一；而一般进出口货物则是指按照海关一般进出口监管制度办结海关手续的进出口货物，是海关监管方式之一。

两者之间也存在一定的联系：一般贸易货物在通关时，如果按照一般进出口监管制

度来办理海关手续，它就是一般进出口货物；如果按照特定减免税监管制度办理海关手续，它就变成特定减免税货物；如果按照保税监管制度办理海关手续，它又成了保税货物。

二、一般进出口货物的特征

一般进出口货物具有以下基本特征。

1. 进出境时须缴纳进出口税费

按照《海关法》及其他有关法律、行政法规的规定，一般进出口货物的收发货人在进出境时，应当依法向海关缴纳应纳税费。

2. 进出口时提交相关的许可证件

一般进出口货物如果属于国家限制或特殊进出口货物，必须按照国家法律、行政法规的规定，由进出口货物收发货人或其代理人向海关提交相关的进出口许可证件。

3. 海关放行后即办结了海关手续

海关在征收完应征税款，审核了相关的进出口许可证件并对货物进行实际查验（或按照相关规定不予查验），按照规定签章放行后，就意味着海关手续已经全部办结，海关不再监管，进出口货物收发货人或其代理人就可以办理提取进口货物或装运出口货物的手续。这时，进出口货物就可以直接进入生产和消费领域流通。

三、一般进出口货物的范围

实际进出口的货物，除特定减免税货物外，都属于一般进出口货物的范围，主要包括以下 11 种货物。

1）不批准保税的一般贸易进口货物。

2）转为实际进口的保税货物。

3）转为实际进口的暂准进境货物或转为实际出口的暂准出境货物。

4）易货贸易、补偿贸易进出口货物。

5）不批准保税的寄售代销贸易货物。

6）承包工程项目实际进出口货物。

7）外国驻华商业机构进出口陈列用的样品。

8）外国旅游者小批量订货出口的商品。

9）随展览品进境的小卖品。

10）实际进出口货样广告品。

11）免费提供的进口货物，如外商在经济贸易活动中赠送的进口货物，外商在经济贸易活动中免费提供的试车材料等，我国在境外的企业、机构向国内单位赠送的进口货物。

第二节 一般进出口货物的申报

一般进出口货物的报关程序有 4 个基本环节：进出口货物申报、配合海关查验、缴纳税费、提取或装运货物。海关对进出口货物予以查验、审核、征税后放行。申报是一般进出口货物通关的起点。

一、一般进出口货物申报概述

（一）一般进出口货物申报的含义和申报人

1. 申报的含义

申报是指进出口货物的收发货人、受委托的报关企业，依照《海关法》及有关法律、行政法规和规章的要求，在规定的期限、地点，采用电子数据报关单或纸质报关单形式，向海关报告实际进出口货物的情况，并接受海关审核的行为。

2. 申报人

向海关申报进出口，可以是预先在海关依法办理了注册登记手续的进出口货物的收发货人，也可以是受委托的报关企业。

（二）一般进出口货物的申报地点

一般进出口货物申报的地点包括一般情况下的申报地点和特殊情况下的申报地点，具体内容如下。

1. 一般情况下的申报地点

通常情况下，进口货物的申报地点在货物的进境地海关；出口货物的申报地点在货物的出境地海关。进境地是指货物进入关境的口岸；出境地是指货物运出关境的口岸。

2. 特殊情况下的申报地点

1）发货人申请并经过海关同意，进口货物的收货人或其代理人可以在设有海关的货物指运地海关申报，出口货物的发货人或其代理人可以在设有海关的货物启运地海关申报。货物指运地是指转关运输进口货物指定运达的地点，或海关监管货物国内转运时的到达地；货物启运地是指转关运输出口货物办理报关发运的地方，或海关监管货物国内转运时的始发地。

2）货物、特定减免税货物和暂准进境货物，在进境后，因故改变使用目的，从而改变货物性质转为一般进口时，进口货物的收货人或其代理人应当在货物所在地的主管海关申报。

（三）一般进出口货物的申报期限

一般进出口货物的申报期限包括一般情况下的申报期限和特殊情况下的申报期限，具体内容如下。

1. 一般情况下的申报期限

通常情况下，进口货物的申报期限是自装载货物的运输工具申报进境之日起 14 日内，如果申报期限的最后一天是法定节假日或休息日，则顺延至法定节假日或休息日后的第一个工作日；出口货物的申报期限是货物运抵海关监管区后、装货的 24 小时前。

2. 特殊情况下的申报期限

经海关批准予以集中申报的进口货物，进口货物自装载货物的运输工具申报进境之日起 14 日内，出口货物在运抵海关监管区后、装货的 24 小时前，按照中华人民共和国海关进出口货物集中申报清单（以下简称集中申报清单）格式录入电子数据向海关申报，自海关审结集中申报清单电子数据之日起 3 日内，持集中申报清单及随附单证，到货物所在地海关办理交单验放手续，在次月 10 日内（保税货物在次月底）之前，对一个月内以集中申报清单申报的数据进行归并，填制进出口货物报关单到海关办理集中申报手续。

经电缆、管道或其他特殊方式进出境的货物，出口货物收发货人或其代理人应当按照海关的规定定期申报。

（四）一般进出口货物的申报日期

1. 申报日期的含义

申报数据被海关接受的日期称为申报日期，不论以电子数据报关单方式申报，还是以纸质报关单方式申报，只要是海关接受申报数据的日期就为申报日期。

2. 申报日期的作用

进出口货物收发货人或其代理人的申报数据被海关接受之日起，其申报的数据就产生了法律效力，进出口货物收发货人或其代理人自此向海关承担“如实申报”“如期申报”等法律责任。

3. 申报日期的确定

以电子数据报关单方式申报的，申报日期为海关计算机系统接受申报数据时记录的日期。电子数据报关单若被海关计算机检查后退回，则视为海关不接受申报，进出口货物收发货人或其代理人应当按照要求修改后重新申报，此时，申报日期为海关接受重新申报的日期。

在先采用电子数据报关单申报，后又提交纸质报关单申报的情况下，申报日期为海关接受电子数据报关单申报的日期。

如果只采用纸质报关单方式申报，申报日期则为海关工作人员在纸质报关单上做记处理的日期。

（五）一般进口货物超期申报的处理

1. 进口货物超期申报的处理方式

进口货物自装载货物的运输工具申报进境之日起 14 日内未向海关申报进口，海关将依法征收滞报金。滞报金应当由进口货物收货人于当次申报时缴清。进口货物收货人要求在缴清滞报金前先放行货物的，海关可以在其提供与应缴纳滞报金等额的保证金后放行。

《海关法》第三十条规定："进口货物的收货人自运输工具申报进境之日起超过三个月未向海关申报的，其进口货物由海关提取依法变卖处理，所得价款在扣除运输、装卸、储存等费用和税款后，尚有余款的，自货物依法变卖之日起一年内，经收货人申请，予以发还；其中属于国家对进口有限制性规定，应当提交许可证件而不能提供的，不予发还。逾期无人申请或者不予发还的，上缴国库。

确属误卸或者溢卸的进境货物，经海关审定，由原运输工具负责人或者货物的收发货人自该运输工具卸货之日起三个月内，办理退运或者进口手续；必要时，经海关批准，可以延期三个月。逾期未办手续的，由海关按前款规定处理。

前两款所列货物不宜长期保存的，海关可以根据实际情况提前处理。

收货人或者货物所有人声明放弃的进口货物，由海关提取依法变卖处理；所得价款在扣除运输、装卸、储存等费用后，上缴国库。"

2. 进口货物滞报金的征收方法

进口货物的滞报金按日征收，日征收金额为进口货物完税价格的0.5‰，即

$$滞报金=进口货物完税价格\times 0.5‰\times 滞报天数$$

滞报金以人民币"元"为计征单位，不足人民币1元的部分免予计征；滞报金的起征点为人民币50元。

3. 滞报天数的确定

滞报金的计征起始日为运输工具申报进境之日起第15日，滞报金起始日若遇法定节假日，则顺延至其后第1个工作日；截止日为海关接受申报之日（即申报日期）。起始日与截止日均计入滞报天数。

进口货物收货人在向海关传送报关单电子数据申报后，如果没有在规定期限内或核准的期限内提交纸质报关单，被海关以撤销电子数据报关单申报处理、进口货物收货人重新向海关申报，因而产生滞报的，则滞报天数的确定以自运输工具进境之日起第15日为起始日，以海关重新接受申报之日为截止日。

进口货物收货人申报并经海关依法审核，必须撤销原电子数据报关单重新申报而产生滞报的，如果进口货物收货人申报并经海关审核同意，则滞报天数的确定以撤销原电子数据报关单之日起第15日为起始日，以海关重新接受申报之日为截止日。

进口货物因收货人在运输工具申报进境之日起超过3个月仍未向海关申报，而被海关依法提取变卖处理，收货人申请发还余款的，滞报金的征收，以自运输工具申报进境之日起第15日为起始日，以该3个月期限的最后一日为截止日。

【例6.1】北京宏光进出口公司以CIF秦皇岛USD 500 000.00的价格进口一批货物，装载该批货物的船舶于2019年3月2日申报进境，该公司于2019年3月24日（当日人民币对美元汇率中间价为6.8301）向海关申报。计算该公司应缴纳的滞报金。

该批货物的最迟申报期限为3月16日，3月17日以后为滞报期。该公司3月24日申报，共滞报8天。因此，应缴纳的滞报金为

$$\begin{aligned}\text{滞报金} &= \text{进口货物完税价格} \times 0.5‰ \times \text{滞报天数} \\ &= \text{USD } 500\,000.00 \times 6.8301 \times 0.5‰ \times 8 \\ &= 13\,660.2\text{（元）}\end{aligned}$$

4. 不征收滞报金的情况

《中华人民共和国海关征收进口货物滞报金办法》（以下简称《海关征收进口货物滞报金办法》）于1990年10月25日发布，根据2014年3月13日海关总署令第218号《海关总署关于修改部分规章的决定》进行第一次修改，根据2018年5月29日海关总署令第240号《海关总署关于修改部分规章的决定》进行第二次修改。根据《海关征收进口货物滞报金办法》（2018年修改）第十四条的规定，有下列情形之一的，海关不予征收滞报金：①收货人在运输工具申报进境之日起超过三个月未向海关申报，进口货物被依法变卖处理，余款按《海关法》第三十条规定上缴国库的；②进口货物收货人在申报期限内，根据《海关法》有关规定向海关提供担保，并在担保期限内办理有关进口手续的；③进口货物收货人申报后依法撤销原报关单电子数据重新申报，因删单重报产生滞报的；④进口货物办理直接退运的；⑤进口货物应征收滞报金金额不满人民币50元的。

5. 减免滞报金的情况

根据《海关征收进口货物滞报金办法》（2018年修改）第十二条的规定，有下列情形之一的，进口货物收货人可以向申报地海关申请减免滞报金：①政府主管部门有关贸易管理规定变更，要求收货人补充办理有关手续或者政府主管部门延迟签发许可证件，导致进口货物产生滞报的；②产生滞报的进口货物属于政府间或者国际组织无偿援助和捐赠用于救灾、社会公益福利等方面的进口物资或者其他特殊货物的；③由于不可抗力导致收货人无法在规定期限内申报，从而产生滞报的；④因海关及相关司法、行政执法部门工作原因致使收货人无法在规定期限内申报，从而产生滞报的；⑤其他特殊情况经海关批准的。

进口货物收货人申请减免滞报金的，应当自收到海关滞报金缴款通知书之日起30个工作日内，以书面形式向申报海关提交申请书，申请书应当加盖公章。收货人应当对申请书及相关证明材料的真实性、合法性、有效性承担法律责任。

二、一般进出口货物申报步骤

一般进出口货物的申报有3个步骤：备好申报单证、申报前看货取样、正式申报。

（一）备好申报单证

申报单证是进出口报关的必备材料，在报关前必须准备好有关单证，具体要求如下。

1. 一般进出口货物申报时需要的单证

（1）报关单（证）

任何货物的申报都必须有报关单（证）。报关单（证）是由报关员按照海关规定格式填制的申报单（证），即进出口货物报关单或带有进出口货物报关单性质的单或证（如保税区、出口加工区进出境备案清单，ATA 单证册，过境货物报关单，快件报关单等）。任何货物的进出口申报都必须填制报关单（证）。

（2）随附单证

随附单证是与报关单（证）一起向海关提交，用来佐证、补充报关单（证）内容的一些单证。随附单证又分为基本单证与特殊单证。

一般来说，任何货物的申报都必须有基本单证。基本单证是指进出口货物的货运单证和商业单证，包括进口提货单据、出口装货单据、商业发票、装箱单等。

特殊单证包括进出口许可证件、国家外经贸主管部门的批准文件、加工贸易手册（纸质手册、电子手册与电子账册）、特定减免税证明、作为有些货物进出境证明的原进出口货物报关单证、出口收汇核销单、原产地证明书、担保文书、贸易合同等。特殊单证仅对某些特殊货物而言，如租赁贸易货物进口时，除必要的单证外，还必须持有租赁合同向海关申报，而一般货物的申报就不需要贸易合同。

2. 备好申报单证应坚持的 3 个原则

1）基本单证、特殊单证必须齐全、有效、合法。

2）报关单（证）的填制必须真实、准确、完整。

3）报关单（证）与随附单证数据必须一致。

（二）申报前看货取样

申报前看货取样是进口货物收货人确定货物的品名、规格、型号等的必要行为。只有准确把握货物的具体情况，才能正确报关并顺利通关。

1. 看货取样的条件

为了确定申报货物的品名、规格、型号等，便于准确申报，进口货物的收货人在向海关申报前，可以向海关提出“看货取样”的书面申请，获得海关书面批准后，到场查看进口货物的实际情况，或提取货样；在看货取样时，海关派工作人员到现场监管。

2. 特殊商品看货取样的条件

看货取样若涉及动植物及其产品，以及其他须依法提供检疫证明的货物，如果需要提取货样，则应当按照国家的有关法律规定，事先取得主管部门签发的书面批准证书。提取货样后，到场监管的海关工作人员与进口货物的收货人在海关开具的取样记录和取样清单上签字确认。

（三）正式申报

正式申报可以采用电子数据报关单申报方式和纸质报关单申报方式，而且两种申报方式均具有法律效力。

1. 电子数据报关单申报

（1）电子数据报关单申报的含义

电子数据报关单申报是指进出口货物的收发货人、受委托的报关企业通过计算机系统，按照《中华人民共和国海关进出口货物报关单填制规范》的要求，向海关传送报关单电子数据，并备齐随附单证的申报方式。

（2）电子数据报关单申报的方式

电子数据报关单申报的方式有 4 种，进出口货物的收发货人或其代理人可以选择终端申报方式、自行 EDI（electronic data interchange，电子数据交换）方式、委托 EDI 方式和网上申报方式中的任何一种适用方式，将报关单的内容录入海关电子计算机系统，生成电子数据报关单。一旦接到海关发送的“接受申报”报文和“现场交单”或“放行交单”通知，就表示电子申报成功。

进出口货物收发货人或其代理人如果在录入报关单数据的计算机上接收到海关发送的“不接受申报”报文，则应当根据报文提示修改报关单内容，并重新申报。

海关审结电子数据报关单后，进出口货物的收发货人或其代理人应当自接到海关“现场交单”或“放行交单”通知之日起 10 日内，持打印的纸质报关单，备齐规定的随附单证，到货物所在地海关提交书面单证，同时办理相关的海关手续。

在实行无纸通关项目的海关，进出口货物的收发货人或其代理人可以单独以电子数据报关单方式向海关申报。

2. 纸质报关单申报

纸质报关单申报方式是指进出口货物的收发货人或其代理人，按照海关的规定填制纸质报关单，备齐随附单证，向海关当面递交的申报方式。

通常情况下，进出口货物的收发货人或其代理人可以按照先后顺序，先以电子数据报关单的形式向海关申报，后提交纸质报关单。但在某些边远地区，海关没有配备电子通关系统，进出口货物的收发货人或其代理人可以单独以纸质报关单的形式向海关申报。

3. 申报内容的修改与申报的撤销

《海关法》第二十六条规定：“海关接受申报后，报关单证及其内容不得修改或者撤销，但符合海关规定情形的除外。”

（1）申报内容的修改与申报的撤销的条件

进出口货物收发货人或者其代理人确有如下正当理由之一的，可以提出修改、撤销报关单的申请：①由于报关人员操作或者书写失误造成所申报的报关单内容有误，并且未发现有走私违规或者其他违法嫌疑的；②出口货物放行后，由于装运、配载等原因造成原申报货物部分或者全部退关、变更运输工具的；③进出口货物在装载、运输、存储过程中因溢短装、不可抗力的灭失、短损等原因造成原申报数据与实际货物不符的；④根据贸易惯例先行采用暂时价格成交、实际结算时按商检品质认定或者国际市场实际价格付款方式需要修改申报内容的；⑤由于计算机或网络系统等方面的原因导致电子数据申报错误的；⑥其他特殊情况经海关核准同意的。

（2）申请修改与撤销时应提交的文件

修改申报内容或撤销申报时应向海关提交下列文件：①进出口货物报关单修改/撤销申请表；②可以证明进出口实际情况的合同、发票、装箱单等相关单证；③外汇管理、国税、检验检疫、银行等有关部门出具的单证；④应税货物的海关专用缴款书、用于办理收付汇和出口退税的进出口货物报关单证明联等海关出具的相关单证。

（3）不允许修改与撤销的情况

海关已经决定布控、查验的，以及涉案的进出口货物的报关单在办结前不得修改或者撤销。

（4）办理修改或撤销申报的程序

进出口货物的收发货人或其代理人向原接受申报的海关提出申请，并递交申请材料，海关进行审查并作出相关受理或不予受理文书。能够当场作出审查决定的，直接制发准予或者不予修改、撤销的决定书，不再制发受理文书。

除可以当场决定外，海关应当自受理申请之日起20日内审查完毕，作出准予修改/撤销进出口货物报关单决定书或者不予修改/撤销进出口货物报关单决定书，并完成相关操作。特殊情况下，海关审查时限可以延长10日。

办理申报的修改或撤销，海关不收取费用。

（5）特殊情况下的修改或撤销

海关如果发现进出口货物报关单需要进行修改或撤销，但是进出口货物的收发货人或其代理人并未提出申请，此时，海关应当通知进出口货物的收发货人或其代理人。进出口货物的收发货人或其代理人应当填写进出口货物报关单修改/撤销确认书，对进出口货物报关单进行修改或撤销的内容进行确认，确认后，海关完成对进出口货物报关单的修改或撤销。

在进口货物放行后或者出口货物办结海关手续后，进出口货物收发货人或其代理人提出申请，且申请修改或撤销的内容涉及进出口货物报关单的商品编号、商品名称及规格型号、币制、单价、总价、原产国（地区）、最终目的国（地区）、贸易方式（监管方式）、成交方式之一的，海关按照行政许可审查程序办理；其他情形的删改单申请不适用行政许可审查程序，海关直接决定是否批准，并在进出口货物报关单修改/撤销申请表上予以批注。

4. 特殊申报

（1）集中申报

《中华人民共和国海关进出口货物集中申报管理办法》（2014年修改）规定，经海关备案，下列进出口货物可以适用集中申报通关方式：图书、报纸、期刊类出版物等时效性较强的货物；危险品或者鲜活、易腐、易失效等不宜长期保存的货物；公路口岸进出境的保税货物。集中申报是海关对频繁进出口、通关时效要求高的货物所采取的特殊通关方式，旨在便利收发货人办理申报手续，提高通关效率。

依照《中华人民共和国海关进出口货物集中申报管理办法》（2014年修改）规定以集中申报通关方式办理海关手续的收发货人，应当在载运进口货物的运输工具申报进境之日起 14 日内，出口货物在运抵海关监管区后、装货的 24 小时前填制集中申报清单向海关申报。收货人在运输工具申报进境之日起 14 日后向海关申报进口的，不适用集中申报通关方式。收货人应当以报关单向海关申报。

集中申报企业应当向海关提供有效担保，并在每次货物进、出口时，按照要求向海关报告货物的进出口日期、运输工具名称、提（运）单号、税号、品名、规格型号、价格、原产地、数量、重量、收（发）货单位等海关监管所必需的信息，海关可准许先予查验和提取货物。

在集中申报之后，收发货人应对一个月内以集中申报清单申报的数据进行归并，填制进出口货物报关单，一般贸易货物在次月 10 日之前、保税货物在次月底之前到海关办理集中申报手续。

涉嫌走私或者违规，正在被海关立案调查的收发货人、因进出口侵犯知识产权货物被海关依法给予行政处罚的收发货人、适用 C 类或者 D 类管理类别的收发货人，不适用集中申报通关方式。

境内其他地区进出海关特殊监管区域、保税监管场所的货物需要按照集中申报方式办理通关手续的，除海关另有规定以外，也按此办理。

集中申报采用向海关进行电子数据报关单申报的方式。

一般贸易货物集中申报手续不得跨年度办理。

（2）提前申报

《中华人民共和国海关进出口货物申报管理规定》（2018 年修改）第十八条规定，经海关批准，进出口货物的收发货人、受委托的报关企业可以在取得提（运）单或者载货清单（舱单）数据后，向海关提前申报。

在进出口货物的品名、规格、数量等已确定无误的情况下，经批准的企业可以在进口货物启运后、抵港前或出口货物运入海关监管场所前 3 日内，提前向海关办理报关手续，并按照海关的要求交验有关随附单证、进出口货物批准文件及其他需要提供的证明文件。

提前申报是海关为了加速企业通关，在货到之前提前进行单证审核，使货物到港后就能提货的一项便捷通关措施。与其他便捷通关措施一样，提前申报必须与企业的资信状况相联系，所以企业进行提前申报的前提是“经海关批准”。

提前申报一般要求进出口货物的舱单数据已传输到海关，并且进出口货物的品名、规格、数量等要素已确定无误。对于经过海关总署批准的便捷通关企业也可实行“无舱单的提前申报”，但这些企业的报关货物在海关放行时也必须核销舱单。也就是说，此种情况下舱单至迟在海关放行前传输到海关。

在进出口货物的品名、规格、数量等已确定无误的情况下，且进境舱单已传输到海关并经海关确认后（无舱单提前申报的情况除外），进口货物的收货人或代理人可以在进口货物启运后、抵港前或出口货物运入海关监管场所前 3 日内，提前向海关办理报关手续，并按照海关的要求交验有关随附单证、进出口货物批准文件及其他需要提供的证明文件。

（3）特殊运输方式的申报

经电缆、管道、输送带或者其他特殊运输方式输送进出口的货物，经海关同意，可以定期向指定海关申报。

5.“属地申报，口岸验放”的通关新模式

“属地申报，口岸验放”是指符合海关规定条件的企业进出口货物时，可自主选择向属地海关任一海关单位申报，在货物实际进出境地的口岸海关（以下简称口岸海关）办理货物验放手续的一种通关方式。

凡进出口企业拟采用“属地申报，口岸验放”通关模式的，须向所在地直属海关提出书面申请。直属海关参照海关对企业分类管理标准等对申请企业进行审核，并提出是否同意的书面答复意见。

口岸海关接受并确认进境运输工具负责人或其代理人申报的舱单电子数据后，进口货物的收货人或其代理人即可选择“属地申报，口岸验放”方式，录入进口货物报关单电子数据，向属地海关进行申报。

除海关另有规定的以外，出口货物的发货人或其代理人在出口口岸订舱后，即可选择“属地申报，口岸验放”方式，录入出口货物报关单电子数据，向属地海关进行申报。

出口货物运抵口岸海关监管场所后发生退关的，由发货人或其代理人向属地海关申请。属地海关审核无误后，出具出口退关证明，交发货人提交口岸海关办理退关手续。

对因海关规定或国家许可证件管理[许可证件中不包括进（出）境货物通关单]，须在属地或口岸进行申报并办理验放手续的进出口货物，不适用于“属地申报，口岸验放”通关模式。

第三节　一般进出口货物的查验与放行

海关接到进出口货物收发货人或其代理人的申报后，为了核实其申报的实际情况，将依法对进出口货物予以查验，并征收应缴纳的进出口税费，最后予以放行。

一、海关查验

（一）海关查验概述

1. 海关查验的含义

海关查验是指为了确定进出境货物收发货人向海关申报的内容是否与进出口货物的真实情况相符，或者为确定商品的归类、价格、原产地等，依法对进出口货物进行实际核查的执法行为。

2. 海关查验的目的

海关查验的目的是确定进出境货物的性质、原产地、货物状况、数量、价值等是否与货物的申报单上已填报的详细内容相符，检查进出口货物收发货人或其代理人是否存在伪报、瞒报、申报不实的情况，为海关的征税、统计、后续管理提供可靠的资料。

3. 海关查验的对象

根据《海关法》规定，海关查验的对象包括进出境的货物、物品和运输工具。具体来说，主要实际核对和检查进出境货物及物品的品名、规格型号、数（重）量、价值和原产地等是否与申报内容相符；实际检查进出境运输工具是否有改装、夹藏，是否符合海关监管要求等情况。

（二）海关查验的时间

1. 一般查验时间

海关查验前，一般将查验决定以书面形式通知进出口货物收发货人或其代理人，约定查验的时间，查验时间一般安排在海关正常工作时间内。

2. 特殊查验时间

在一些进出口业务繁忙的口岸，经进出口货物收发货人或其代理人请求，海关可以在正常工作时间以外安排实施查验。

3. 优先查验

对于危险品或者鲜活、易腐、易烂、易失效、易变质等不宜长期保存的货物，以及因其他特殊原因需要“紧急验放”的货物，经进出口货物收发货人或其代理人申请，海关可以优先安排实施查验。

（三）海关查验的地点

1. 一般查验地点

海关查验一般在海关监管区内的专门查验场地进行。

2. 特殊查验地点

某些不宜在查验场地开拆的特殊货物，如危险品、防尘防静电品或鲜活品，经货主申请，海关可以派员到监管区外的装卸作业环节查验货物。

（四）海关查验的方式

海关查验的方式根据不同方面可有以下划分方法。

1. 按照操作方式划分

海关查验按其操作方式可分为人工查验和设备查验两种。

人工查验包括外形查验、开箱查验。外形查验是指对外部特征直观、易于判断基本属性的货物的包装、运输标志和外观等状况进行查验核实；开箱查验是指将货物从集装箱、货柜车厢等箱体中取出，并拆除外包装后，对货物实际状况进行查验核实。

设备查验是指利用技术检查设备对货物进行透视扫描，根据扫描形成的图像来分析验核货物的实际状况是否与申报内容相符。使用机检查验的方式，如果没有发现异常情况，海关一般不再开拆货物包装。

设备查验方式速度比较快，对货主和海关的工作都有好处，但这种查验方式也有其局限性，并非所有的货物都可适用。一般来讲，这种查验方式对集装箱装载的大宗单一商品、不宜直接开拆的商品、有夹藏嫌疑的商品和危险品等货物较为适宜。如果货物属以上范围，货主可以向海关提出设备查验的要求。

2. 按照查验过程的详细程度划分

海关查验的方式按查验过程的详细程度可以分为彻底查验、抽查和外形查验 3 种。

彻底查验是指对货物逐件开箱（包）查验，详细验核货物的品种、规格、数（重）量等方面的状况是否与申报相符，属最高等级要求的查验方式，一般适用于有走私违规嫌疑的货物。

抽查是指按一定比例对货物有选择地开箱（包）验核货物状况，属一般等级的查验方式，适用于普通情况的货物。

外形查验是指仅对货物的外形包装、标记和装运单证等进行外形查看并验核其是否与申报相符，属最低等级的查验方式，适用于风险程度低的货物和机械设备、散装货物、裸装货物等。

总之，货物具体适用哪种查验方式，视风险程度而定，高风险的货物彻底查验，低风险的货物简单查验。海关一般根据货物的实际情况及执法需要，确定具体的查验方式。

（五）径行开验与复验

《海关法》第二十八条规定："进出口货物应当接受海关查验。海关查验货物时，进口货物的收货人、出口货物的发货人应当到场，并负责搬移货物，开拆和重封货物的包装。海关认为必要时，可以径行开验、复验或者提取货样。

海关在特殊情况下对进出口货物予以免验，具体办法由海关总署制定。"

径行开验是指海关在进出口货物收发货人或其代理人不在场的情况下，对进出口货物进行开拆包装查验。有下列情形之一者，海关可以径行开验：①进出口货物有违法嫌疑的；②经海关通知查验时间，进出口货物收发货人或其代理人届时未到场的。

海关径行开验时，存放货物的海关监管场所经营人、运输工具负责人应当到场协助，并在查验记录上签名确认。有下列情形之一者，海关可以复验：①初次查验未能查明货物的真实属性，需要对已查验货物的某些性状做进一步确认的；②货物涉嫌走私违规，需要重新查验的；③进出口货物收发货人或其代理人对海关查验结论有异议，提出复验要求并经海关同意的；④其他海关认为必要的情形。

需要指出的是，已经参加过查验的查验人员不得参加对同一票货物的复验。

（六）免验

海关相关法规规定，进出口货物因特殊情况需要免验的，由货主直接向海关总署申请，经海关总署批准可以免验。

二、进出口货物收发货人或其代理人配合查验

海关查验货物时，进出口货物收发货人或其代理人应当到场，履行应承担的义务，配合海关的查验工作，同时依法行使自己的权利。

（一）进出口货物收发货人或其代理人配合查验时需要履行的义务

海关查验货物时，收发货人或其代理人应当依法履行如下义务。

1. 及时到场或委托代理人及时到场

当海关通知查验时，货主或其委托代理人应及时到达指定的查验作业区配合海关查验。如果超过规定时间未到场又没有合理的理由，海关将径行开拆货物查验，可能由此导致的相关损失由货主自负。例如，一些不宜直接开拆的货物被海关开拆，导致损失等。所以，货主应清楚海关的查验通知，及时到场配合。

2. 搬移、开拆和重封货物

海关相关法规规定，货主应负责搬移货物，开拆和重封货物包装。在实际查验中，海关根据情况对卸货有不同的要求。例如，彻底查验是将货物全部卸下，逐件开箱；抽查是卸下部分货物，有选择地开箱。因此，货主应根据海关的卸货要求，自行或委托口岸搬运公司搬移、开拆和重封货物，并负责由此产生的相关费用。

3. 提供资料、回答询问

海关相关法规规定，若海关查验需要，货主应提供必要的资料并如实回答海关人员的询问。当海关通知查验时，货主最好备齐相关资料，如装箱单、备案合同、产品说明书、品牌授权书或其他有助于说明货物性质、数（重）量、产地等的资料，到达查验区解释说明，回答询问。

4. 特殊情况提前告知

海关相关法规规定，因进出口货物所具有的特殊属性，容易因开启、搬运不当等原因导致货物损毁，需要查验人员在查验过程中予以特别注意的，进出口货物货主或其代理人应当在海关实施查验前声明。

5. 协助取样送检

海关并非对每一票查验货物都要送检化验。但是，如果海关对货物的性质有怀疑而要求送检，货主就有配合海关取样送检的义务。《海关化验工作制度》规定，海关对进出口货物要求取样送检时，货主或其代理人应及时到场；在海关查验人员的监督下按照取样要求进行取样（特殊样品应由相关专业技术人员提取），并提供有关单证和技术资料，如产品说明书、生产工艺流程等。

6. 确认海关进出境货物查验记录单

查验结束后，进出口货物收发货人或其代理人应认真阅读查验人员填写的海关进出境货物查验记录单，审阅海关进出境货物查验记录单上的记录与开箱的实际情况、货物残损情况及造成残损的原因、提取货样的情况、查验结论等是否相符。

如果海关进出境货物查验记录单准确清楚，配合查验人员应当立即签名确认；不签名的，海关查验人员在查验记录中予以注明，并由货物所在监管场所的经营人签名证明。

（二）进出口货物收发货人或其代理人配合查验时享有的权利

进出口货物收发货人或其代理人配合海关查验货物时享有以下权利。

1. 申请复验

货主若对海关查验结论有异议，可以提出复验的要求。海关批准同意后，将对已查验的货物进行复验。复验时海关将另外安排人员进行，原来的查验人员不得参加。

2. 损坏赔偿

海关在查验进出口货物时，损坏被查验货物的，应当赔偿实际损失。这是一条对海关具有很强约束力、充分维护货主权利的规定。海关在查验货物时，不管海关在主观上有无过错，只要在客观上对被查验货物造成损坏，就必须赔偿货物的实际损失。

海关对查验的赔偿是有条件的，仅仅限于在实施查验过程中，由于查验人员的责任造成被查验货物损坏的直接经济损失，并根据被损坏货物及其部件的受损程度，或者根据修理费来确定赔偿金额。下列情况不属于海关赔偿范围：①进出口货物收发货人或其代理人搬移、开拆、封装货物或保管不善造成的损失；②易腐、易失效货物在海关正常工作程序所需要的时间内（含扣留或代管期间）所发生的变质或失效；③海关正常查验时不可避免的磨损；④在海关查验之前已发生的损坏和海关查验之后发生的损坏；⑤由于不可抗拒的原因造成的货物的损坏、损失。

进出口货物收发货人或其代理人在海关查验时，对货物是否受损坏未提出异议，事后发现货物有损坏的，海关不负赔偿责任。

3. 申请担保放行

在确定货物归类、估价或者办结其他海关手续前，进出口货物收发货人或其代理人要求放行货物的，海关应当在其提供与其依法应当履行的法律义务相适应的担保后放行。如果在查验过程中，海关要求对货物取样送检，而货物的交货时间很紧，货主可以向海关申请担保放行。在符合有关担保规定的前提下，海关将允许办理担保后放行。

4. 要求保密

海关相关法规规定，在取样送检过程中，如果所提供的技术资料涉及商业秘密，货主或其代理人应事先声明，海关应为其保密。如果海关工作人员泄露企业的商业秘密，将会受到相关的纪律处分。因此，协助海关送检，不必担心泄密的问题。

（三）进出口货物快速通过查验的方法

进出口货物收发货人或其代理人要想尽快通过海关查验，应做好以下工作。

1. 整齐堆放货物

货物应尽量堆放整齐，如果一个货柜中有多个品种的货物，最好是分区摆放，把相同品种的货物放在一起，以便海关抽查。如果不注意货物的摆放，整个货柜的货物乱堆乱放，就会给海关查验增添难度，必然增加装卸和查验的时间，最终给自己造成损失。

2. 备好资料并及时到场

在海关通知查验后，货主应及时备齐有助于说明货物品名、规格、数（重）量、产地、价值等情况的资料，如装箱单、提单、备案合同、发票、产品说明书等，在规定时间内赶到海关查验区配合查验。

将这些资料及时提供给海关，将会缩短货物查验时间，减少双方的意见分歧，而且，一些不宜直接开拆的货物也能够及时向海关解释说明以免损失。由于一些进出口企业所在地离海关查验区较远，这些资料难以被及时送达，因此，通常在通关时由代理人（如运输公司、报关企业）携带，这样当海关要求查验时就能及时提供。

3. 收货前检验

目前，企业往往通过传真、电子邮件或电话等方式与外商商谈进出口业务，对进出口货物最多仅是看过样品。进口商品经多个环节到达我国口岸时，其规格、数（重）量、性质等情况有时与原来合同不一致（如对方发错货），这时候，如果企业还是依照原来合同的规格、数量、重量向海关申报，就会出现单货不符的情况。在这种情况下，如果被海关查验发现，则势必受到处罚。由于《海关法》允许货主在申报前查看货物或者提取货样，因此，货主可根据实际情况行使这个权利。如果对进口货物的情况不能确定，先验看过货物再申报，否则可能产生不良后果。

4. 及时更新知识产权备案

近年来，海关对知识产权的保护越来越重视，这方面相应的案件纠纷也越来越多。目前，各地海关在查验过程中核实进出口货物是否涉嫌某品牌侵权时，一般通过海关内部网络上的知识产权备案库来核查该品牌权利人是否授权给货主。如果属于已经授权的企业则没有问题，如果发现是未授权企业，则要通过海关法规部门联系权利人核实情况。由于贸易情况千变万化，权利人授权的企业是不断变化的，但是不少权利人没有及时向海关申请更新授权企业名单，从而导致不必要的纠纷和通关延误。因此，拥有受海关保护的知识产权权利人应及时申请更新授权企业资料，以保护自己的合法权益不受损害。

5. 守法是快速通过查验的诀窍

目前，各地海关都推出不少有助于加快通关、加快查验的优惠措施，如加急通关、预约通关等，国家还推出了“属地申报，口岸验放”的快速通关模式。但是，这些快速通关措施往往只适用于高信用企业，不是所有企业都可以享受。因此，企业要想享有海关提供的优惠通关措施，减少查验的概率和简化查验过程，最好的途径就是严格遵守海关相关法律法规，争取成为高信用企业，这既是对海关工作最好的配合，也是自身发展国际贸易最好的保障。

三、征收/缴纳税费

进出口货物收发货人或其代理人在将报关单（证）及随附单证提交给货物进出境指定海关后，该海关将对报关单证进行审核，对需要查验的货物，在海关查验后，由海关核对计算机计算的税费（包括进出口关税、增值税、消费税、船舶吨税及滞报金、滞纳金等费用），开具税款缴款通知书和收费票据。

进出口货物收发货人或其代理人在接到海关开具的税款缴款通知书后，在规定的时间内，到指定银行办理税款缴纳手续。一旦收到银行缴款成功的信息，即可报请海关办理货物放行手续。

四、海关放行

（一）海关放行的含义

海关放行是指海关在接受进出口货物的申报、审核电子数据报关单和纸质报关单及随附单据、查验货物、征收税费或接受担保以后，对进出口货物作出结束海关进出境现场监管的决定，并在进口货物提货凭证或出口货物装货凭证上签盖海关放行章，允许进出口货物离开海关监管现场的工作环节。

海关放行后，进出口货物收发货人或其代理人就可以签收进口提货凭证或出口货物装货凭证，即可凭以到货物进出境地的港区、机场、车站、邮局等地的海关监管仓库办理提取或装运货物的手续。这时，进出口货物就可以直接进入生产或消费领域。

（二）海关放行的操作

海关放行的具体操作如下。

1. 海关放行的一般过程

海关放行一般由海关在进口货物提货凭证或出口货物装货凭证上加盖海关放行章，进出口货物收发货人或其代理人就可以签收进口提货凭证或出口货物装货凭证，凭以提取进口货物，或将出口货物装运到运输工具上离境。

对于实行“无纸贸易”申报方式的海关，海关作出现场放行决定时，通过计算机将决定放行的信息发送给进出口货物收发货人或其代理人、海关监管货物管理人。然后，进出口货物收发货人或其代理人从计算机上自行打印海关通知放行的凭证，凭以提取进口货物，或将出口货物装运到运输工具上离境。

2. 签发报关单证明联

海关放行后，如果进出口货物收发货人或其代理人申请办理有关货物的进出口报关单证明联，则海关需要签发相关报关单证明联。常见的证明有以下几种。

1）进口付汇证明。对于需要在银行或国家外汇管理部门办理进口付汇核销的进口货物，经报关员申请、海关审核后，海关即可在符合条件的进口货物报关单上签名、加盖海关验讫章，作为进口付汇证明联签发给报关员，并同时通过电子执法系统向银行或国家外汇管理部门发送证明联电子数据。

2）出口收汇证明。对于需要在银行或国家外汇管理部门办理出口收汇核销的出口货物，经报关员申请、海关审核后，海关即可在符合条件的出口货物报关单上签名、加盖海关验讫章，作为出口收汇证明联签发给报关员，并同时通过电子执法系统向银行或国家外汇管理部门发送证明联电子数据。

3）出口收汇核销单。对于需要办理出口收汇核销的出口货物，报关员应当在申报时向海关提交由国家外汇管理部门核发的出口收汇核销单。海关放行货物后，由海关工作人员在出口收汇核销单上签字、加盖海关单证章。出口货物发货人凭出口货物报关单收汇证明联和出口收汇核销单办理出口收汇核销手续。

4）出口退税证明。对于需要在国家税务机构办理出口退税的出口货物，报关员应当向海关申请签发出口货物报关单退税证明联。海关经审核，对符合条件的予以签发并在证明联上签字、加盖海关验讫章，交给报关员，并同时通过电子执法系统向银行或国家税务机构发送证明联电子数据。

5）进口货物证明书。对于进口汽车、摩托车等交通运输工具，报关员应当向海关申请签发进口货物证明书，进口货物收货人凭以向国家交通管理部门办理汽车、摩托车等的牌照申领手续。海关放行汽车、摩托车后，向报关员签发进口货物证明书，同时，将进口货物证明书上的内容通过计算机发送给海关总署，再传输给国家交通管理部门。

海关已签发的报关单证明联、核销联因遗失、损毁等特殊情况需要补签的，进出口货物的收发货人、受委托的报关企业应当自原证明联签发之日起 1 年内向海关提出书面申请，并随附有关证明材料，海关审核同意后，可予以补签。海关在证明联、核销联上注明“补签”字样，并按规定收取工本费。

（三）海关放行的意义

对于一般进出口货物，海关放行就意味着进出口货物收发货人或其代理人已经办理完所有的海关手续，海关不再对其进行监管，放行即等于结关。

对于保税货物、特定减免税货物、暂准进出境货物及部分其他特殊进出境货物，海关虽然放行，但进出口货物收发货人或其代理人并未办完所有的海关手续，海关在一定时期内还将对其进行监管。因此，此类货物的海关进出境现场放行并不等于结关。

《海关法》第四十五条规定：“自进出口货物放行之日起三年内或者在保税货物、减免税进口货物的海关监管期限内及其后的三年内，海关可以对与进出口货物直接有关的企业、单位的会计帐簿、会计凭证、报关单证以及其他有关资料和有关进出口货物实施稽查。具体办法由国务院规定。”

知识拓展

文物进出口的相关规定

根据《中华人民共和国文物保护法》，下列具有历史、艺术、科学价值的文物，受国家保护：①具有历史、艺术、科学价值的古文化遗址、古墓葬、古建筑、石窟寺和石刻；②与重大历史事件、革命运动和著名人物有关的，具有重要纪念意义、教育意义和史料价值的建筑物、遗址、纪念物；③历史上各时代珍贵的艺术品、工艺美术品；④重要的革命文献资料及具有历史、艺术、科学价值的手稿、古旧图书资料等；⑤反映历史上各时代、各民族社会制度、社会生产、社会生活的代表性实物。

具有科学价值的古脊椎动物化石和古人类化石同文物一样受国家的保护。

文物分为珍贵文物、禁止出境的文物、一般文物等类别。珍贵文物是指国家博物馆馆藏一、二、三级文物；禁止出境的文物是指有损国家荣誉、有碍民族团结、在政治上有不良影响的文物；上述以外的，为一般文物。

按规定，珍贵文物禁止出境，一般文物限制出境。旅客携带和个人邮寄文物出境，必须事先向海关申报，经国家文化行政管理部门指定的省、自治区、直辖市文化行政管理部门进行鉴定，并发给许可出口凭证。准许出口的文物必须经由指定口岸运出。对经鉴定不能出境的文物，国家可以征购。

具有重要历史、艺术、科学价值的文物，除经国务院批准运往国外展览的以外，一律禁止出境。

旅客入境带进文物，数量不受限制，海关准予进口。需要复带出境的，应在入境时向海关详细申报，内容包括品名、数量、年代、规格、质地、款式等，必要时须提供照片，经海关核查无讹后，登记备核。复带文物出境时，海关凭入境时的申报登记核放。

携带、邮寄、托运个人家存文物（含已故现代著名书画家的作品）出口，必须向海关申报，并交验文化行政管理部门制发的文物出境许可证明，海关凭证明文件核查文物上钤盖的鉴定标志放行。

已向海关申报，但不能交验文化行政管理部门开具的文物出境许可证明和钤盖的鉴定标志的，不准出口，应予退运，并于3个月内由当事人处理。

携运、邮寄文物出口，不向海关申报，不论是否藏匿，海关都将依法处理。

新中国成立以来制作的文物仿制品和复制品，不属文物范围。携带文物仿制品和复制品出境，除国家另有规定的外，在自用、合理数量范围以内的准予带出。

已故现代著名书画家的作品，除经文化行政管理部门鉴定准予出境的外，不准携运出境。

对一般现代书画作品，旅客携带出境的，在自用、合理数量范围以内，邮寄的在规定的限值内，海关准予出口。

小　结

一般进出口货物是指在进出境时，依法向海关缴纳了应征的进出口税费并办结了所有必要的海关手续，海关放行后不再进行监管的货物。一般进出口货物在办结海关手续后，可以直接进入生产或消费领域流通。

一般进出口货物的报关程序包括4个基本环节：进出口货物申报、配合海关查验、缴纳税费、提取或装运货物。

申报是一般进出口货物通关的起点。通常情况下，进口货物的申报期限是自装载货物的运输工具申报进境之日起14日内；出口货物的申报期限是货物运抵海关监管区后、装货的24小时前。超过法定的申报期限，海关将按进口货物完税价格的0.5‰/日征收滞报金；进口货物自装载货物的运输工具申报进境之日起，超过3个月仍未向海关申报的，货物由海关依法提取变卖处理；对属于不宜长期保存的货物，海关可以根据实际情况提前予以处理。正式申报可以采用电子数据报关单申报方式和纸质报关单申报方式，而且两种申报方式均具有法律效力。

查验是海关代表国家行使货物监管权的有效体现，是海关履行监管职能的一项基本工作，进出口货物收发货人或其代理人应当予以配合。对于不宜长期保存的货物和需要“紧急验放”的货物，海关可以优先安排实施查验。海关查验时，进出口货物收发货人或其代理人应到场配合，并且可以申请查验时的货物损坏赔偿。

海关在接受进出口货物的申报、审核电子数据报关单和纸质报关单及随附单据、查验货物、征收税费或接受担保以后，在进口货物提货凭证或出口货物装货凭证上签盖海关放行章，进出口货物收发货人或其代理人就可以凭以提取或装运货物，办结海关手续。海关放行意味着一般进出口货物的报关程序结束，海关不再对进出口货物实行监管。

案例分析

大连某贸易公司以CIF大连USD 8900/吨从英国进口HHM5502BN薄膜级低压高密度聚乙烯200吨（列入法检范围，属自动许可证管理并实行“一批一证”制），进口合同中的溢短装条款规定，装载数量为±5%。该批货物于2018年9月16日晚10点左右由“女王号”轮船载运，到达大连大窑湾港，9月18日申报进境。大连某贸易公司申报前看货取样时，发现不但实际到货210吨，而且其中混有型号为HHMTR_144的同类商品20吨。大连某贸易公司随即与英国出口商交涉，英商同意补偿HHM5502BN货物10吨，同时，英商要求将型号为HHMTR_144的商品降价销售给大连某贸易公司，但大连某贸易公司不同意留购。

思 考

1. 大连某贸易公司最迟应于什么时间向海关申报？否则，海关将如何处理？
2. 大连某贸易公司申报时，应提交哪些单证？
3. 大连某贸易公司申报时，货物数量应报多少？对英商同意补偿进口的10吨货物，应如何办理海关手续？
4. 大连某贸易公司不同意留购的型号为HHMTR_144的同类商品20吨应如何处理？

自　测　题

一、选择题

1. 下列货物中，海关放行即为结关的货物是（　　）。
   A. 暂准进出境货物　　B. 特定减免税货物
   C. 一般进出口货物　　D. 保税仓储货物

2. 下列选项中属于海关赔偿范围的是（　　）。
   A. 在海关查验货物的过程中，由于报关单位陪同人员搬移货物时造成的货物损坏
   B. 易腐、易失效货物在海关工作程序所需要的时间内发生的货物变质或失效
   C. 海关查验人员在查验过程中造成的货物损坏，并在查验记录上签注
   D. 货物查验后，货物在入库时收货人发现被查验货物损坏

3. 下列货物中属于一般进出口货物的是（　　）。
   A. 保税货物转内销货物　　B. 特定减免税货物
   C. 易货贸易货物　　D. 保税物流中心从境外进口的货物

4. 中国石化公司从伊拉克进口原油 30 万吨，由一艘船舶装运进口。在进口报关时，除应提交进口货物报关单外，还应向海关提交（　　）。
   A. 发票、装箱单、提货单　　B. 合同
   C. 自动进口许可证　　D. 进口许可证

5. 进出口货物收发货人或其代理人配合海关查验的工作主要有（　　）。
   A. 负责搬移货物，开拆和重封货物的包装
   B. 回答查验关员的询问
   C. 负责提取海关需要进一步检验、化验或鉴定的货样
   D. 签字确认查验记录

二、判断题

1. 进出口货物收发货人或其代理人的申报数据被海关接受之日起，其申报的数据就产生法律效力，进出口货物收发货人或其代理人自此向海关承担“如实申报”“如期申报”等法律责任。（　　）

2. 一般进出口货物也称一般贸易货物，是指在进出境环节缴纳了应征的进出口税费并办结了所有必要的海关手续，海关放行后不再进行监管，可以直接进入生产和流通领域的进出口货物。（　　）

3. 经电缆、管道、输送带或者其他特殊运输方式输送进出口的货物，经海关同意，可以集中向指定海关申报。（　　）

4. 通常情况下，进口货物的申报期限是自装载货物的运输工具进境之日起 14 日内，出口货物的申报期限是货物运抵海关监管区后、装货的 24 小时前。（　　）

5. 负责向海关办理一般进出口货物具体申报手续的人员，可以是预先在海关依法办理了注册登记手续的进出口货物的收发货人，也可以是受委托的报关企业。（　　）

第七章　特殊货物的通关

教学目标

- 掌握各种特殊货物的含义及通关方面的具体规定

学习要点

- 特定减免税货物、暂准进出境货物、进出境快件、租赁货物、无代价抵偿货物等特殊货物的报关程序
- 海关监管货物转关的报关程序

导入案例

天津宏利有限公司是一家专营玻璃加工生产的中外合资企业，该公司于2018年9月与中国香港某公司签约购买平板玻璃深加工设备一套。由于该设备属于《外商投资产业指导目录》中鼓励类进口项目，因此，该公司在进口设备抵达进境地大连前，持《外商投资企业征免税登记手册》和免税申请表向天津海关申请办理了《中华人民共和国海关进出口货物征免税证明》（以下简称《进出口货物征免税证明》）。该设备于2019年2月1日由“伊丽莎白号”轮载运在大连港进境，天津宏利有限公司随即委托大连顺通报关行于2019年2月2日向大连海关办理转关申请手续，货物由“渤海号”轮于2019年2月5日运抵天津。天津宏利有限公司于2019年2月25日向天津海关办理进口报关手续。由于该批货物没有在法定期限内申报，因此，在缴纳了滞报金后，该批货物由海关查验后放行。后来，由于遭遇经济危机和经营不善，天津宏利有限公司申请破产，经过清算后，这套进口的平板玻璃深加工设备由合资中方按照规定补缴了税款留用。

学习本章后，学生能够掌握各种特殊货物通关方面的具体规定。

第一节　特定减免税货物的通关

一、特定减免税货物概述

（一）特定减免税货物的含义

特定减免税货物是指海关根据国家政策的规定，为了优先发展特定地区的经济、鼓励外商在我国直接投资、促进各项事业的发展及保护弱势群体的需要，准予减免税进口用于特定地区、特定企业、特定用途的货物。

这里的特定地区是指我国关境内由行政法规规定的特别限定地区，如出口加工区、保税区等。特定企业是指由国务院制定的行政法规专门规定的特定企业，主要包括合资

企业、合营企业和外商独资企业（即三资企业）。特定用途是指国家规定可以享受减免税优惠的进口货物只能用于行政法规专门规定的用途，如国内投资项目、利用外资项目、科教用品、残疾人用品等。

（二）特定减免税货物的特征

特定减免税货物具有以下3个特征。

1. 特定条件下减免进口关税

减免关税是有其特定目的的，这种具有鲜明特定性的关税优惠只能在国家行政法规规定的特定地区、特定企业、特定用途的条件下才能享受。

2. 一般不豁免进口许可证件

特定减免税货物享受的仅仅是税费方面的减免待遇，对于那些属于进口许可证件管理的货物，进口时依然需要提交相应的许可证件。

但是外商独资企业在其投资总额内进口涉及机电产品自动进口许可管理的物资，可以享受免交验许可证的待遇。

3. 在特定的期限内接受海关的监管

为了确保货物进口后完全用于规定的地区、企业和用途，享受减免税的货物必须在特定的期限内接受海关的监管，不同货物的监管期限不同。

（三）减免税货物的监管要点

1）特定减免税进口的设备可以在两个享受特定减免税优惠的企业之间结转，结转手续分别向企业主管海关办理。

2）出口加工区企业进口免税的机器设备等，应当填制出口加工区进境备案清单；保税区企业进口免税的机器设备等，应当填制进口货物报关单。

二、减免税备案登记、申请、出口报关与申请解除

（一）减免税备案登记

1. 特定地区

1）保税区。保税区企业向保税区海关办理减免税备案登记时，应当提交企业批准证书、营业执照、企业合同、章程等，并将企业有关情况输入计算机系统。海关审核后准予备案的，即签发企业征免税登记手册，企业凭以办理货物减免税申请手续。

2）出口加工区。出口加工区企业向出口加工区海关办理减免税备案登记时，需要提交出口加工区管理委员会的批准文件、营业执照等，并将企业有关情况输入海关计算机系统。海关审核后批准建立企业设备电子账册，企业凭以办理货物减免税申请手续。

2. 特定企业

特定企业（三资企业）向企业主管海关办理减免税备案登记时，需要提交商务主管部门的批准文件、营业执照、企业合同、章程等，海关审核后准予备案的，即签发外商投资企业征免税登记手册，企业凭以办理货物减免税申请手续。

3. 特定用途

用于特定用途的货物享受减免税优惠时无须备案，凭相关部门的批准书直接申请。

（二）减免税申请

1. 特定地区

1）保税区。保税区企业在进口特定减免机器设备等货物以前，应向保税区海关提交企业征免税登记手册、发票、装箱单等，并将申请进口货物的有关数据输入海关计算机系统。海关核准后签发进出口货物征免税证明交申请企业。

2）出口加工区。出口加工区企业在进口特定减免税机器设备等货物以前，应向出口加工区海关提交发票、装箱单等，海关核准后直接在企业设备电子账册中进行登记，不核发进出口货物征免税证明。

2. 特定企业

三资企业在进口特定减免税机器等货物以前，向主管海关提交外商投资企业征免税登记手册、发票、装箱单等，并将申请进口货物的有关数据输入海关计算机系统，海关核准后签发进出口货物征免税证明交申请企业。

3. 特定用途

1）国内投资项目减免税申请。国内投资项目经批准以后，减免税货物进口企业需要持国务院有关部门或省、自治区、直辖市人民政府签发的国家鼓励发展的内外资项目确认书、发票、装箱单等单证，向项目主管直属海关提出减免税申请。海关审核后签发进出口货物征免税证明交申请企业。

2）利用外资项目减免税申请。利用外资项目经批准后，减免税货物进口企业需要持国务院有关部门或省、自治区、直辖市人民政府签发的国家鼓励发展的内外资项目确认书、发票、装箱单等单证，向项目主管直属海关提出减免税申请。海关审核后签发进出口货物征免税证明交申请企业。

3）科教用品减免税进口申请。科教单位办理科学研究和教学用品免税进口申请时，需要持有关主管部门的批准文件，向单位所在地主管海关申请办理资格认定手续，海关审核批准后签发科教用品免税登记手册。科教单位在进口特定减免税科教用品以前，向主管海关提交科教用品免税登记手册、合同等单证，并将申请进口货物的有关数据输入海关计算机系统。海关核准后签发进出口货物征免税证明。

4）残疾人专用品减免税申请。残疾人在进口特定减免税专用品以前，向主管海关提交民政部门的批准文件。海关审核批准后签发进出口货物征免税证明。

知识拓展

进出口货物征免税证明的使用

进出口货物征免税证明的有效期为6个月，持证人应当在海关签发征免税证明后的6个月内进口经批准的特定减免税货物。若有特殊情况，可以申请延长，延长期限最长为6个月。进出口货物征免税证明实行“一证一批”的原则，即一份征免税证明上的货物只能在一个进口口岸一次性进口。如果一批特定减免税货物需要分两个及两个以上口岸进口，或者分两次及两次以上进口，持证人须事先分别申领征免税证明。例如，天津某外资企业从韩国进口大型成套机器设备，分三批运输进口，其中两批从大连进口，另一批从丹东进口。该企业在向海关申请办理该套设备的减免税手续时，需要向天津海关分别申领三份征免税证明。

自2017年4月26日起，对通过中国电子口岸QP预录入客户端减免税申报系统申请办理减免税手续并通过海关审核的收发货人或受委托的报关企业在进口通关环节无须提交纸质征免税证明或其扫描件。征免税证明的电子数据与申报数据不一致，海关需要验核纸质单证的，有关企业应予以提供。

（资料来源：海关总署办公厅，2017.海关总署关于在通关环节免予提交纸质《中华人民共和国海关进出口货物征免税证明》的公告[EB/OL].（2017-04-26）[2020-10-25].http://www.customs.gov.cn/customs/302249/zfxxgk/gkml287/index.html?callbackUrl=/tabid/1165/InfoID/30458/Default.aspx.）

（三）出口报关

特定减免税货物与一般进口货物的报关程序基本一致，但是在具体手续方面需要注意以下3点。

1. 提交进出口货物征免税证明

特定减免税货物进口报关时，除提交报关单及有关单证外，还须向海关提交进出口货物征免税证明。

2. 提交进口许可证件

特定减免税货物属于进出口许可证管理的，须提交进口许可证件，法律、行政法规另有规定的除外。

3. “备案号”一栏填写进出口货物征免税证明上的12位编号

特定减免税货物进口报关单的“备案号”一栏填写进出口货物征免税证明上的12位编号，用于海关计算机系统审核征免税证明电子备案是否和纸质进出口货物征免税证明一致。如果编号填错，将不能通过海关审核。

（四）申请解除监管

特定减免税货物的监管年限届满，纳税义务人须自监管年限届满之日起1年内，持有关单证向主管海关申请解除海关对减免税进口货物的监管，办理结关手续；海关自接到纳税义务人申请之日起 10 日内核实情况，签发中华人民共和国海关进口减免税货物解除监管证明。

特定减免税货物在海关监管期限内，因特殊原因要求出售、转让、放弃，或者企业破产清算的，原减免税申请人须向海关提出有关解除监管的申请，按有关规定办理结关手续。

1. 监管期满申请解除监管的手续

特定减免税货物监管期满时，原减免税申请人须提出申请，经审核批准后，由主管海关签发中华人民共和国海关进口减免税货物解除监管证明，至此，特定减免税进口货物办结了全部海关手续。

2. 监管期内申请解除监管

特定减免税货物因特殊原因，在监管期内要求销售、转让、放弃、退运出境的，按下列程序办理解除监管和结关手续。

（1）销售、转让的处理

特定减免税货物需要在海关监管期内销售、转让的，原征免税证明的申请人须向原签发征免税证明的海关办理缴纳进口税费的手续。海关按照使用时间审查确定完税价格征税后，签发解除监管证明书，企业即可将原减免税货物在国内销售、转让。

企业如果将货物转让给同样享受进口减免税优惠的企业，接受货物的企业需要先向主管海关申领进出口货物征免税证明，凭以办理货物的结转手续。

（2）退运出境处理

企业要求将特定减免税货物退运出境的，需要向出境地海关办理货物出口退运申报手续。出境地海关监管货物出境后，签发出口货物报关单，企业持该报关单及其他有关单证向主管海关申领解除监管证明。

（3）放弃的处理

企业要求放弃特定减免税货物的，需要向主管海关提交放弃货物的书面申请，经海关核准后，按照海关处理放弃货物的有关规定办理手续。海关将货物拍卖，所得款项上缴国库后签发收据，企业凭以向主管海关申领解除监管证明。

3. 破产清算中的特定减免税货物的处理

企业破产清算、变卖、拍卖处理其尚在海关监管期限内的特定减免税货物，应该事先向主管海关申请，主管海关审批同意并按规定征收税款后，签发解除监管证明；若该货物已经改变其进口时的状态，经海关实际查验并做查验记录后，也可照此办理解除监管手续。

只有在解除监管后，减免税货物才可以进入破产清算、变卖、拍卖程序。对于属于许可证件管理的货物，当初未申领许可证件的，凭人民法院的判决或仲裁机关的仲裁证明，可以免予补办进口许可证件。

4. 保税区内企业免税进口货物的处理

保税区内企业免税进口货物未满海关监管年限，申请提前解除监管，需要按规定缴纳进口关税，完税价格的确定视同保税区外货物，同时交验有效的许可证件。

第二节　暂准进出境货物的通关

一、暂准进出境货物概述

（一）暂准进出境货物的概念

暂准进出境货物是暂准进境货物与暂准出境货物的合称，是指为了特定目的，经海关批准，暂时进境或暂时出境，并在规定的期限内按原状复运出境或复运进境的货物。

海关监管下的暂准进出境货物主要包括以下 12 项：在展览会、交易会、会议及类似活动中展示或者使用的货物；文化、体育交流活动中使用的表演、比赛用品；进行新闻报道或者摄制电影、电视节目使用的仪器、设备及用品；开展科研、教学、医疗活动使用的仪器、设备及用品；上述 4 项所列活动中使用的交通工具及特种车辆；货样；供安装、调试、检测设备时使用的仪器、工具；慈善活动使用的仪器、设备及用品；盛装货物的容器；旅游用自驾交通工具及用品；工程施工中使用的设备、仪器及用品；海关批准的其他暂时进出境货物。

（二）暂准进出境货物的类别

上述货物按照我国海关的监管方式可分为四大类：①使用 ATA 单证册报关的暂准进出境货物，指上述 12 项货物中的第 1 项即在展览会、交易会、会议及类似活动中展示或者使用的货物；②不使用 ATA 单证册报关的展览品（第 1 项货物中不使用 ATA 单证册报关的进出境展览品）；③盛装货物的容器（主要指集装箱箱体）；④暂时进出境货物（除上述 3 种方式报关外的其他暂准进出境货物）。

（三）暂准进出境货物的特征

暂准进出境货物的特征包括以下 4 点。

1. 有条件暂时免缴纳税费

在纳税义务人向海关缴纳相当于应税款的保证金或其他担保后，暂准进出境货物在进出境申报时不必缴纳进出口税费。

2. 免提交进出口许可证件

暂准进出境货物最终要按原状复运出境或进境，因而可以免交验进出口许可证件，但涉及进出口检验检疫证件的货物除外。

3. 在规定期限内按原状复运进出境

暂准进出境货物需要自进境或出境之日起，在 6 个月内复运出境或进境，可以申请延长期限。

4. 按货物的实际使用情况办结海关手续

暂准进出境货物需要在规定的期限内，由货物的收发货人根据货物不同的使用情况向海关办理结关核销手续。

二、使用 ATA 单证册报关的暂准进出境货物的报关

（一）ATA 单证册概述

1. ATA 单证册的含义

ATA 单证册是“暂准进口单证册”的简称，又称货物免税进口护照，是国际海关组织通过相关文件规定使用的，用于替代各缔约方海关暂准进出境货物报关单和税费担保的国际性通关文件。作为国际上统一的暂准进出口货物报关单证，ATA 单证册通过国际担保形式，简化海关手续，大大便利了暂准进出口货物的通关。

2. ATA 单证册的特点

1）简化通关手续。持证人使用 ATA 单证册后，无须填写各国国内报关文件，免交税费担保，极大地简化了货物通关手续。

2）节约通关费用和时间。ATA 单证册由持证人在本国申请，可在多个国家使用，无须在外国海关办理其他手续或交纳费用，并可确保快捷通关。

3）降低持证人风险。由于实行国际联保，持证人在出境时无须为向外国海关交纳进口关税的担保而携带高额外汇。

4）可重复使用。国际公约规定该册有效期最长为 1 年（我国规定为 6 个月），超过此期限的，可以申请延期，延期最长不超过 3 次，每次延长期限不超过 6 个月。ATA 单证册项下的货物可以在有效期内凭同一单证册在本国多次进出口，并在多个国家过境通关。

5）应用人员范围广泛。从事商务活动人员、各行专业人士均可受益于 ATA 单证册。例如，会议代表、工作人员、记者、医生、科研人员、旅游者及参展厂家、广播电视台、演艺团体等各界人士及相关机构均可为其所使用的货物或物品申办 ATA 单证册。

3. ATA 单证册的核心内容

ATA 单证册的核心内容是国际联保，即通过国际商会国际局组织管理的国际担保连环系统，由各国海关当局核准的国际商会组织作为国家担保机构共同组成，各国担保机构负责签发本国申请的 ATA 单证册，并对 ATA 单证册项下货物应付的关税及其他税费向国际商会国际局履行全面担保义务。

ATA 单证册持证人在货物出境前向本国的担保机构（国际商会组织）申请签发 ATA

单证册后，凭以就有关货物在外国入境时向该国海关申报，并按规定期限复运出境，最终将经各海关签注的 ATA 单证册交还给原出证机构，ATA 单证册的整个使用过程到此结束。

如果货物在暂准进口期限届满时仍未复运出境，则进口国海关当局可在期满后 1 年内向本国的担保机构提出 ATA 单证册索赔，要求支付该单证册项下进口货物应付税款，本国担保机构根据该国当局的索赔要求支付税款后，再通过国际商会国际局向该 ATA 单证册签发国的担保机构追偿已付的税款。

4. ATA 单证册在我国的适用范围

ATA 单证册在我国限于展览会和交易会、专业设备、商业样品、体育用品货物报关，海关不受理持 ATA 单证册办理其他货物的进出口报关。

5. ATA 单证册在我国的使用

我国 ATA 单证册的担保和出证机构是中国国际商会，负责签发出境 ATA 单证册，向海关报送所签发 ATA 单证册的中文电子文本，协助海关确认 ATA 单证册的真伪，并承担 ATA 单证册持有人因违反暂时进出境规定而产生的相关税费、罚款。

海关总署在北京海关设立 ATA 单证册核销中心，负责对 ATA 单证册的进出境凭证进行核销、统计及追索，并应缔约方担保人的要求，凭有关原始凭证，提供 ATA 单证册项下暂时进出境货物已经进境或从我国复运出境的证明，同时对全国海关 ATA 单证册的有关核销业务进行协调和管理。

阅读资料

ATA 单证册的申请

首次申请 ATA 单证册的企事业单位应办理注册手续，提交经当地市场监督管理局盖章的营业执照复印件或相应公文；每申请一份 ATA 单证册，申请人应详细填写并提交一份申请表；填写并提交 ATA 单证册中特定格式的货物总清单，其中包括货物项号、品名、数量、重量、价值、原产地等内容。ATA 单证册项下货物是免税进口的，如果货物在进口国因被售、被赠或其他原因而未能复出口，持证人应向进口国缴纳进口税费，因此，申请人应在申请时向出证机构提交符合要求的担保。

（二）使用 ATA 单证册报关的暂准进出境货物报关程序

使用 ATA 单证册报关的暂准进出境货物报关程序如下。

1. 申报

（1）进境申报

进境货物收货人或其代理人持 ATA 单证册向海关申报进境展览品时，先在海关核准的出证机构即中国国际商会及其他商会，将 ATA 单证册上的内容预录入海关与商会联网的 ATA 单证册电子核销系统，然后向展览会主管海关提交纸质 ATA 单证册、提货单等单证。

海关在白色进口单证上签注，并留存白色进口单证正联，存根联随ATA单证册其他各联退还给进境货物收货人或其代理人。

（2）出境申报

出境货物发货人或其代理人持ATA单证册向海关申报出境展览品时，向出境地海关提交国家主管部门的批准文件、纸质ATA单证册、装货单等单证。

海关在绿色封面单证和黄色出口单证上签注，并留存黄色出口单证正联，存根联随ATA单证册其他各联退还给出境货物发货人或其代理人。

（3）过境申报

过境货物承运人或其代理人持ATA单证册向海关申报将货物通过我国转运至第三国参加展览会的，不必填制过境货物报关单。海关在两份蓝色过境单证上分别签注后，留存蓝色过境单证正联，存根联随ATA单证册其他各联退还给运输工具承运人或其代理人。

（4）异地复运出境、复运进境申报

异地复运出境、进境的货物，ATA单证册持证人须持主管海关签章的海关单证向复运出境、复运进境地海关办理手续，货物复运出境、复运进境后，主管地海关凭复运出境、复运进境地海关签章的海关单证办理核销结案手续。

2. 结关

（1）正常情况结关

持证人在规定期限内将进境展览品和出境展览品复运出境或复运进境，海关在白色复出口单证和黄色复进口单证上分别签注，留存单证正联，存根联随ATA单证册其他各联退还给持证人，正式核销结关。

（2）特殊情况结关

持证人不能在规定期限内将展览品复运进出境的，我国海关向担保协会（即中国国际商会）提出追索。

ATA单证册项下的货物因不可抗力原因受损，无法按原状复运进出境，ATA单证册持证人须及时向主管海关报告，可以凭有关部门出具的证明材料办理复运进出境手续；因不可抗力原因灭失或失去使用价值的，经海关核准后，可以视同该货物已经复运进出境。

ATA单证册项下的货物因非不可抗力原因受损或灭失的，持证人须按货物进出口的有关规定办理海关手续。

三、不使用ATA单证册报关的展览品的报关

（一）不使用ATA单证册报关的展览品概述

1. 不使用ATA单证册报关的展览品的含义

在暂准进出境货物范围中的第1项中，不使用ATA单证册报关的展览品，直接按照展览品填制进出口货物报关单报关，在交纳适当的保证金后，海关批准其暂免纳税进出境。

2. 不使用ATA单证册报关的展览品的范围

（1）进境展览品

进境展览品包括以下几种：在展览会中展示或示范用的货物、物品；为示范展出的机器或器具所需用的物品；展览者设置临时展台的建筑材料及装饰材料；供展览品做示范宣传用的电影片、幻灯片、录像带、录音带、说明书、广告、光盘、显示器材等。

下列在展览会期间供消耗、散发的展览用品，由海关对其数量和总值进行审定，在合理范围内的，可以免征进口关税和进口环节税：①在展览活动中免费分送给观众或者消费的小件样品；②为展出的机器或器具进行操作示范，并在示范过程中被消耗或损坏的物料；③展出者为修建、布置或装饰展台而进口的一次性廉价物品，如油漆、涂料、壁纸；④参展商免费提供并在展出中免费散发的与展出活动有关的宣传印刷品、商业目录、说明书、价目表、广告招贴、广告日历、未装框照片等；⑤供展览会使用的档案、表格及其他文件。

海关对展览用品中的酒精饮料、烟草制品及燃料一律照章纳税。参展商随身携带进境的含酒精饮料、烟叶制品，可以按进境旅客携带物品的有关规定办理通关手续。

展览会期间出售的小卖品，属于一般进口货物范围，应按照一般进口货物的报关程序报关。

（2）出境展览品

出境展览品包括国内单位赴国外举办展览会或参加国外博览会、展览会而运出的展览品，以及与之有关的宣传品、布置品、招待品及其他公用物品。

与活动有关的小卖品、展卖品，可以先按展览品报关出境，如果不按规定期限复运进境，则须办理一般出口手续，应税纳税，应证交证。

3. 展览品暂准进出境的期限

展览品的暂准进出境期限是6个月，即自展览品进、出境之日起6个月内必须复运出、进境；超过6个月的，可以申请延期，延期最多不超过3次，每次不超过6个月，延长期满，需要复运出、进境，或办理进出口报关手续。

参加展期在24个月以上展览会的展览品，在18个月延长期满后，仍需要延期的，由主管地直属海关报海关总署审批。

（二）不使用ATA单证册报关的展览品的进出境报关程序

不使用ATA单证册报关的展览品的进出境程序如下。

1. 进境申报

（1）登记备案

展览品进境20个工作日前，展览会主办单位或办展人、参展人需要将举办展览会的批准文件连同展览品清单或有关部门备案证明等相关单证一起提交给主管地海关，办理登记备案手续。

（2）进境申报应提交的单证

展览品进境申报手续可以在展出地海关办理。从非展出地海关进境的，可以申请在进境地海关办理转关运输手续，将展览品在海关监管下从进境口岸转运至展览会举办地主管海关办理申报手续。

展览会主办单位或其代理人应当向海关提交报关单、展览品清单、提货单、发票、装箱单等。展览品涉及检验检疫等管制的，还应当向海关提交有关许可证件。

（3）提供担保

展览会主办单位或其代理人应当向海关提供担保。

（4）开箱查验

海关一般在展览会举办地对展览品开箱查验。展览品开箱前，展览会主办单位或其代理人应当通知海关。海关查验时，展览品所有人或其代理人应当到场，并负责搬移、开拆、重封货物包装等。

展览会展出或使用的印刷品、音像制品及其他需要审查的物品，要经过海关的审查才能展出或使用。对我国政治、经济、道德有害的及侵犯知识产权的印刷品、音像制品，不得展出，由海关没收、退运出境或责令更改后使用。

2. 出境申报

展览品出境 20 个工作日前，展览会主办单位或办展人、参展人需要将举办展览会的批准文件连同展览品清单或有关部门备案证明等相关单证一起提交给主管地海关，办理备案手续。

展览品出境申报手续应当在出境地海关办理。在境外举办展览会或参加境外展览会的企业应当向海关提交国家主管部门的批准文件、报关单、展览品清单（一式两份）等单证。

展览品属于应当缴纳出口关税的，向海关缴纳相当于税款的保证金；属于核用品、核两用品及相关技术的出口管制商品的，应当提交出口许可证。

海关对展览品开箱查验，核对展览品清单。查验完毕，海关留存一份清单，另一份封入关封交还给出口货物发货人或其代理人，凭以办理展览品复运进境申报手续。

3. 核销结关

（1）复运进出境

进境展览品和出境展览品在规定期限内复运出境或复运进境后，海关分别签发报关单证明联，展览品所有人或其代理人凭以向主管海关办理核销结关手续。

异地复运进出境的展览品，其所有人须持主管地海关签章的报关单证向复运进出境地海关办理手续。货物复运进出境后，主管海关凭复运进出境地海关签章的报关单证办理核销结案手续。

展览品未能在规定期限内复运进出境的，展览会主办单位或出境举办展览会单位应当向主管海关申请延期，在延长期内办理复运进出境手续。

（2）转为正式进出口

进境展览品在展览期间被人购买的，由展览会主办单位或其代理人向海关办理进口申报、纳税和提交许可证件等手续。

出口展览品在境外参加展览会后被销售的，由海关核对展览品清单后要求企业补办有关正式出口手续。

（3）展览品放弃或赠送

展览会结束后，进境展览品的所有人决定将展览品放弃的，由海关依法变卖后将款项上缴国库。

有单位接受放弃展览品的，应当向海关办理进口申报、纳税手续。

展览品的所有人决定将展览品赠送的，受赠人应当向海关办理进口手续，海关根据进口礼品或经贸往来赠送品的规定办理。

（4）展览品毁坏、丢失、被窃

进境展览品因毁坏、丢失、被窃等原因而不能原状复运出境的，展览会主办单位或其代理人应当及时向海关报告，可以凭有关部门出具的证明材料办理复运进出境手续。

1）对于毁坏的展览品，海关根据毁坏程度估价征税；只要仍有使用价值，必须交验进口许可证件。

2）对于丢失或被窃的展览品，海关按照进口同类货物征收进口税；凭公安部门的证明，可不再交验许可证件。

3）展览品因不可抗力原因遭受损毁或灭失的，海关核准后，视同该货物已经复运进出境。

四、集装箱箱体报关

（一）集装箱箱体的界定

集装箱箱体具有双重身份，它既是作为盛装货物的容器的一种运输设备，又是一种可以买卖的货物。

当集装箱箱体作为货物进出境时，适用于一般的货物进出境通关手续。当集装箱箱体作为运输设备载运货物进出境时，则适用于暂准进出境货物的通关手续。

（二）暂准进出境集装箱箱体的报关

暂准进出境集装箱箱体的报关分境内集装箱和境外集装箱两种情况。

1. 境内集装箱

境内生产的集装箱及我国营运人购买进口的集装箱在投入国际运输前，营运人应当向其所在地海关办理登记手续。海关准予登记并符合规定的集装箱箱体，无论是否装载货物，海关准予暂时进境和异地出境，营运人或者其代理人无须对箱体单独向海关办理报关手续，进出境时也不受规定的期限限制。

2. 境外集装箱

境外集装箱箱体暂准进境，无论是否装载货物，承运人或者其代理人应当对箱体单独向海关申报，并应当于入境之日起 6 个月内复运出境。不能按期复运出境的，营运人应当向暂准进境地海关提出延期申请，经海关核准后的延长期限最长不得超过3个月，逾期应按规定向海关办理进口报关纳税手续。

五、暂时进出境货物的报关

（一）暂时进出境货物的含义

在前述12项暂准进出境货物中，除按上述3种海关监管方式报关的货物外，其余均属于暂时进出境货物。

（二）暂时进出境货物的监管期限

暂时进出境货物的监管期限是6个月，即自暂时进出境货物进出境之日起6个月内必须复运出进境；超过6个月的，可以申请延期，延期最多不超过3次，每次不超过6个月。延长期满，需要复运出进境，或办理进出口报关手续。

国家重点工程、国家科研项目使用的暂时进出境货物，在18个月延长期满后仍需要延期的，由主管地直属海关报海关总署审批。

（三）暂时进出境货物的报关程序

暂时进出境货物的报关程序如下。

1. 暂时进出境申请和许可

暂时进出境货物收发货人向海关提出货物暂时进出境申请时，需要提交货物暂时进/出境申请书、暂时进出境货物清单、发票、合同或协议及其他相关单据。

海关对其申请作出是否批准的决定后，制发中华人民共和国海关货物暂时进/出境申请批准决定书或中华人民共和国海关货物暂时进/出境申请不予批准决定书。

2. 进出境申报

（1）进境申报

暂时进境货物进境时，收货人或其代理人需要向海关提交主管部门允许货物为特定目的而暂时进境的批准文件、进口报关单、商业及货运单据等，办理暂时进境申报手续。

暂时进口货物在提交相应担保后，免缴纳进口税，除涉及检验检疫或管制措施的货物外，免交验进口许可证件。

（2）出境申报

暂时出口货物出境时，发货人或其代理人需要向海关提交主管部门允许货物为特定目的而暂时出境的批准文件、出口报关单、商业及货运单据等，办理暂时出境申报手续。

在暂时出境货物中，易制毒化学品、监控化学品、消耗臭氧层物质、有关核出口、核两用品、相关技术出口管制条例管制的商品及其他国际公约管制的商品等，须按正常出口提交有关许可证，其余商品免交验许可证件。

（3）异地复运出、进境的申报

异地复运出、进境的暂时进出境货物，收发货人须持主管地海关签章的海关单证，向复运出、进境海关办理手续。货物复运出、进境后，主管地报关凭复运出境、复运进境地海关签章的海关单证办理核销结案手续。

3. 核销结关

（1）复运进出境

暂时出进境货物复运进出境，收发货人留存由海关签章的复运进出境的报关单，凭以办理报核手续。

（2）转为正式进出口

由于特殊情况，暂时进出境货物转为正式进出口，暂时进出境货物的收发货人须在货物复运出、进境期限届满 30 个工作日前，向主管地海关申请，经主管地直属海关批准后，按照一般进出口货物的报关程序办理海关手续。

（3）放弃

暂时进出境货物若不复运出进境的，可以向海关声明放弃，海关按放弃货物的相关规定处理。

（4）受损处理

暂时进出境货物因不可抗力原因受损，无法按原状复运出进境，收发货人须及时向主管海关报告，凭有关部门出具的证明材料办理复运出进境手续；因不可抗力原因灭失或失去使用价值的，经海关核准后，可以视同该货物已经复运出进境。

暂时进出境货物因非不可抗力原因受损或灭失的，收发货人须按进出口货物的有关规定办理海关手续。

暂时进出口货物在复运出进境或转为正式进出口或放弃后，收发货人向海关提交经由海关签注的进出口货物报关单或放弃货物的有关单据及其他有关单据，申请报核。

海关审核后，情况正常的，予以退还保证金或办理其他担保销案手续，予以结关。

第三节　其他进出境货物的通关

一、过境、转运、通运货物的报关

（一）过境货物的报关

1. 过境货物的含义

从境外启运，不论是否换装运输工具，通过我国境内陆路运输，继续运往境外的货物即为过境货物。在我国允许过境的货物有两种情况：一是与我国有过境货物协议、铁路联运协议的国家的过境货物；二是虽没有上述相关协议，但经国家经贸、运输主管部门批准，进境地海关备案后准予过境的货物。

以下为禁止过境的货物：①来自或运往我国停止或禁止贸易往来的国家和地区的货物；②武器、弹药、爆炸物及军需品（通过军事途径运输的除外）；③烈性毒药、麻醉品和各种毒品（如鸦片、吗啡、海洛因、可卡因等）；④我国法律、行政法规禁止过境的其他货物、物品。

2. 过境货物的监管要求

我国海关对过境货物的监管目的主要是防止过境货物滞留境内，或境内货物混装出境和禁止过境货物过境。所以海关对过境货物提出了严格的监管要求：①运输工具具备海关认可的加封条件或装置，运输部门和过境货物经营人必须负责保护海关封志的完整，任何人不得擅自开启或损毁；②过境货物经营人必须持有关主管部门的批准文件和营业执照向主管海关办理注册登记手续；③民用爆炸品、医用麻醉品应取得总署批准后方可过境；④违规违法（如伪报货名、国名）过境的，予以扣留；⑤海关有权对过境货物实施查验，查验时，经营人或承运人须到场，负责搬移、开拆、封装货物；⑥过境货物在境内发生毁损或灭失的（因不可抗力原因造成的除外），经营人必须负责向出境地海关补缴进口关税。

过境货物的过境期限为 6 个月，可以申请延期，最长可延期 3 个月。超过规定期限 3 个月仍未过境的，海关可依法提取变卖。

3. 过境货物的报关程序

（1）进境报关

过境货物进境时，过境货物经营人或报关企业须向海关递交过境货物报关单、过境货物运输单和其他法定单证，办理过境手续。

进境地海关将报关单和过境货物清单制作关封并加盖海关监管货物专用章，在提运单上加盖海关监管货物戳记，一并退还报关企业，供过境货物经营人出境时凭以验核。

（2）出境报关

过境货物经营人出境时须向海关交验进境地海关签发的关封和有关单证，经出境地海关审核有关单证、货物和关封后，加盖放行章，在海关的监管下出境。

（3）过境货物在境内的暂存与运输

1）过境货物因各种原因需要在境内储存时，须经海关批准，并在海关的监管下存入指定或同意的仓库或场所。

2）过境货物在境内的运输，必须按照运输主管部门规定的路线运输，没有规定的，由海关指定。

3）海关有权根据实际情况派员押运过境货物。

（二）转运货物的报关

1. 转运货物的含义

转运货物是指由境外启运，通过我国境内设立海关的地点换装运输工具，不通过境内陆路运输，继续运往境外的货物。符合下列条件之一者，即可办理转运手续：①持有转运或联运提货单的；②进口载货清单上注明是转运货物的；③持普通提货单，但在卸货前向海关声明转运的；④误卸进口货物，承运方提供证明的；⑤因特殊原因申请转运、经海关批准的货物。

海关对转运货物的监管目的在于防止转运货物在口岸换装过程中混卸进口或混装

出口。转运货物在我国境内存放期间，不得进行任何加工；转运货物必须在 3 个月内办理转运出境手续，超过规定期限 3 个月仍未转运出境或办理其他海关手续的，海关可依法提取变卖。

2. 转运货物的报关程序

对于转运货物，应由承运人持进口载货清单等，向主管海关申报进境；经主管海关核准后，在指定地点换装运输工具后，在规定时间内运送出境。

（三）通运货物的报关

1. 通运货物的含义

通运货物是指从境外启运，不通过我国境内陆路运输，进境后由原航空器、船舶载运出境的货物。

2. 通运货物的报关程序

由承运人持注明通运货物名称、数量的船舶进口报告书或国际民航机使用的进口载货舱单向进境地海关申报；进境地海关在运输工具抵、离境时，对通运货物予以核查并监管其实际离境；运输工具需要倒装或搬运货物时，应申请并在海关监管下进行。

（四）过境货物、转运货物与通用货物的异同

过境货物、转运货物与通用货物的异同如表 7.1 所示。

表 7.1　过境货物、转运货物与通运货物的区别

类别	启运地	在我国境内的运输形式	在我国境内换装运输工具	目的地
过境货物	我国境外某国或地区	通过我国境内陆路运输	可换装或不换装运输工具	我国境外某国或地区
转运货物		不通过我国境内陆路运输	换装运输工具	
通运货物		随原航空器、船舶进出境	不换装运输工具	

二、进出境快件的报关

（一）进出境快件的含义

进出境快件是指进出境快件营运人（在我国境内依法注册并在海关备案的从事进出境快件运营业务的国际货物运输代理企业），以向客户承诺的快速商业运作方式承揽、承运的进出境货物、物品。进出境快件分为以下 3 类。

1）文件类。法律、行政法规规定的予以免税且无商业价值的文件、单据及资料。

2）个人物品类。《海关法》规定的自用、合理数量范围内的进出境旅客分离运输行李物品、亲友间相互馈赠物品和其他个人物品。

3）货物类。除文件类、物品类进出境快件以外的其他进出境快件。

阅读资料

经营进出境快件业务的营运人的义务

经营进出境快件业务的营运人要及时向海关呈交快件通关所需的单证、资料，并如实申报所承运的快件；通知收、发件人或代理收、发件人缴纳快件的进出口税款，并按规定对进出境快件交纳各种手续费；除经海关准许的情况外，应当将监管时限内的快件存放于专门设立的海关监管仓库内，并妥善保管。未经海关许可，不得将监管时限内的快件进行装卸、开拆、重换包装、提取、派送、发运或进行其他作业；海关查验快件时，营运人应当派工作人员到场，并负责快件的搬移、开拆、重封包装等；海关对进出境快件中的个人物品进行开拆查验时，营运人应通知其收发货人到场，收发货人不能到场的，营运人须向海关提交其委托书，代理其承担相应的义务与法律责任。发现快件中含有禁止出境的物品，不得擅自处理，应当立即通知并协助海关进行处理。

（二）进出境快件的报关程序

进出境快件的报关和查验应当在营运人所在地海关办公时间和专门监管场所内进行。如果需要在海关办公时间以外或专门监管场所以外进行，则须事先征得海关同意，并向海关无偿提供必需的办公场所及必备的设施。

1. 报关期限与方式

进境快件应当在运输工具申报进境之日起 14 日内，出境快件应当在运输工具离境 3 小时之前，采用纸质文件方式或电子数据交换方式，向海关办理进出境快件的报关手续。

2. 报关单证

（1）文件类快件报关

营运人持中华人民共和国海关进出境快件 KJ1 报关单、总运单（副本）、每一快件的分运单、发票向海关办理报关手续。

（2）个人物品类快件报关

营运人持中华人民共和国海关进出境快件个人物品报关单、每一快件的分运单、进出境快件收发件人的身份证复印件和其他海关需要的单证，向海关办理报关手续。

（3）货物类快件报关

进境快件的报关程序如下：①对关税税额在 50 元人民币以下的货物、海关规定准予免税的货样和广告品，营运人持中华人民共和国海关进出境快件 KJ2 报关单和每一快件的分运单、发票及其他单证向海关办理报关手续；②对应予征税的货样、广告品（需要提交许可证和进口付汇的除外），营运人持《中华人民共和国海关进出境快件 KJ3 报关单》和每一快件的分运单、发票及其他单证向海关办理报关手续；③其他进境的货物类快件，一律按照一般进口货物的报关程序办理报关手续。

出境快件的报关程序如下：①对于货样、广告品（需要提交许可证、应征出口关税、出口收汇及出口退税的货物除外），营运人持《中华人民共和国海关进出境快件 KJ2 报关单》和每一快件的分运单、发票及其他单证向海关办理报关手续；②其他出境的货物类快件，一律按照一般出口货物的报关程序办理报关手续。

三、国际租赁货物的报关

（一）国际租赁货物概述

国际租赁货物的具体内容如下。

1. 国际租赁货物的含义

租赁是一种以一定费用为代价进行实物借贷的经济行为。在这种经济行为中，物品的所有人（出租人）将自己所拥有的某种物品交与使用人（承租人）使用，使用人（承租人）在规定的期限内支付租金并获得该种物品的使用权。

跨越国境的租赁就是国际租赁，以国际租赁方式进出境的货物为国际租赁货物。

2. 国际租赁的类型

1）金融租赁。金融租赁是由出租人根据承租人的请求，按双方的事先合同约定，向承租人指定的出卖人购买承租人指定的固定资产，在出租人拥有该固定资产所有权的前提下，以承租人支付所有租金为条件，将一个时期的该固定资产的占有、使用和收益权让渡给承租人。这种租赁具有融物与融资双重功能。金融租赁货物在租期期满后不复运出境，以很低的名义价格转让给承租人，承租人按合同规定分期支付租金，租金总额一般大于货价。

2）经营租赁。经营租赁是为了满足经营使用上的临时或季节性需要而发生的资产租赁，承租人租赁资产并没有添置资产的企图，多为短期租赁货物。经营租赁进口货物一般按合同规定期限复运出境，承租人按规定支付租金，租金总额一般小于货价。

3. 国际租赁货物完税价格的确定

进口租赁货物以海关审定的租金作为完税价格缴纳进口关税。

分期支付的租金，可以选择一次性缴纳税款，也可以选择分期缴纳税款。若选择一次性缴纳税款，可以海关确定的货物价格为完税价格，也可以海关审定的租金总额为完税价格。

（二）租赁货物的报关程序

租赁货物的报关程序如下。

1. 金融租赁进口货物的报关

（1）按货物的完税价格缴纳税款

收货人或代理人持租赁合同，按进口货物的实际价格向海关申报，并提供必要的进口许可证和其他单证，按海关审定的货物完税价格缴纳进口关税和进口环节海关代征税。

海关放行后，不再对货物进行监管。

（2）按租金分期缴纳税款

收货人或代理人持租赁合同，按第一期应支付的租金和按货物的实际价格，分别填制报关单向海关申报，并提供必要的进口许可证和其他单证，按海关审定的第一期租金作为完税价格，缴纳进口关税和进口环节海关代征税。

海关放行后，对货物继续进行监管。

纳税义务人在每次支付租金后的15日内（含第15日），按支付租金额向海关申报，并缴纳进口关税和进口环节海关代征税，直到最后一期租金支付完毕。

需要后续监管的金融租赁进口货物，自租期届满之日起30日内，纳税义务人须将租赁进口货物退运出境；若以残值转让，则应当按照转让的价格审定完税价格，缴纳进口关税和进口环节海关代征税。

2. 经营租赁进口货物的报关

收货人或代理人持租赁合同，按第一期应支付的租金或租金总额和按货物的实际价格，分别填制报关单向海关申报，并提供必要的进口许可证和其他单证，按海关审定的第一期租金或租金总额作为完税价格，缴纳进口关税和进口环节海关代征税，海关按货物的实际价格统计。

海关放行后，对货物继续进行监管。

分期缴纳税款的纳税义务人在每次支付租金后的15日内（含第15日），按支付租金额向海关申报，提供报关单证，并缴纳进口关税和进口环节海关代征税，直到最后一期租金支付完毕。

经营租赁进口货物自租期届满之日起30日内，纳税义务人须将租赁进口货物复运出境，或办理留购、续租的申报纳税手续。

四、进出境修理货物的报关

（一）进出境修理货物的含义

进出境修理货物是指运进（出）境维护修理后复运出（进）境的机械器具、运输工具或者其他货物，以及为维护这些货物需要进口的原材料、零部件。

进出境修理包括原出（进）口货物运进（出）境修理和其他货物运进（出）境修理。

原进口货物出境修理包括原进口货物在保修期内运出境修理和原进口货物在保修期外运出境修理。

（二）进出境修理货物的报关程序

进出境修理货物的报关程序如下。

1. 进境修理货物的报关

货物进境后，收货人或其代理人持维修合同或者含有保修条款的原出口合同及申报进口需要的所有单证办理货物进口申报手续，并提供进口税款担保。

货物在境内维修期限为自进口之日起6个月，可以申请延长，延长最长不超过6个月。在境内维修期间受海管监管。

货物修理完毕复出境申报时需要提供原修理货物进口申报时的报关单（留存联或复印件）。

货物修理完毕复出境后正常销案的，海关应当退还保证金或撤销担保；未复运出境部分应当办理进口申报纳税手续。

2. 出境修理货物的报关

发货人向海关提交维修合同或含有保修条款的原进口合同，以及申报出口需要的所有单证，办理出境申报手续。

货物在境外维修的期间为自出境之日起 6 个月，可以申请延长，延长最长不超过 6 个月。

货物复运进境时应当向海关申报在境外实际支付的修理费和材料费，由海关审查确定完税价格，计征进口关税和进口环节海关代征税。

超过海关规定期限复运进境的，海关按一般进口货物计征进口关税和进口环节海关代征税。

五、出料加工货物的通关

（一）出料加工货物的含义

出料加工货物是指我国境内现有技术手段无法或难以达到产品质量要求，为了借助国外先进的加工技术提高产品的质量和档次，运到境外进行技术加工后复运进境的货物。出料加工货物原则上不能改变原出口货物的物理形态。对完全改变原出口货物物理形态的出境加工，不属于出料加工货物，属于一般出口货物。

（二）出料加工货物的报关程序

出料加工货物的报关程序如下。

1. 备案

开展出料加工的经营企业需要到主管海关办理出料加工合同的备案申请手续。海关根据有关规定对受理备案的企业核发出料加工手册。

2. 境外加工期限

出料加工货物自运出境之日起 6 个月内应当复运进境，经海关批准，可以延期，延长不得超过 3 个月。

3. 进出境申报

（1）出境申报

出料加工货物出境时，发货人或其代理人需要向海关提交登记手册、出口货物报关单、货物单据及其他海关需要的单证申报出口，免交许可证件；属于应征出口税，应提供担保。海关对出料加工出口货物附加标志、标记或留取货样，以实现有效监管。

（2）进境申报

出料加工货物复运进境时，经营人需要向海关提交出料加工手册、进口货物报关单、货运单据及其他海关需要的单证申报进口，海关对出料加工货物复进口货物以境外加工费、材料费、复运进境的运输及其相关费用和保险费审查确定完税价格，征收进口关税和进口环节海关代征税。

4. 核销

出料加工货物未按海关规定期限复运进境，海关按一般进出口货物办理，将货物出境时收取的税款担保金转为税款。货物进境时，按一般进口货物征收进口关税和进口环节海关代征税。

出料加工货物全部复运进境后，经营人需要向海关报核；海关进行核销，提供担保的，应当退还保证金，或撤销担保。

六、无代价抵偿货物的报关

（一）无代价抵偿货物概述

无代价抵偿货物的具体内容如下。

1. 无代价抵偿货物的含义

无代价抵偿货物是指进出口货物在征税或免税放行后，发现货物存在残损、短少、品质不良、规格不符等问题，由承运人、发货人或保险公司免费补偿或更换与原货物相同或与合同规定相符的同类货物。无代价抵偿货物主要有两种：货物发生短少的抵偿和残损、品质不良或规格不符的抵偿。

2. 进口无代价抵偿货物的期限

向海关申报进出口无代价抵偿货物，应当在原进出口合同规定的索赔期限内，同时不超过原货物进出口之日起 3 年。

3. 无代价抵偿货物的监管要点

海关对无代价抵偿货物进行监管时免于交验进出口许可证，同时免征进出口关税和进口环节海关代征税。但是进出口与原货物或合同规定不完全相符的无代价抵偿货物，需要按规定计算与原进出口货物的税款差额，高出原税额的，需要征收超出部分的税款；低于原税额，原进出口货物的承运人、发货人或保险公司同时补偿货款的，应当退还补偿部分的税款，未补偿货款的，不予退还。

（二）无代价抵偿货物的报关程序

无代价抵偿货物的报关程序如下。

1. 报关需要提交的单证

除填制报关单和基本单证外，还需要提交以下特殊单证。

（1）进口

进口时还需要提交以下单证：①原进口货物报关单；②买卖双方签订的索赔协议；③原进口货物税款缴纳书或进出口货物征免税证明；④原进口货物退运出境的出口货物报关单，或原进口货物交由海关处理的货物放弃处理证明，或已经办理纳税手续的单证（短少抵偿的除外）。海关认为有必要时，还需要提交原进口货物的检验证明或其他证明文件。

（2）出口

出口时还需要提交以下单证：①原出口货物报关单；②买卖双方签订的索赔协议；③原出口货物税款缴纳书；④原出口货物退运进境的进口货物报关单，或已经办理纳税手续的单证（短少抵偿的除外）。海关认为有必要时，还需要提交原出口货物的检验证明或其他证明文件。

2. 因残损、品质不良或规格不符而无代价抵偿的货物报关

（1）退运出（进）境

原进（出）口货物的收发货人或其代理人，应当先办理被更换的原进（出）口货物中残损、品质不良或规格不符货物的退运出（进）境的报关手续，被更换货物退运出（进）境时，免征进出口关税。

（2）放弃

原进口货物中残损、品质不良或规格不符货物，如果不退运出境，原进口货物的收货人愿意放弃的，交由海关处理，海关依法处理后，向收货人提供依据，凭以申报进口无代价抵偿货物。

（3）不退运出（进）境，也不放弃

被更换的原进出口货物，如果不退运出（进）境，也不放弃，原进出口货物的收发货人需要按海关接受无代价抵偿货物申报进出口之日适用的有关规定申报进出口，并缴纳进出口关税和海关代征税，同时交验许可证件。

七、退运货物和退关货物的报关

（一）退运货物的报关

1. 退运货物的含义和种类

退运货物是指货物因质量不良或交货时间延误等原因，被国内外买方拒收造成的退运货物，或因错发、错运、溢装、漏卸造成退运的货物。退运货物包括以下两种。

1）一般退运货物。已经办结进出口申报手续，且海关已经放行的出口或进口退运货物。

2）直接退运货物。货物进境后，未办结海关手续前，进口货物的收货人、原运输工具负责人或其代理人申请将进口货物直接退运境外，或海关根据国家有关规定，责令

直接退运境外的全部或部分货物。

2. 一般退运货物的报关程序

（1）退运进口

1）原出口货物退运进境时，如果该批货物已经收汇、核销，原发货人或其代理人则应填写进口货物报关单向进境地海关申报，并同时提供原货物出口时的出口货物报关单。海关凭已经核销的外汇核销单出口退税专用联，或税务部门出具的出口商品退运已补税证明，保险公司证明，或承运人溢卸、漏卸的证明等有关资料办理退运进口，同时签发一份进口货物报关单。

2）原出口货物退运进口时，如果该批货物未收汇，原发货人或其代理人则须提交原出口货物报关单、出口收汇核销单、报关单退税联向进口地海关申报退运进口，并同时填写一份进口货物报关单；如果出口货物部分退运进口，海关在原出口货物报关单上批注退运的实际数量、金额后，退回企业并留存复印件，海关审核后放行。

3）出口货物因品质或规格原因，自出口之日起 1 年内原状复运进境的，经海关核实后，不予征收进口关税，原出口时已经征收的，只需要重新缴纳因出口而退还的国内环节税，自缴纳出口税款之日起 1 年内准予退还。

（2）退运出口

1）退运出口的货物，填写出口货物报关单申报出境，并提供原货物进口时的进口货物报关单，保险公司证明或承运人溢卸、漏卸的证明等有关资料办理退运出境，海关审核后放行。

2）因品质或规格原因，进口货物自进口之日起 1 年内原状复运出境的，经海关核实后，免征出口关税，已征收的，自缴纳进口税款之日起 1 年内准予退还。

3. 直接退运货物的报关程序

（1）可以办理直接退运手续的货物

可以办理直接退运手续的货物包括以下几种：①因国家贸易管理政策调整，收货人无法提供相关证件的；②属于错发、误卸或溢卸并能提供书面证明文件的货物；③收发货人双方协商一致同意退运，能提供双方同意退运的书面证明文件的货物；④有关贸易发生纠纷，能提供法院判决书、仲裁机构裁决书或无争议的有效货物所有权凭证的；⑤货物残损或国家检验检疫不合格，能提供国家检验检疫部门出具的相关检验证明文件的货物。

海关按照规定对申请直接退运货物作出受理或不受理决定，受理并批准直接退运的，制发准予直接退运决定书。

海关对已经确定查验或认为有走私违规嫌疑的货物，不予办理直接退运手续。

（2）海关责令直接退运的货物

海关责令直接退运的货物包括以下几种：①进口国家禁止进口并经海关依法处理后的货物；②违反国家检验检疫政策法规，经国家检验检疫部门处理并出具检验检疫处理通知书或其他证明文件后的货物；③未经许可，擅自进口属于限制进口的固体废物用作原料，经海关依法处理后的货物；④违反国家有关法律、行政法规，应责令直接退运的其他情形。

海关对责令直接退运的货物，制发中华人民共和国海关责令进口货物直接退运通知书。

（3）直接退运货物的报关程序

办理进口货物直接退运手续的当事人应当按照《报关单填制规范》填写进出口货物报关单，特别注意，要在报关单的“备注”栏中填写准予直接退运决定书或责令直接退运通知书的编号，“贸易方式”栏内均填写“直接退运”（代码 4500）。

经海关批准、直接退运的货物免于交验进出口许可证或其他监管证件，免征各种税费及滞报金，不列入海关统计。

进口货物直接退运，须从原进境地口岸退运出境；因运输原因需要改变运输方式，或由另一口岸退运出境的，应当经由原进境地海关批准，以转关运输方式出境。

（二）退关货物的报关

1. 退关货物的含义

出口货物在海关申报出口后海关放行，因故未能装上运输工具，发货单位申请将货物退运出海关监管区不再出口的货物称为退关货物，又称出口退关货物。

2. 退关货物的报关程序

1）出口货物的发货人或其代理人应当在得知出口货物未装上运输工具，并决定不再出口之日起 3 日内，向海关申请退关。

2）经海关核准且撤销出口申报后方能将货物运出海关监管场所。

3）已缴纳出口关税的退关货物，可以在缴纳税款之日起 1 年内，向海关书面申请退税。

4）办理退关手续后，海关对所有单证予以注销，并删除有关报关电子数据。

八、溢卸、误卸、放弃货物和超期未报货物的报关

（一）溢卸货物和误卸货物

1. 溢卸货物和误卸货物的含义

溢卸货物是指未列入或者多于进口载货清单、运单中的货物。误卸货物是指搞错国内或国外卸货港（站）而在本港（站）卸下的货物。

2. 溢卸货物和误卸货物的报关程序

1）溢卸货物由原收货人接受的，原收货人应填写进口货物报关单向进境地海关申报，并提供相关的溢卸货物证明；海关征收进口关税和进口环节海关代征税及相关许可证后，放行货物。

2）运输工具负责人或其代理人要求将溢卸货物抵补短卸货物的，经原收货人同意，并限于同一运输工具、同一品种货物；非同一运输工具或同一运输工具非同一航次之间抵补的，仅限于同一运输公司、同一发货人、同一品种的进口货物。两种情况均须填写

进口货物报关单向海关申报。

3）误卸货物，当事人可以向海关申请办理直接退运手续。

4）若原收货人不接受或不办理溢卸、误卸货物的退运手续，则运输工具负责人可要求将其在国内销售，由购货人办理相关进口手续。

5）经海关审核确定的溢卸、误卸货物，应当自卸货之日起 3 个月内申请办理退运出境或申报进口手续，超出期限的，海关提取依法变卖处理。

6）不宜长期保存的溢卸、误卸货物，海关可根据实际情况，提前变卖处理。

（二）放弃货物

1. 放弃货物的含义

放弃货物是指进口货物收货人或其所有人声明放弃并由海关依法变卖处理的货物。除了国家禁止或限制进口的废物、对环境造成污染的货物不得声明放弃外，放弃货物包括以下 5 种情况：①没有办结海关手续的一般进口货物；②保税货物；③在监管期内的特定减免税货物；④暂准进境货物；⑤其他没有办结海关手续的进境货物。

2. 放弃货物的处理办法

放弃货物由海关提取依法变卖处理。

海关变卖放弃进口货物的所得价款，优先拨付变卖处理实际支出的费用后，再扣除运输、装卸、储存等费用，不足支付上述费用的，按比例扣除；变卖所得价款扣除上述费用尚有剩余的，上缴国库。

（三）超期未报关货物

1. 超期未报关货物的含义

超期未报关货物是指在规定期限内未办结海关手续的海关监管货物，主要有以下几种：①自运输工具进境之日起，超过 3 个月未申报的进口货物；②在海关批准延长期满仍未办结海关手续的溢卸货物、误卸货物；③超过规定期限 3 个月未办理复运出境或其他海关手续的保税货物；④超过规定期限 3 个月未办理复运出境或其他海关手续的暂准进境货物；⑤超过规定期限 3 个月未运输出境的过境、转运和通运货物。

2. 超期未报关货物的处理办法

对于超期未报关货物，海关采取依法提取变卖的处理方式。具体分以下 4 种情况。

1）列入《法检目录》的超期未报关货物，由海关提请出入境检验检疫机构进行检验检疫，费用从变卖款中扣除。

2）超期未报关货物变卖所得价款，按运输、装卸、储存等费用—进口关税—进口环节海关代征税—滞报金的顺序扣除相关费用和税款，所得价款不足支付上述费用的，按比例支付。

3）超期未报关货物变卖后扣除上述费用尚有余款的，自货物变卖之日起 1 年内，经进口货物收货人申请可退还（属于许可证管理的，需要提供许可证，否则不予发还）；

不予退还的，或逾期不申请的余款上缴国库。

4）申请发还余款的申请人，需要补办货物的进口申报手续。

九、海关监管货物的转关

（一）转关的含义

转关是指进出口海关监管货物需要由进境地或启运地设立的海关转运至目的地或出境地海关办理某项海关手续的行为。主要包括以下范围：①由进境地入境后，向海关申请转关，运往另一设关地点办理进口报关手续的货物；②在启运地已办理出口报关手续运往出境地，由出境地海关监管放行的货物；③由境内某一设关地点转运到境内另一设关地点办理进口报关手续的货物。

（二）申请转关须具备的条件

申请转关须具备以下条件：①转关的指运地和启运地必须设有海关机构；②转关的指运地和启运地设有经海关批准的监管场所；③转关承运人须在海关注册登记，承运车辆符合海关监管要求，并按海关规定的路线和途中运输时间的限制，将货物运往指定场所。

（三）不允许转关运输的货物

以下货物不允许转关运输：①进口固体废物（废纸除外）；②进口易制毒化学品、监控化学品易制为化学武器的化学品、消耗臭氧层物质、化学武器原料、易制毒化学品、氰化钠；③进口汽车整机，包括成套散件和二类底盘；④国家检验检疫部门规定的必须在口岸检验检疫的商品。

（四）转关运输方式

转关运输包括以下 3 种方式。

1. 提前报关转关

提前报关转关是指进口货物在指运地先申报，再到进境地办理进口转关手续；出口货物在货物未运抵启运地监管场所前先申报，货物运抵监管场所后再办理出口转关手续的转关。

2. 直转转关

进口直转转关是指进境货物在进境地海关办理转关手续，货物运抵指运地后，再在指运地海关办理申报手续的转关。

出口直转转关是指出境货物在货物运抵启运地海关监管场所报关后，在启运地海关办理出口转关手续，再到出境地海关办理出境手续的转关。

3. 中转转关

进出口中转转关是指收、发货人或其代理人向指运地或启运地海关办理进出口报关手续后，由境内承运人或其代理人批量向进境地或启运地海关办理进口或出口转关手续的转关。

具有全程提运单、须换装境内运输工具的进出口中转货物适用中转转关方式运输。

（五）转关运输的期限与申报单证的法律效力

1. 转关运输的期限

1）直转方式转关的期限。直转方式转关的进口货物应当自运输工具申报进境之日起 14 日内向进境地海关办理转关手续，在海关限定期限内运抵指运地之日起 14 日内，向指运地海关办理报关手续。逾期按规定征收滞报金。

2）提前报关方式转关的期限。①进口转关货物应在电子数据申报之日起 5 日内，向进境地海关办理转关手续，超过期限仍未到进境地海关办理转关手续的，指运地海关撤销提前报关的电子数据；②出口转关货物应于电子数据申报之日起 5 日内，运抵启运地海关监管场所，办理转关和验放等手续，超过期限的，启运地海关撤销提前报关的电子数据。

2. 转关运输申报单证的法律效力

转关货物申报的电子数据与书面单证具有同等的法律效力，对确实因为填报或传输错误的数据，有正当的理由并经海关同意，可做适当的修改或者撤销。对海关已决定查验的转关货物，则不再允许修改或撤销申报内容。

（六）转关运输的报关程序

转关运输的报关程序如下。

1. 进口货物提前报关的转关

进口货物的收货人或其代理人在进境地海关办理进口货物转关手续前，向指运地海关录入进口货物报关单电子数据。指运地海关提前受理电子申报，接受申报后，计算机自动生成进口转关货物申报单，向进境地海关传输有关数据。

提前报关的转关货物收货人或其代理人应向进境地海关提供进口转关货物申报单编号，并提交相关单证（进口转关货物核放单或进境汽车载货清单、汽车载货登记簿或船舶监管簿、提货单）办理转关运输手续。

提前报关的进口转关货物，进境地海关因故无法调阅进口转关数据时，可以按直转方式办理转关手续。

2. 出口货物提前报关的转关

出口货物的发货人或其代理人在货物未运抵启运地海关监管场所前，先向启运地海关录入出口货物报关单电子数据，由启运地海关提前受理电子申报，生成出口转关货物申报单数据，传输至出境地海关，发货人或其代理人持相关单证办理出口转关手续。货物到达出境地后，发货人或其代理人持相关单证办理转关货物的出境手续。

3. 进口货物直转方式的转关

货物的收货人或其代理人在进境地录入转关申报数据，持相关单证（进口转关货物申报单或进境汽车载货清单、汽车载货登记簿或船舶监管簿）直接办理转关手续。

4. 出口货物直转方式的转关

由发货人或其代理人在货物运抵启运地海关监管场所后，向启运地海关录入出口货物报关单电子数据，启运地海关受理电子申报，生成出口转关货物申报单数据，传输至出境地海关，发货人或其代理人须持相关单证在启运地海关办理出口转关手续。货物到达出境地后，发货人或其代理人持相关单证办理转关货物的出境手续。

5. 进口货物中转方式的转关

中转方式的进口转关一般采用提前报关转关。

具有全程提运单、需要换装境内运输工具的中转转关货物的收货人或其代理人向指运地海关办理进口报关手续后，由境内承运人或其代理人向进境地海关提交进口转关货物申报单、进口货物中转通知书、按指运地目的港分列的纸质舱单（空运方式提交联程运单）等单证办理货物转关手续。

6. 出口货物中转方式的转关

具有全程提运单、需要换装境内运输工具的出口中转转关货物，货物的发货人或其代理人向启运地海关办理出口报关手续后，由承运人或其代理人向启运地海关录入并提交出口转关货物申报单、凭出境运输工具分列的电子或纸质舱单、汽车载货登记簿或船舶监管簿等单证向启运地海关办理货物出口转关手续。启运地海关核准后，签发出口货物中转通知书，承运人或其代理人凭以办理中转货物出境手续。

例如，南京某企业开展进料加工业务，在南京海关办理加工成品出口手续，经上海海关复核、放行后装船运往德国。由于此项加工成品复出口业务是在南京海关办理的出口手续，而出境地在上海，因此，该企业除按规定办理出口手续外，还需要办理出口转关运输手续，才能在上海出境。

（七）境内监管货物的转关

境内监管货物的转关运输，除加工贸易深加工结转按有关规定办理外，均应按进口转关方式办理。

1. 提前报关

海关监管货物的转关运输属于提前报关的，由转入地（相当于指运地）货物收货人或其代理人，在转出地（相当于进境地）海关办理监管货物转关手续前，向转入地海关录入进口货物报关单电子数据报关，由转入地海关提前受理电子申报，并生成进口转关货物申报单，向转出地海关传输。转入地货物收货人或其代理人应持进口转关货物核放单和汽车载货登记簿或船舶监管簿，并提供进口转关货物申报单编号，向转出地海关办理转关手续。

2. 直转

海关监管货物的转关运输属于直转的，由转入地货物收货人或其代理人在转出地录入转关申报数据，持进口转关货物申报单和汽车载货登记簿或船舶监管簿，直接向转出地海关办理转关手续。

货物运抵转入地后，海关监管货物的转入地收货人或其代理人向转入地海关办理货物的报关手续。

知识拓展

"在外售券，境内提货"及购买免税外汇商品的相关手续

"在外售券，境内提货"是为了方便入境旅客携带行李物品而开展的一项业务。出国人员、华侨、港澳同胞可在国外或港澳地区经营这项业务的单位（指经国务院主管部门批准的经营售券业务的单位）购买电视机、电冰箱、洗衣机、摩托车等物品，缴款后，售券单位开出货券。旅客携带货券入境时，应向海关申报，并将货券交海关验核，海关对携带此货券视同携进实物，按照对各类旅客行李物品的管理规定办理验放手续，并在货券上的提货联和发货单位退海关联处加盖验讫章，旅客凭经海关加盖验讫章的货券在境内指定的提货点办理提取有关物品的手续。

旅客提货时应出示本人护照或回乡证。如果不是旅客本人提货，代领人应凭本人居民身份证办理提货手续。发货点工作人员须将提货人的姓名、证件号码、住址批注在货券第二联背面，以备核查。

在境内免税商店购买免税外汇商品，必须具备以下条件。

1）属于符合规定的供应对象。因公出国人员、远洋船员、华侨、外籍华人、台湾同胞、出国探亲的中国公民、外国专家、外国驻华使领馆人员、外国驻华企业、新闻等机构常驻人员，均可在指定的免税商店购买外汇商品。

2）持有符合规定的有效单证。有效单证指本人护照及海关签证的入境旅客行李申报单或者进口免税物品登记证等。

3）持有准予购物的外币。准予购物的外币必须是从境外带入且在入境时已向海关申报并经海关审核的。

4）符合海关对免税物品验放的规定。旅客须有准予带进免税物品的额度，并在规定物品品种、数量范围内购物。

在国内免税商店选购免税外汇商品不限次数，但必须集中一次向海关申报，并办结验放手续。海关将申报单予以注销，注销后的申报单不再作为购买凭证。

小　结

特定减免税货物是指海关根据国家政策的规定，准予减免税进口用于特定地区、特定企业、特定用途的货物，适用于特定的通关程序；享受减免税的货物必须在特定的期限内接受海关的监管。

暂准进出境货物是指为了特定目的，经海关批准，暂时进境或暂时出境，并在规定的期限内按原状复运出境或复运进境的货物。暂准进出境货物分为四大类：使用 ATA 单证册报关的暂准进出境货物、不使用 ATA 单证册报关的展览品、盛装货物的容器（主要指集装箱箱体）和暂时进出境货物。

从境外启运，不论是否换装运输工具，通过我国境内陆路运输，继续运往境外的货物即为过境货物；转运货物是指由境外启运，通过我国境内设立海关的地点换装运输工具，不通过境内陆路运输，继续运往境外的货物；通运货物是指从境外启运，不通过我国境内陆路运输，进境后由原航空器、船舶载运出境的货物，通运货物需在海关的监管下进出境。

进出境快件是指进出境快件营运人（在我国境内依法注册并在海关备案的从事进出境快件运营业务的国际货物运输代理企业）以向客户承诺的快速商业运作方式承揽、承运的进出境的货物、物品。进出境快件分为文件类、个人物品类和货物类 3 种。

跨越国境的租赁就是国际租赁，以国际租赁方式进出境的货物为国际租赁货物。进口租赁货物以海关审定的租金作为完税价格缴纳进口关税；分期支付的租金，可以选择一次性缴纳税款，也可以选择分期缴纳税款。若选择一次性缴纳税款，可以海关确定的货物的价格为完税价格，也可以海关审定的租金总额为完税价格。

进出境修理货物是指运进（出）境维护修理后复运出（进）境的机械器具、运输工具或者其他货物，以及为维护这些货物需要进口的原材料、零部件。

出料加工货物是指我国境内现有技术手段无法或难以达到产品质量要求，为了借助国外先进的加工技术提高产品的质量和档次，运到境外进行技术加工后复运进境的货物。

无代价抵偿货物是指进出口货物在征税或免税放行后，发现货物有残损、短少、品质不良、规格不符等问题，由承运人、发货人或保险公司免费补偿或更换与原货物相同或与合同规定相符的同类货物。

退运货物是指货物因质量不良或交货时间延误等原因，被国内外买方拒收造成的退运货物，或因错发、错运、溢装、漏卸造成退运的货物。

出口货物在海关申报出口后海关放行，因故未能装上运输工具，发货单位申请将货物退运出海关监管区不再出口的货物称为退关货物，又称出口退关货物。

溢卸货物是指未列入或者多于进口载货清单、运单中的货物。

误卸货物是指搞错国内或国外卸货港（站）而在本港（站）卸下的货物。

放弃货物是指进口货物收货人或其所有人声明放弃并由海关依法变卖处理的货物。

超期未报关货物是指在规定期限内未办结海关手续的海关监管货物。

海关监管货物的转关是指进出口海关监管货物需要由进境地或启运地设立的海关转运至目的地或出境地海关办理某项海关手续的行为，有提前报关转关、直转转关和中转转关 3 种方式。

案例分析

2015 年 4 月，广州××大学邀请美国某航天研究所一行 3 位专家来校讲学，同时通过货运渠道从深圳文锦渡口岸运进一批讲学必需的测试设备，其中有一套先进的多媒体演示设备。广州××大学作为收货人（已在海关注册），委托广州通达报关行向广州海关办理了该批测试设备的进口手续。讲学结束后，广州××大学因为教学需要，将多媒体演示设备留购，3 年后，因专业调整，广州××大学又将此多媒体演示设备转让给广州某会展中心。

思 考

1. 通达报关行应向广州海关就该批测试设备的进口办理何种手续？
2. 该批测试设备进口时，如何办理税费手续？
3. 该批测试设备进境后，应遵守海关的哪些监管规则？
4. 广州××大学留购的多媒体演示设备应如何办理海关手续？
5. 广州××大学 3 年后转让给会展中心的多媒体演示设备应办理何种海关手续？

自 测 题

一、选择题

1. 下列货物中不能向海关申请放弃的是（　　）。
A. 暂准进境货物　　B. 保税货物
C. 捐赠进口的医疗废物　　D. 在海关监管期内的特定减免税货物

2. 沈阳科迪纺织品有限公司在国内购买一批坯布运出境外某国印染，复运进境后委托某服装厂加工成服装，然后回收出口。前后两次出口适用的报关程序分别为（　　）。
A. 暂准出境和一般出口　　B. 一般进口和进料加工
C. 出料加工和一般出口　　D. 出料加工和进料加工

3. 特定减免税货物在海关监管期内申请解除海关监管，对特定减免税货物的处理，下列选项中正确的是（　　）。
A. 在境内出售时，海关免征进口税
B. 在境内转让给同样享受进口减免税优惠的企业，接受货物的企业可以凭征免税证明办理结转手续，继续享受特定减免税优惠政策
C. 可以申请将特定减免税货物退运出境
D. 可以书面申请将特定减免税货物放弃，交由海关处理。

4. 下列货物中可以按照暂准进出境货物进行管理的是（　　）。
A. 参加柏林博览会的出境货物
B. 百老汇大剧院来华演出运进的器材、服装、道具
C. 来华参加国际科技展览会运进的展示货物
D. 进出境修理货物

5. 下列选项中属于转运货物范围的是（　　）。
A. 某船舶自韩国装运机器设备 3 套，在连云港卸下，通过铁路运输至新疆阿拉山口，运往哈萨克斯坦
B. 某船舶自日本装运大型建筑设备一套，在上海卸下，换装另一艘船舶，运

往印度

C. 某国际航班飞机从新加坡装运精密仪器一台，经大连运往莫斯科

D. 某船舶自印度尼西亚运抵广州一批货物在保税区储存，在海关规定的期限内运往俄罗斯

二、判断题

1. 使用 ATA 单证册办理报关手续的展览会、交易会、会议及类似活动项下的货物，办理进出口报关手续时，必须向海关另行提供担保。（　）

2. 进出境快件的申报时限是自运输工具进境之日起 14 日内，出境快件在运输工具离境的 3 小时以内向海关申报。（　）

3. 进口无代价抵偿货物，不征收进口关税和进口环节代征税；被更换的原进口的残损、品质不良或规格不符货物，在办理退运出境报关手续时免征出口税。（　）

4. 海关对超过规定期限复运进境的出境修理货物，进境时按照一般进口货物计征进口关税和进口环节代征税。（　）

5. 有走私嫌疑，但是能够提供境外发货人错发、错运书面证明的进口货物，可以办理直接退运手续。（　）

第八章　保税货物的通关

教学目标

- 掌握保税货物的含义及通关程序
- 掌握银行保证金台账制度
- 掌握企业分类管理制度
- 了解不同保税场所的功能及其货物通关程序

学习要点

- 保税货物的含义及通关程序
- 银行保证金台账制度
- 企业分类管理制度

导入案例

东莞裕隆进出口公司（加工贸易 A 类管理企业）2018 年 9 月 2 日从韩国购进价值 30 000 美元的涤纶长丝一批，委托福州华宁针织制品公司（加工贸易 B 类管理企业）加工生产女士丝袜出口。由于经营单位东莞裕隆进出口公司与生产企业福州华宁针织制品公司之间的合作为跨关区异地加工，因此，由东莞裕隆进出口公司到华宁针织制品公司所在地主管海关福州海关申请办理加工贸易合同备案手续，并在福州按加工贸易 B 类管理企业的身份办理银行保证金台账，按进口料件应征税款的 50%缴纳了保证金。在该加工合同履行期间，因韩国发货有误，部分原料未能及时到货，为了确保履行成品出口合同，东莞裕隆进出口公司报经主管海关核准，使用本企业其他进口非保税料件进行内部串换。合同执行完毕后，尚有剩余料件，拟结转加工。

由此可见，保税货物的通关有其独自的特点。学习本章后，学生能够全面了解保税货物的通关。

第一节　保税货物概述

一、保税货物的含义

对保税货物实行海关监管是国际上通行的做法，它对发展本国经济、促进国际贸易的健康发展发挥着重要作用。由于各国实行保税制度的目的不同，海关保税制度所涉及的范围也有差异，因此，各国对保税货物的解释也不同。

《海关法》对保税货物的解释是：经海关批准未办理纳税手续进境，在境内储存、加工、装配后复运出境的货物。根据《海关法》的解释，作为海关监管货物之一的保税制度是指那些在境内从事特定方式加工或储存的进口货物，在其尚未确定最终流向的前提下，给予其在海关监管之下暂免纳税的待遇。所以，保税货物的通关程序和海关监管方式有别于一般进出口货物的通关程序。

二、保税货物的特征

根据保税货物的概念，保税货物具有以下 3 个特征。

1. 目的特定

保税货物是为特定目的而进口的，即进行贸易活动（在境内储存后复运出境）和加工制造活动（加工、装配），从而将其与为其他目的暂时进口的货物（如工程施工、科学实验、文化体育活动等）区别开来。

2. 纳税暂免

《海关法》第五十九条规定：“暂时进口或者暂时出口的货物，以及特准进口的保税货物，在货物收发货人向海关缴纳相当于税款的保证金或者提供担保后，准予暂时免纳关税。”保税货物本应办理纳税手续进境，但可以经海关批准暂时免纳，而不是免税，待货物最终流向确定后，海关再决定征税或免税。

3. 复运出境

保税货物之所以暂免纳税，是因为保税货物进境后并没有在境内流通，最终复运出境，这是构成保税货物的重要前提。从法律上说，保税货物未按一般货物办理进口和纳税手续，因此，保税货物必须以原状或加工后产品复运出境，这既是海关对保税货物的监管原则，也是经营者必须履行的法律义务。

如果保税货物进境后转内销，此时，保税货物就变成一般进口货物，需要缴纳正常税费，按照一般进口货物的通关程序办理进口手续后，才能在境内流通。总之，对保税货物的处理，应当按照其最终的流向区别对待。

三、保税货物的类型

按照海关实施监管的形式，保税货物可以划分为以下 3 种类型。

1. 保税加工货物

保税加工货物通常指加工贸易保税货物，是指经海关批准，未办理纳税手续进境，在境内加工、装配后复运出境的货物，具体分为来料加工、进料加工两种形式。保税加工货物同时包括保税工厂货物、保税集团货物等。

2. 仓储保税货物

仓储保税货物是指经海关批准保税进境，经过一段时间的储存后又复运出境的货物，主要包括保税仓库货物、保税物流中心（A、B 型）货物等。

3. 区域保税货物

区域保税是指从境外运入区内储存、加工、装配后复运出境的货物可以整体批准保税，一般在国家批准设立的保税区、出口加工区等地区可以获得。区域保税货物主要指进口保税区、出口加工区、保税物流园区等海关特殊监管区域的货物。

四、保税货物的基本通关程序

保税货物通关的基本程序包括 4 个环节：合同备案、进口货物、储存或加工后复运出口、核销结案。

1. 合同备案

合同备案是指经营保税货物的单位持有关批准文件、对外签约的合同及其他有关单证，向主管海关申请办理合同登记备案手续，海关核准后，签发有关登记手册。

合同登记备案是经营保税货物的单位向海关办理货物保税进口的第一道手续，须在保税货物进口前办妥。它是保税业务的开始，也是经营者与海关建立承担法律责任和履行监管职责的法律关系的起点。

2. 进口货物

在经营保税货物的单位办理了合同备案手续后，在保税货物实际进境时，经营单位或其代理人可以持海关核发的该批保税货物的登记手册及其他单证，向进境地海关申报，办理进口手续。

3. 储存或加工后复运出口

保税货物实际进境后，必须储存在海关指定的场所或交付给海关核准的加工生产企业进行加工制造。保税货物储存期满或加工成成品后再复运出境。此时，经营单位或其代理人应持该批保税货物的登记手册及其他单证，向出境地海关申报办理出口手续。

4. 核销结案

保税货物实际离境后，经营单位应持有关加工贸易登记手册、进出口货物报关单及其他有关资料，在备案合同期满或加工产品出口后的一定期限内，向合同备案海关办理核销手续；海关对保税货物的进口、储存、加工、使用和出口情况进行核实并确定最终征免税意见后，对该备案合同予以核销结案。这一环节是保税货物整个通关程序的终点，意味着海关与经营单位之间的监管法律关系的解除。

第二节　保税加工货物的通关

一、保税加工货物概述

（一）保税加工货物的含义

保税加工货物主要指加工贸易货物，即经海关批准未办理纳税手续进境，在境内进行加工、装配后复运出境的货物。

保税加工货物包括专为加工、装配出口产品而从国外进口，且海关准予保税的原材料、零部件、元器件、辅助材料（以下简称料件），以及用上述料件生产的产品、半成品。

知识拓展

加工贸易

加工贸易俗称“两头在外”，即料件从境外进口，在境内加工装配后的成品运往境外的贸易。目前，加工贸易是我国对外贸易的主要方式之一。加工贸易主要有两种方式，即进料加工和来料加工。两者的区别如表 8.1 所示。

表 8.1　进料加工与来料加工的区别

类别	料件来源	货物所有权	交易性质	风险承担	收益方式	成品去向
进料加工	外国	我国厂商	货物买卖	我国厂商	利润	外国
来料加工	外国	外国厂商	委托加工	外国厂商	加工缴费	外国

（二）海关对保税加工货物的监管模式

海关对保税加工货物的监管模式主要有两种。

1. 物理围网监管

物理围网监管是指经国家批准，在关境内或关境线上划出一块地方，采用物理围网，由海关进行封闭式监管，使企业在围网内专门从事保税加工业务。

在境内的保税加工封闭式监管模式主要为出口加工区，经过几十年的探索，已经形成一整套的监管制度。该制度将在本章第四节中介绍。

在关境线上的保税加工封闭式监管模式为跨境工业区，目前我国只有一处，即珠澳跨境园区。珠澳跨境园区是经国务院批准设立、由珠海园区和澳门园区两部分组成、由中国海关和中国澳门海关共同监管的海关特殊监管区域。其中，设在澳门特别行政区的部分为澳门园区，由中国澳门海关按照澳门特别行政区的有关法律进行监管；设在珠海经济特区部分的为珠海园区，由中国海关按照《海关法》及其他法律法规进行监管。珠海园区具有双重性，既具有保税区的功能，又具备出口加工区的功能；既可以从事保税物流，也可以从事保税加工，还可以从事国际贸易，是海关综合保税监管的特殊区域。

海关在珠海园区派驻机构，依法对进出园区的货物、物品、运输工具及园区内的企业、场所实行围网隔离设施、卡口、视频监控系统 24 小时的监管；海关对区内企业实行电子账册和计算机联网管理制度。

2. 非物理围网监管

非物理围网监管的监管模式分为纸质手册管理和计算机联网监管。纸质手册管理是一种传统的监管方式，海关采用加工贸易纸质登记手册对加工贸易合同内容实施备案，经营单位凭纸质登记手册进出口，并记录进口料件、出口产品的实际情况，最终凭以办理核销结案手续，其主要标志是以合同为单元进行监管。

随着对外贸易与现代科技的高速发展，这种传统的监管方式将逐渐被计算机联网监管模式所取代。

计算机联网监管主要采用计算机手段实现海关对加工贸易企业实施联网监管。无论建立电子账册或电子手册，还是备案、进口、出口、核销等环节，海关全部通过计算机对企业进行监管。

作为一种高科技的监管手段，计算机联网监管模式体现了海关管理科学严密、企业通关便捷高效的特点，受到了普遍欢迎，将成为海关对保税加工货物监管的主要模式。

计算机联网监管模式又分为两种：一种是针对大型企业、以建立电子账册为主要标志、以企业为单元的监管制度；另一种是针对中小企业、以建立电子手册为标志、以合同为单元的监管制度。

（三）海关对保税加工货物监管的基本环节

海关对保税加工货物的监管分以下 5 个环节。

1. 商务审批

从事保税加工贸易的前提是必须经过商务主管部门的审批才能进入向海关办理备案的程序。

从事加工贸易的企业首先要到商务主管部门办理合同审批手续，经过审批后，凭借商务主管部门出具的加工贸易业务批准证书和加工贸易企业经营状况和生产能力证明两个文件，以及商务主管部门审批同意的加工贸易合同到海关备案。

如果申请计算机联网监管，则从事加工贸易的企业首先必须到商务主管部门办理加工贸易经营范围的审批手续，由商务主管部门对加工贸易企业与海关联网监管的申请作出前置审批，然后凭借商务主管部门出具的经营范围批准证书和加工贸易企业经营状况和生产能力证明，到海关申请联网监管，同时建立电子账册、电子手册。

2. 备案保税

海关批准保税是通过受理备案来实现的，凡是准予备案的加工贸易料件在进口时，可以暂不办理纳税手续，即保税进口。

海关受理加工贸易料件备案的原则如下。

1）合法经营。申请保税的料件或保税申请人本身不属于国家禁止的范围，且获得有关主管部门的许可，有合法进出口证明。

2）复运出境。申请保税的货物流向明确，进境加工、装配后的最终流向必须是复运出境，且申请保税的单证能够证明进出基本是平衡的。

3）可以监管。申请保税的货物无论在进出口环节，还是在境内加工、装配环节，都必须在海关可监管之下进行，不会因为某种不合理因素造成监管的失控。

3. 暂缓纳税

专为加工出口产品而进口的料件，按照实际加工复出口产品所耗用料件的数量予以免缴进口关税和进口环节增值税、消费税（即用在出口成品上的料件可以免税）。但是，如果专为加工贸易而进口的料件及制成品，因故最终没有复运出境，经批准转内销时，必须按一般进出口货物办理通关手续。此时，不仅要补缴应税税款，还要缴纳缓税利息（边角料和出口加工区、珠海园区的保税货物除外），若属许可证管理，则同时提交许可证。从这个角度上说，没有复运出境的进口料件与制成品的应税税款不是在进口时缴纳，而是在确定其最终流向（内销）时才缴税，所以是纳税暂缓。因此，料件进境时未办理纳税手续，须适用海关事务担保，担保手续按照加工贸易银行保证金台账制度执行。

4. 监管延伸

相对于一般进出口货物而言，海关对保税加工货物的监管，在地点与时间上都需要延伸。在地点上，保税加工的料件运离进境地口岸海关监管场所后进行加工、装配的地方，都是海关继续监管的场所。在时间上，保税加工的料件在进境地被提取，海关监管工作并没有结束，而是继续监管直至加工、装配后复运出境或者办结正式进口手续，最终核销结案为止。这里涉及以下两个期限。

1）准予保税的期限。经海关批准保税后在境内加工、装配、复运出境的时间即准予保税的期限是有限制的：①纸质手册或电子手册管理的保税加工期限，原则上不超过1年，经批准可以延长，延长的最长期限也是1年；②联网监管模式纳入电子账册管理的料件保税期限，从企业的电子账册记录第一批料件进口之日起，到该电子账册被撤销为止；③出口加工区和珠海园区保税加工期限，原则上从加工贸易料件进区到加工贸易成品出区办结海关手续为止。

2）申请核销的期限。申请核销的期限为加工贸易的经营人向海关申请核销的最后日期，具体如下：①纸质手册或电子手册管理的保税加工报核期限是在纸质手册或电子手册有效期到期之日起或最后一批成品出运后30日内；②电子账册管理的保税加工报核期限，一般以180日为一个报核周期，首次报核是从海关批准电子账册建立之日起算，满180口后的30日内报核，以后则从上一次的报核日期起算，满180日后的30日内报核；③出口加工区经营保税加工业务的企业每180日向海关申报一次保税加工货物的进出境、进出区的实际情况；④在珠海园区内经营保税加工业务的企业，自开展有关业务之日起，应当每年向海关办理一次报核手续。

5. 核销结关

保税加工的料件进境后要进行加工、装配，改变了原进口料件的形态，复运出口的商品不再是原进口的商品，因此，保税加工货物的核销是非常复杂的工作。海关在核销时，不仅要确认进出数量是否平衡，还要确认成品是否由进口料件生产。海关核销结束后，其对保税加工货物的监管也随之结束。

二、纸质手册管理下的保税加工货物的通关

作为保税加工货物的监管模式之一，纸质手册管理的对象是用于来料加工、进料加工、外商投资企业履行产品出口合同、保税工厂、保税集团等形式下进出口的保税加工货物，其主要特征是以合同为单元进行监管，基本通关程序是合同备案、货物进出口报关、合同报核。

（一）合同备案

1. 合同备案的含义

加工贸易企业有经营企业与加工企业两种，两者可以是同一家企业。国家规定：开展加工贸易业务的企业应当由经营企业到加工企业的所在地主管海关办理加工贸易合同备案手续。合同备案是指加工贸易企业持合法的加工贸易合同，到主管海关备案，申请保税并领取加工贸易登记手册，或其他准予备案凭证的行为。

对于符合规定，即通过商务主管部门审批并获得加工贸易业务批准证和必需的许可证件的加工贸易合同，海关应当在规定的期限内予以备案，并核发加工贸易登记手册，或其他准予备案的凭证。对不予备案的合同，海关应当书面告知经营单位。

2. 合同备案的步骤

1）企业报商务主管部门审批合同，申领加工贸易业务批准证和加工贸易企业经营状况和生产能力证明批准文件。

2）向有关部门申领必要的许可证。

3）将合同相关内容预录入与主管海关联网的计算机。

4）海关审核、备案；需要开设台账的企业，在海关领取台账开设联系单（载明台账金额和保证金金额）。

5）不需要领取台账的企业，直接向海关领取加工贸易登记手册或其他备案凭证；需要开设台账的企业，凭台账开设联系单到银行开设台账，领取台账登记通知单，凭台账登记通知单到海关领取加工贸易登记手册。

3. 合同备案需要的单证

合同备案需要的单证如下。

1）商务主管部门签发的加工贸易业务批准证和加工贸易企业经营状况和生产能力证明。

2）加工贸易合同或合同副本。

3）加工贸易合同备案申请表及企业加工贸易合同备案呈报表。

4）必需的许可证件或其复印件。

5）确定单耗和损耗率所需的资料。

6）其他备案所需要的单证。

4. 备案时不同货物需要的相关许可证件

不同货物需要的相关许可证件如下。

1）消耗臭氧层物质、易制毒化学品、监控化工品——进出口许可证或两用物项进出口许可证复印件。

2）音像制品、印刷品——新闻出版总署印刷复制管理司的批准文件。

3）地图产品及附有地图的产品——国家测绘局的批准文件、样品或样图。

4）进口工业再生废料——生态环境部签发的进口废物批准证书。

5. 国家禁止、限制、允许加工贸易备案的商品

国家对加工贸易商品实行分类管理，将加工贸易商品分为禁止类、限制类与允许类3类。

禁止类的加工贸易商品有：①国家明令禁止进出口的商品；②为种植、养殖而进口的商品；③可能引起高能耗高污染的商品；④低附加值、低技术含量的商品；⑤其他列名的加工贸易禁止类商品。

限制类的加工贸易商品有：①初级形状的聚乙烯、聚酯切片（塑料原料）；②涤纶长丝、化学短纤维（化纤原料）；③钢材中的铁及非合金钢材、不锈钢；④棉花、棉纱、棉坯布；⑤食糖、植物油（非经化学改性）；⑥天然橡胶；⑦羊毛、冻鸡。

除了禁止类、限制类商品外，其他为允许类加工贸易商品。

6. 保税额度

海关准予备案的合同项下的料件，全额保税；海关不予备案的合同项下的料件、试车材料、未列名消耗性物料等，不予保税，进口时按一般进口货物照章征税。

7. 台账制度

台账制度的核心是海关对不同地区的加工贸易企业和加工贸易涉及的进出口商品实行分类管理，对部分不同等级企业进口的开展加工贸易的部分料件，由银行按照海关计算的金额征收保证金。

海关将从事加工贸易的企业按报关单位分类管理中“收发货人的审定标准”分为AA类、A类、B类、C类、D类5个管理级别实施管理。企业根据自己所属的管理类别，或“不转”即不设台账，或“空转”即设台账不交保证金，或“半实转”即设台账但减半支付保证金，或“实转”即设立台账并交保证金。具体规定如表8.2所示。

表 8.2 加工贸易银行保证金台账分类管理内容

保证金台账分类管理内容		限制类商品		允许类商品	
		东部	中西部	东部	中西部
AA 类企业	纸质手册	半实转	空转	不转	不转
	电子手册半实转	空转	不转	不转	
	电子账册	半实转	空转	不转	不转
A 类企业	纸质手册	半实转	空转	空转	空转
	电子手册	半实转	空转	不转	不转
	电子账册	半实转	空转	不转	不转
B 类企业	纸质手册	半实转	空转	空转	空转
	电子手册	半实转	空转	空转	空转
	电子账册	半实转	空转	空转	空转
C 类企业	纸质手册	实转	实转	实转	实转
	电子手册	实转	实转	实转	实转
	电子账册	实转	实转	实转	实转
D 类企业		不准	不准	不准	不准
特殊监管区域企业		不转	不转	不转	不转

资料来源：海关总署报关员资格考试教材编写委员会，2018．2019 年报关员资格全国统一考试教材[M]．北京：中国海关出版社.

东部地区的 AA 类、A 类、B 类企业从事限制类商品（进口料件，或进口料件、出口成品均属于限制类商品）加工贸易台账保证金的计算公式为

$$进口料件台账保证金=（进口限制类料件的关税+进口限制类料件的增值税）\times 50\%$$

$$进口料件、出口成品台账保证金=进口料件备案总值\times \frac{限制类成品备案总值}{全部出口成品备案总值}\times 22\% \times 50\%$$

C 类企业从事限制类商品加工贸易台账保证金的计算公式为

$$台账保证金=（进口全部料件的关税+进口全部料件的增值税）\times 100\%$$

8. 加工贸易分类管理内容

1）任何类企业都不得开展禁止类商品的加工贸易。

2）D 类企业不得开展加工贸易。

3）C 类企业只要开展加工贸易，无论何类商品何类地区，必须按应征税款的数额缴纳保证金(实转)。

4）属东部地区的 A 类、B 类企业加工限制类产品，缴纳应征税款 50%的保证金（半实转）；属中西部地区的 A 类、B 类企业加工限制类产品，设台账不付保证金（空转）。

为了简化手续，对为生产出口产品而进口的属于国家规定的 78 种列名的客供服装辅料（如拉链、纽扣、花边、垫肩等）、金额不超过 5000 美元的合同，除 C 类企业外，可以不设台账，免领手册，直接凭出口合同备案准予保税后，凭海关在备案出口合同上的签章和编号直接进入进出境报关阶段。

进口在1万美元及以下的78种列名的可供服装辅料，除C类企业外，可以不设台账。

9. 备案的凭证

1）不设台账的合同。不设台账的合同在准予备案后，由企业直接向受理合同备案的主管海关领取海关签章的加工贸易手册。

2）设台账的合同。设台账的合同在准予备案后，由企业凭银行签发的银行保证金台账登记通知单，到合同备案的主管海关领取海关签章的加工贸易手册。

如果多口岸报关周转困难或涉及异地深加工结转，企业可以申领加工贸易登记手册分册，分册载有总册的部分内容，有独立编号，进出口报关时可与总册分开使用，但必须同时报核。

10. 合同备案的变更

已经在海关登记备案的加工贸易合同，当品名、规格、金额、数量、加工期限、单损耗、商品编码等发生变化时，必须向主管海关办理合同备案变更手续，开设台账的合同还须变更台账。

如果贸易性质不变、商品品种不变、合同变更的金额小于1万美元（含1万美元），以及合同延长不超过3个月的合同，企业可以直接到海关、银行办理变更手续，无须再经商务主管部门重新审批。

企业被调整为D类管理时，已备案合同经核准，可缴纳全额台账保证金后继续执行，但不得变更或延期合同。

商品由允许类转为限制类的，已备案合同不用缴纳台账保证金。允许类或限制类转为禁止类的，已备案合同按国家即时发布的规定办理。

11. 与合同备案相关的事宜

（1）异地加工贸易备案申请

异地加工贸易是指一个直属海关的关区内加工贸易经营企业，将进口料件委托另一个直属海关关区内的加工生产企业加工，产品回收后，再组织出口的加工贸易。

海关对从事异地加工贸易的加工企业与经营企业均实行分类管理，并按较低类别进行管理。

异地加工贸易合同备案步骤如下：首先，经营企业持加工贸易批准证、加工贸易企业经营状况和生产能力证明、异地加工贸易申请表向经营单位所在地海关申报，待海关予以审核批复后，申领关封；其次，经营单位持关封和合同备案的必要单证，向加工地海关办理备案并设台账。

（2）加工贸易单耗申报

加工贸易单耗是指加工贸易企业在正常加工条件下，加工单位成品所耗用的料件量，包括净耗和工艺损耗。净耗是指在加工后，料件通过物理变化或者化学反应存在或者转化到单位成品中的量。工艺损耗是指因加工工艺的原因，料件在正常加工过程中除净耗外所必需耗用的但不能存在或转化到成品中的量，包括有形损耗和无形损耗。下面的工艺损耗率是指工艺损耗占所耗用料件的百分比，即

$$单耗=\frac{净耗}{1-工艺损耗率}$$

加工贸易企业在备案、货物进出口、内耗及报核中，应向海关如实申报如下内容：加工贸易单耗，即加工贸易项下料件和成品的商品名称、商品编号、计量单位、规格型号和品质；加工贸易项下成品的单耗；加工贸易同一料件有保税和非保税料件的，应当申报非保税料件的比例。

（3）加工贸易外发加工申请

外发加工是指经营企业因自身工序工艺或技术限制，经海关批准并办理相关手续后，委托承揽企业对加工的出口产品生产环节中的个别工序进行加工，在规定期限内将加工后的产品运回本企业，并最终复出口的行为。

外发加工的成品、剩余料件及生产过程中产生的边角料、残次品、副产品等加工贸易货物，经过经营企业所在地主管海关批准，可以不运回本企业。

申请外发加工的经营企业，应向海关提交加工贸易货物外发加工申请表、经营企业与承揽企业签订的加工合同或协议、承揽企业营业执照复印件、承揽企业经营状况和生产能力证明及其他海关需要收取的单证与材料，经海关审核后，方可外发加工。外发加工完毕后，经营单位应当运回外发加工货物，并如实填写加工贸易外发加工货物运回清单。

（4）加工贸易串料申请

经营企业因生产出口产品急需时，可以书面申请在本企业内部进行料件串换，并同时符合以下条件：保税进口料件和保税进口料件之间，以及保税进口料件和非保税进口料件串换必须是同品种、同规格、同数量，更换下来的料件由企业自行处置；保税进口料件和国产料件（不含深加工结转料件）之间串换必须是同品种、同规格、同数量、零关税且不涉及许可证管理。

（二）货物进出口报关

保税加工货物的报关主要涉及加工贸易保税货物进出境报关、深加工结转货物报关、其他保税加工货物报关3种情形。

1. 加工贸易保税货物进出境报关

（1）报关人

保税加工货物进出境时由加工贸易经营单位或其代理人持加工贸易登记手册或其他准予合同备案的凭证向海关申报。

（2）报关程序

加工贸易保税货物进出境报关程序有4个环节：申报、查验、暂免纳税、提取/装运货物。特别注意的是，由于加工贸易企业在主管海关备案的情况已经在计算机系统生成电子底账，有关电子数据已通过网络传输到相应的口岸海关，因此，企业在口岸海关报关时所提供的有关单证内容必须与电子底账数据相一致，只要在某一方面不一致，报关就不能通过，因此，报关数据的输入必须十分准确。

（3）涉及许可证管理

进口料件，除易制毒化学品、监控化学品、消耗臭氧层物质、原油、成品油等个别规定商品外，均免于交验进口许可证；出口成品报关时，应交验国家规定的出口许可证。

（4）进出口税收管理

料件进口时，纳税暂缓；成品出口时，全部由进口料件生产的成品免出口关税，含国产料件按下列公式比例计税，即

出口关税＝出口货物完税价格×出口关税税率×出口产（成）品中使用的国产料件和全部料件的价值比例

特殊产品如加工贸易出口未锻铝，一律按一般贸易出口货物征收从价关税；加工贸易出口属于列名征收出口关税的服装，出口从量征税。

2. 深加工结转货物报关

保税加工货物深加工结转俗称“转厂”，是指加工贸易企业将保税进口料件加工的产品转至另一关区内的加工贸易企业，进一步加工后复出口的经营活动。深加工结转货物的报关程序分为3个环节：计划备案、收发货登记、结转报关。

（1）计划备案

转出企业持深加工结转申请表（共四联）向转出地海关备案，后三联退给转出企业交转入企业，转入企业持深加工结转申报表后三联（填本企业内容并签章），自海关备案之日起20日内向转入地主管海关备案。若未报或错报未获批者，须重新从头申报。转入地海关审核，退第三、第四联申请表交转入、转出企业凭以办理结转收发货登记及报关手续。

（2）收发货登记

转入、转出企业办理结转计划申报手续后，应当按照深加工结转申请表进行实际收发货，并将每批次收发货情况如实登记在保税货物实际结转登记表上，加盖企业结转专用名章；退货同样登记，并注明“退货”，并各自加盖企业结转专用名章。

（3）结转报关

转出企业、转入企业分别在各自主管海关办理结转报关手续，并可以凭借一份申请表在每批实际收发货后的90日内分批或者集中办理报关手续，同时提供申请表和登记表的原件及复印件。转入企业凭申请表、登记表办理结转进口报关手续，并于次日将报关情况通知转出企业，转出企业10日内凭申请表、登记表等办理结转出口报关手续。

转出、转入报关申报价格为结转货物的实际成交价格。结转进口报关单与结转出口报关单必须相对应，申报序号、商品编号、数量、价格、手册编号均应当一致。

3. 其他保税加工货物报关

其他保税加工货物主要有剩余料件、边角料、副产品、残次品和受灾保税货物，其特征是不能复出口。对于这些特殊货物，企业必须在手册的有效期内，选择内销、结转、退运、放弃、销毁等方式之一处理完毕。除销毁处理外，其他处理方法都必须填制报关单报关，并作为报核的必需单证。

（1）内销报关

企业凭进口许可证和商务主管部门签发的内销批准证办理料件正式进口报关手续，缴纳进口关税和缓税利息（边角料不加征缓税利息）。

内销金额小于该加工贸易合同项下实际进口料件总额3%及以下且总值在人民币

1 万元的，免审批和免许可证。

（2）结转报关

剩余料件经海关批准，可以结转至另一加工贸易合同生产使用，但必须符合同一经营单位、同一加工厂、同样进口料件、同一加工贸易方式 4 个条件。海关对于准予结转的剩余料件收取拟结转料件应纳税款金额的保证金或银行保函，签发加工贸易剩余料件结转联系单，由企业在转出手册的主管海关办理出口报关手续，在转入手册的主管海关办理进口报关手续。

（3）退运报关

企业如果将剩余料件、边角料、残次品、副产品退运出境，持登记手册等有关单证向口岸海关办理出口报关手续，并且留存有关报关单证，以备报核。

（4）放弃报关

企业如果将剩余料件、边角料、残次品、副产品放弃，应向海关申请，由海关处理，并在规定的时间内将放弃的货物运抵至指定的仓库，办理货物的报关手续，留存有关报关单（证）以备报核。

国家禁止和限制进口的废物与污染环境的货物，以及法律、行政法规、规章规定不准许放弃的货物，海关不允许放弃，企业应当按规定做退运、征税内销或在海关监管下销毁或其他妥善处理。

（5）销毁处理

对于不予结转、放弃或涉及知识产权等的剩余料件、边角料、残次品、副产品，企业可以提出销毁申请，并在海关监管下销毁，凭销毁证明报核。

（6）受灾保税货物的报关

对于受灾的保税加工货物，企业应当在灾后 7 日内书面报告主管海关，并提供商务部门签注意见、主管部门的证明文件及保险公司保险赔款通知书或检验检疫证明文件。

对于因不可抗力成灾，属许可证管理的，免交许可证，非不可抗力成灾，必须交许可证；完全无法再利用的，核准免税；尚可利用的，重新审定价格，按对应进口料件适用税率，计缴进口税和缓税利息；属关税配额进口的，按配额税率计征进口关税；须销毁的，同其他保税加工货物的销毁做相同处理。

对于非不可抗力成灾，按原进口价格审价交税；属关税配额进口而又无关税配额证的货物，按配额外税率征税。

（三）合同报核

1. 合同报核的含义

合同报核是指合同履行完毕或终止，在对未出口部分货物进行处理后，经营企业向海关申请核销、要求结案的行为。

合同核销是指海关核准加工贸易企业的报核，并解除监管的海关行政许可行为。

2. 报核的时间

经营企业应当在最后一批成品出口或者加工贸易手册到期之日起 30 日内向海关报核。

加工贸易合同因故提前终止的，应当自合同终止之日起 30 日内向海关报核。

3. 报核的单证

报核需要向海关提供的单证如下：①企业合同核销申请表；②加工贸易登记手册；③进出口货物报关单；④核销核算表；⑤其他海关需要的资料。

4. 企业报核的步骤

企业报核的步骤如下：①收集、整理、核对报关单和手册；②核实单耗，填制核销核算表；③填写核销预录入申请单，办理报核预录入手续；④持报核单证，到主管海关报核，并填写报核签收回联单。

5. 特殊情况的报核

1）遗失加工贸易登记手册的报核。加工贸易登记手册遗失要及时报告海关，经缉私部门处理后，企业持加工贸易登记手册遗失的书面报告、企业申请核销的书面材料、加工贸易货物进出口报关单、缉私部门的行政处罚决定书（代替加工贸易登记手册）等单证向主管海关报核。

2）遗失进出口报关单的报核。企业凭报关单留存联或报关单复印件（报关海关签章，代替报关单）报核，出口报关单应注明备案合同编号。

3）不申领加工贸易登记手册的5000美元及以下的78种列名服装辅料的合同的报核。企业持进出口报关单、合同核销核算表报核。

4）合同提前撤销的报核。合同提前终止，未发生进出口而申请撤销的，企业须报商务主管部门审批，然后凭批准文件和加工贸易登记手册报核。

5）有违规走私行为的加工贸易合同的核销。有违规走私行为，仅处罚、警告而未没收保税货物的，加工贸易企业照常报核；被没收加工贸易货物的，凭行政处罚决定书、行政复议决定书、判决书和裁决书报核。

6. 海关受理报核和核销

海关自受理企业报核之日起20个工作日内，应当审核完毕，情况特殊，可由直属海关关长或其授权的隶属海关关长批准，延长10个工作日；对不予受理的报核予以书面告知理由，要求企业重新报核。

对未开台账但核销情况正常的企业，海关立即签发核销结案通知书；对开设台账且核销正常的企业，海关签发银行保证金台账核销联系单，企业凭以到银行核销台账，其中“实转”的台账，企业应当在银行领回保证金和应得的利息，或撤销保函，并领取银行保证金台账核销联系单，凭以向海关领取核销结案通知书。

三、保税加工货物的电子账册管理

（一）保税加工货物的电子账册管理概述

1. 电子账册管理的含义

电子账册管理是海关对加工贸易实施联网管理的一种监管模式。海关为加工企业建立电子底账，联网企业只设一个电子账册。海关根据联网生产情况和海关监管的需要确定核销周期，定期对实行电子账册管理的联网加工企业进行核销。

2. 电子账册管理的对象

电子账册管理主要针对大型加工贸易企业，其加工贸易进出口较为频繁，规模较大，原料和产品较为复杂，管理信息化程度较高、较完善。

3. 电子账册的基本管理原则

电子账册的基本原则包括一次审批、分段备案、滚动核销、控制周期、联网核查。

4. 电子账册管理的主要特点

电子账册管理主要包含以下特点：①一次性审批，不再对合同逐票审批；②分段备案（进口料件、成品出口前备案及单损耗情况的申报），不再一次备案；③用以企业为单元的电子账册取代以合同为单元的纸质手册；④对进出口保税货物的总价值（或数量），按照企业生产能力进行周转量控制；⑤企业采用计算机网络向商务主管部门和海关办理相关手续，简化复杂手册，并提高通关速度；⑥实行银行保证金台账制度；⑦纳入电子账册的加工贸易货物全额保税；⑧凭电子身份认证卡实现在全国口岸的通关。

（二）电子账册的建立

建立电子账册需要 3 个步骤：加工贸易经营企业联网监管的申请与审批、加工贸易业务的申请与审批、建立商品归并关系及电子账册。

1. 联网监管的申请与审批

（1）联网监管的申请资格

具备以下条件的企业才有资格申请建立电子账册：①在海关注册的我国境内具有独立法人资格、具备加工贸易经营资格、以出口为主的生产型企业；②守法、诚信、管理规范，生产流程实行全程计算机管理；③能提供海关监管要求提供的真实、准确、完整并具有被核查功能的数据；④有足够的资金或资产为本企业实行联网监管应承担的经济责任提供总担保。

（2）联网监管申请需要提供的单证

申请联网监管需要提供以下单证：①联网监管申请表；②经营范围清单（料件与成品的名称与 4 位编码）；③营业执照复印件；④进出口经营资格批件；⑤上一年度经审计的会计报表。

（3）主管海关审核

主管海关通过对归并关系的预审及对配置软件、硬件的审核，对符合联网监管条件的企业，制发海关实施加工贸易联网监管通知书。

2. 加工贸易业务的申请与审批

联网企业申请开展加工贸易业务，应提交下列单证：①营业执照复印件；②联网监管验收合格证；③外贸经营资格批件；④加工企业状况和生产能力证明；⑤经营范围清单；⑥企业上一年度加工贸易出口情况的证明材料。

商务主管部门审批后，签发联网监管企业加工贸易业务批准证。

3. 建立商品归并关系及电子账册

企业凭联网监管企业加工贸易业务批准证向所在地海关申请建立电子账册，海关根据企业的经营范围、年生产能力等建立电子账册，取代纸质登记手册。

电子账册包括经营范围电子账册和便捷通关电子账册。前者用于载明核准的进出口料件、成品及最大周转金额和数量，不能直接报关；后者用于加工贸易货物的备案、通关和核销。

电子账册编码为12位，经营范围电子账册第一、第二位为标记代码“IT”，因此该账册也叫“IT”账册；便捷通关电子账册第一位为标记代码“E”，因此该账册也叫“E”账册。

（三）报关程序

电子账册监管下的加工贸易货物报关程序分为备案、报关、报核和核销4个环节。

1. 备案

（1）经营范围电子账册备案

企业可以凭商务主管部门的批准证书通过网络向海关办理经营范围电子账册备案。备案内容主要有经营单位名称与代码、加工单位名称与代码、批准证书编号、加工生产能力、加工贸易进口料件和成品范围（商品编码前4位）。

如果经营范围、加工能力变更，须经商务主管部门核准才可通过网络向海关办理。

（2）便捷通关电子账册备案

企业可以通过网络向海关办理便捷通关电子账册备案。备案内容主要有企业的基本情况、料件和成品情况、单耗关系。如果备案有未超出经营范围和加工能力的变更，可以通过网络直接向海关申请变更。

2. 报关

（1）进出境报关

企业采用便捷通关电子账册办理报关手续，通过计算机形成报关清单，报送中国电子口岸，报关单经海关审核通过后，一律不得修改，申报数据与备案数据应当一致。

有关许可证和税收征管的规定与纸质手册管理下的保税加工货物进出境报关相同。

（2）深加工结转报关

与纸质手册管理下的深加工结转报关相同。

（3）其他保税加工货物的报关

经主管海关批准，企业可以按月（当月、每个核销周期结束前）集中办理完内销征税手续。

缓税利息的计息日从上期核销日的次日到开具税款缴纳书止。

联网企业以内销、结转、退运、放弃、销毁等方式处理保税进口料件、成品、副产品、残次品、边角料和受灾货物的报关手续与纸质手册的报关程序相同。

3. 报核和核销

电子账册监管下的核销实行滚动核销的方式，即对电子账册按照时间段进行核销，将某个确定的时间段内企业的加工贸易进出口情况进行平衡核算。

报核期限一般规定以180日为一个报核周期。首次报核期限，从电子账册建立之日起180日后的30日内，以后报核期限，从上次报核之日起180日后的30日内。

企业报核和海关核销的程序如下。

（1）企业预报核

企业在向海关正式申请核销前，在电子账册本次核销周期到期之日起30日内，将本核销期内的所有的电子账册进出口报关数据，按海关要求的内容，包括报关单号、进出口岸、进出标志等，以电子报文形式向海关申请报核。

（2）企业正式报核

企业以预报核海关核准的报关数据为基础，准确、详细地填报本期保税进口料件的应当留存数量、实际留存数量等内容，以电子数据正式向海关申请报核。

联网企业不再使用电子账册的，可申请核销，海关审核后予以注销。

（3）海关核销

海关核销的目的是掌握企业在某个时段所进口的各项保税加工料件的使用、流转、损耗的情况，确认是否符合以下平衡关系，即

进口保税料件（含深加工结转进口）＝出口成品折料（含深加工结转出口）
＋内销料件＋内销成品折料
＋剩余料件＋损耗－退运成品折料

海关核销除了对书面数据进行必要的核算外，还会根据实际情况采取盘库的方式。

四、保税加工货物的电子手册管理

（一）电子手册管理的含义

电子手册管理是以企业的单个加工贸易合同为单元，对保税加工货物实施联网监管。海关为联网企业建立电子底账，不再使用纸质手册。一个加工贸易合同建立一个电子手册。电子手册管理以合同（订单）为单元进行管理；实行联网审批和备案；实行银行保证金台账制度管理；对手册下的加工货物进口时实行全额保税；凭身份认证卡实现在全国口岸报关。

（二）电子手册的建立

电子手册的建立同样要经过加工贸易企业的联网监管申请和审批、加工贸易业务的申请和审批、建立商品归并关系和电子账册3个步骤，基本程序同电子账册。

（三）报关程序

电子手册管理下的保税加工货物的报关程序如下。

1. 备案

（1）备案类型

电子手册的备案分为两种：按合同常规备案、分段式备案。

1）按合同常规备案。与纸质手册管理基本一样，但不申领纸质手册。

2）分段式备案。分为合同备案与通关备案两个环节。合同备案有表头数据、料件表和成品表 3 部分内容。

（2）备案审核

海关主要审核企业的备案申请内容与商务主管部门出具的加工贸易业务批准证是否相符，备案申请数量是否超出加工生产能力，企业的相关申请是否合法等。电子手册审核通过后，系统自动生成手册编号。

（3）备案变更

企业可以通过电子口岸向主管海关发送合同变更数据并提供企业变更申请与商务部门出具的加工贸易业务批准证变更证明及相关证明材料。

2. 货物报关

除了采用电子口岸数据中心报送相关报关资料，实行电子手册管理的企业保税加工货物的报关与纸质手册模式大体相同。

3. 报核和核销

报核是企业通过电子口岸数据中心向主管海关传送报表头、报关单、进口料件、出口成品、单损耗等 5 个方面的报核数据，海关对报核的电子手册进行数据核算，最后，海关对通过核销核算的电子手册进行结案处理，并打印结案通知交付企业。

第三节 仓储保税货物的通关

仓储保税货物是指经过海关批准，未办理纳税手续进境，在境内储存后复运出境的货物，主要指存放在保税仓库、保税物流中心（A、B 型）的货物。

一、保税仓库货物的通关

（一）保税仓库的含义及类型

保税仓库是指经海关批准设立，专门存放保税货物及其他未办结海关手续货物的仓库。保税仓库的功能单一，只能仓储存放进境货物，存储期限为 1 年，经主管海关批准可以延长，延期最长不超过 1 年。我国目前有 3 种保税仓库，分别如下。

1. 公用型保税仓库

经海关批准设立，由主营仓储业务的我国境内独立企业法人经营，专门向社会提供保税仓储服务。

2. 自用型保税仓库

经海关批准设立，由特定的我国境内独立企业法人经营，仅存储本企业自用的保税货物。

3. 专用型保税仓库

经海关批准设立，专门用来存储具有特定用途或特殊种类商品的保税仓库，包括液体危险品保税仓库、备料保税仓库、寄售维修保税仓库和其他专用保税仓库。

（二）保税仓库存放货物的范围

保税仓库存放的货物如下：①加工贸易进口货物；②转口货物；③供应国际航行船舶和航空器的油料、物料和维修用零部件；④供维修外国产品所进口寄售的零部件；⑤外商进境暂存货物；⑥未办结海关手续的一般贸易进口货物；⑦经海关批准的其他未办结海关手续的进境货物。

（三）保税仓库货物的通关程序

保税仓库货物的通关包括进仓报关、出仓报关和流转报关。它们的报关程序分别如下。

1. 进仓报关

除易制毒化学品、监控化学品、消耗臭氧层物质外，货物在进入保税仓库时由经营单位免证、保税办理进口报关手续。

（1）在口岸海关报关

经营单位应当按照直接转关的转关运输方式办理通关手续。

（2）在主管海关报关

主管海关与口岸海关不是同一直属海关的，经营单位可以按照提前报关转关的方式报关，也可以按照“属地申报，口岸验放”的模式报关；主管海关与口岸海关是同一直属海关的，由企业在口岸海关办理报关手续。

2. 出仓报关

（1）出口报关

仓库主管海关与口岸海关是同一直属海关的，由企业自行提取货物出仓，到口岸海关办理复运出境报关手续，也可以按照转关运输方式办理出仓手续。

（2）进口报关

保税仓库货物出仓运往境内其他地方，必须经主管海关保税监管部门的审核同意，转为正式进口。转为正式进口的同一批货物，必须填制两张报关单，一张用来办结出仓报关手续的出口报关单，一张用来办理进口申报手续的进口报关单。

（3）集中报关

集中报关须由主管海关的分管关长审批，由仓库主管海关收取保证金，报关时间根据出货的频率和数量、价值合理设定。当月出仓的货物最迟应于次月前 5 个工作日内办理报关手续，并不得跨年度申报。

3. 流转报关

保税仓库与其他海关特殊监管区域场及所往来的货物，按照转关运输的相关规定办理手续；保税仓库与其他海关特殊监管区域是同一直属海关的，经批准可以不按转关运输方式办理；保税仓库货物互转的，应当在各自仓库主管海关报关，按先进口后出口的顺序办理报关手续。

二、保税物流中心（A型）货物的通关

（一）保税物流中心（A型）的含义与类型

保税物流中心（A型）是指经海关批准，由我国境内企业法人经营，专门从事保税仓储物流业务的海关监管场所。它可分为公用型和自用型两类。

公用型是指由我国境内企业法人经营，向社会提供专业仓储物流综合服务业务的海关监管场所。

自用型是指由我国境内企业法人经营，仅向本企业或本企业集团内部成员提供保税仓储物流服务的海关监管场所。

（二）保税物流中心（A型）存放货物的范围

保税物流中心（A型）存放的货物如下：①国内出口货物；②转口货物和国际中转货物；③外商暂存货物；④加工贸易进出口货物；⑤供应国际航行船舶和航空器的物料、维修用零部件；⑥供维修国外产品所进口寄售的零配件；⑦未办结海关手续的一般贸易进口货物；⑧经海关批准的其他未办结海关手续的货物。

（三）保税物流中心（A型）开展业务的范围

保税物流中心（A型）开展的业务如下：①保税存储进出口货物及其他未办结海关手续的货物；②对所存货物进行流通性简单加工和增值服务；③全球采购和国际分拨、配送；④转口贸易和国际中转业务；⑤经海关批准的其他国际物流业务。

保税物流中心（A型）内禁止从事下列业务：①商业零售；②生产和加工制造；③维修、翻新和拆解；④存储国家禁止进出口货物，以及危害公共安全、公共卫生或者健康、公共道德或者秩序和国家限制进出口货物；⑤存储法律、法规明确规定不能享受保税政策的货物；⑥其他与物流中心无关的业务。

（四）保税物流中心（A型）进出货物的报关程序

保税物流中心（A型）进出货物包括与境外之间的进出货物和与境内之间的进出货物。它们的报关程序分别如下。

1. 物流中心与境外之间的进出货物报关

1）报关地点的选择。应当在物流中心主管海关办理相关手续。物流中心与口岸不

在同一主管海关的，经主管海关批准，可以在口岸海关办理相关手续。

2）许可证件的使用。除实行出口被动配额管理和我国参加或缔结的国际条约及国家另有明确规定外，物流中心与境外之间进出的货物不实行进出口配额、许可证件管理。

3）保税规定。属于规定存放范围的货物予以保税；属于物流中心企业进口自用的办公用品、交通运输工具、生活消费品等，以及物流中心开展综合物流服务所需进口的机器、装卸设备、管理设备等，按照进口货物的有关规定和税收政策办理相关手续。

2. 物流中心与境内之间的进出货物报关

1）货物从物流中心进入关境内地区。货物从物流中心进入关境内的其他地区视同进口，应按一般进口货物的报关程序办理。

2）货物从境内进入物流中心。货物从境内进入物流中心视同出口，应按照一般出口货物的报关程序办理。

保税物流中心（A 型）内货物保税存储期限为 1 年，若有特殊情况，延期不得超过 1 年。

三、保税物流中心（B 型）货物的通关

1. 保税物流中心（B 型）的含义

保税物流中心（B 型）是指经海关批准，由我国境内一家企业法人经营、多家企业进入并从事保税仓储物流业务的海关集中监管场所。海关对其采取物理围网式监管模式，其存放货物的范围和开展业务的范围与保税物流中心（A 型）相同。

2. 保税物流中心（B 型）进出货物的通关程序

物流中心（B 型）和关境内、外间的进出口货物报关与保税物流中心（A 型）的报关情况相同。这里需要强调的是物流中心内企业之间的货物流转。

物流中心（B 型）内货物可以在本中心内的企业之间进行转让、转移，并办理相关海关手续。未经批准，中心内的企业不得擅自将所存放货物抵押、质押、留置、移作他用或进行其他处置。

物流中心（B 型）经营企业不得在本中心内直接从事保税仓储物流的经营活动；物流中心内货物保税存储期限为 2 年，若有特殊情况，延期不得超过 1 年。

第四节　区域保税货物的通关

一、保税区货物的通关

（一）保税区的含义

保税区是指经国务院批准，在我国境内设立的由海关进行监管的特定区域。保税区是保税加工与保税物流功能的叠加，具有出口加工、转口贸易、商品展示、仓储运输等功能。海关对保税区监管采取物理围网监管模式。

（二）保税区货物的通关程序

保税区货物通关包括货物进出境报关和进出区报关，其程序分别如下。

1. 进出境报关

保税区货物的进出境报关采用报关制和备案制相结合的运行机制。

（1）区内自用货物报关

保税区与境外之间的进出境货物，属于自用的，如保税区内企业进口自用合理数量的机器设备、管理设备、办公用品，工作人员所需自用合理数量的应税物品及货样，由收货人或其代理人填写进口货物报关单向海关报关。

（2）区内非自用货物报关

保税区与境外之间的进出境货物，属非自用的，如加工出口、转口、仓储和展示，由收货人或其代理人填写进出境备案清单，向海关报关。

2. 进出区报关

（1）保税加工货物进出区

进区，报出口，同时具有加工贸易纸质手册或加工贸易电子账册、电子手册，填写出口货物报关单，提供有关许可证件；出口应征出口关税的商品，须缴纳出口关税；海关不签发退税证明联。出区，报进口，按不同的流向（如内销、加工贸易、特定减免税等）填写不同的进口货物报关单。

（2）进出区外发加工

经主管海关核准后，区外企业货物外发进区加工时，需要提交外发加工合同向保税区海关备案，加工货物出区后核销，不填写进出口货物报关单，不缴纳税费。出区外发加工的货物，须由区外加工贸易经营企业在加工企业所在地海关办理加工贸易备案手续，申领纸质登记手册，或建立电子账册、电子手册，需要时还要建立银行保证金台账，加工期限 6 个月，可延长最长 6 个月。备案后按保税加工货物出区进行报关。

（3）设备进出区

设备施工或投资的目的进区，均以设备清单向保税区海关备案，不缴纳出口税，海关不签发出口退税报关单证明联，设备系从国外进口已征进口税的，不退进口税。设备退出区外，由保税区海关凭设备清单核销结案。

从非保税区进入保税区的货物，按照出口货物办理手续。出口退税按规定，货物必须实际报关离境后才能办理；保税区内的转口货物可以在区内仓库或区内其他场地进行分级、挑选、刷贴标志、更换包装等简单加工；区内加工企业加工的制成品及其在加工过程中产生的边角料运往境外时，应按照国家的有关规定，向海关办理手续，免征出口关税；区内加工企业将区内加工贸易料件及制成品，在加工过程中产生的副产品、残次品、边角料，运往非保税区时，应当按照国家有关规定向海关办理进口报关手续，并依法纳税，免予交付缓税利息；用含有境外保税进口料件加工的制成品销往非保税区时，海关对制成品中所含进口料件数量征税；企业对所含进口料件的品名、数量、价值申报不实的，海关按照进口制成品征税。

二、出口加工区货物的通关

（一）出口加工区的含义

出口加工区是指经国务院批准，在我境内设立，专门从事保税加工，由海关封闭式监管的特定区域。它的主要功能是保税加工。

加工区内设置加工区管理委员会、出口加工企业及为加工企业服务的仓储企业、运输企业。区内实行 24 小时封闭监管；区内不得经营商业零售、一般贸易、转口贸易及其他与加工区无关的业务；区内不得建立营业性的生活消费设施；除安全保卫人员外，其他人员不得在出口加工区内居住。

（二）出口加工区货物的通关程序

出口加工区内企业在进出口货物前，应向出口加工区主管海关申请设立电子账册（包括加工贸易电子账册和企业设备电子账册）,出口加工区货物通过电子账册办理报关手续。

1. 出口加工区与境外之间进出货物的报关

出口加工区与境外之间进出的货物报关实行备案制，由货物收发货人或其代理人通过填写进出境货物备案清单，向出口加工区海关报关。

对于跨越关区进出境的出口加工区货物，可以按照转关运输中的直转转关方式办理转关手续，但是邮递物品、个人随身携带物品、跨越关区进口车辆和出区在异地口岸“拼箱”出口的货物除外。

同一直属海关的关区内进出境的出口加工区货物，可以按直通式报关。

2. 出口加工区与境内其他地区之间进出货物的报关

（1）出口加工区货物运往境内区外货物的报关

出口加工区货物运往境内区外货物由区内企业录入进口货物报关单，凭发票、装箱单、相应的许可证件等单证，向出口加工区海关办理进口报关手续。进口报关结束后，区内企业填制出口加工区出境货物备案清单，凭发票、装箱单、电子账册编号等，向出口加工区海关办理出区报关手续。海关放行后，向区外企业签发进口货物报关单付汇证明联，向区内企业签发出口加工区出境货物备案清单收汇证明联。

（2）境内区外货物运入出口加工区报关

由境内区外运入企业录入出口货物报关单，凭购销合同（协议）、发票、装箱单等单证，向出口加工区海关办理出口报关手续。

出口报关结束后，区内企业填制出口加工区进境货物备案清单，凭发票、装箱单、电子账册编号等，向出口加工区海关办理进区报关手续。出口加工区海关查验、放行后，向区外企业签发出口货物报关单收汇证明联，向区内企业签发出口加工区进境货物备案清单付汇证明联。

（3）出区深加工结转货物的报关

出口加工区企业开展深加工结转时，转出企业凭出口加工区管委会批复，向所在地的出口加工区海关办理备案手续后，才可开展货物的实际结转。结转至海关特殊监管区域外的加工贸易企业的货物，转入企业凭商务主管部门的批复办理结转手续，按照保税加工进口货物的有关规定办理手续，需要时，提交相关许可证；转入至特殊监管区域，转入企业凭其所在区管委会的批复办理结转手续，转出、转入企业分别在自己的主管海关办理结转手续；除特殊情况外，比照转关运输方式办理结转手续，不能比照转关运输方式办理结转手续的，在向海关提供相应的担保后，由企业自行运输。

区内转出的货物因质量不符等原因发生退运、退换，转入企业为特殊监管区以外的加工贸易企业的，按照退运货物或退换货物办理相关手续。

出口加工区内企业在保税加工过程中产生的边角料、残次品、废品等，应复运出境，因特殊情况需要运往区外时，按内销时的状态归类并征税，免予交验进口许可证；对无价值的边角料和废品，需要运往区外销毁的，凭加工区管委会和环保部门的批准文件，向主管海关办理出区手续，免予纳税、免予交验进口许可证；出口加工区内的企业内销加工过程中产生的边角料或副产品，以内销价格为完税价格。

三、保税物流园区货物的通关

（一）保税物流园区的含义

保税物流园区是指经国务院批准，在保税区规划面积或者毗邻保税区的特定港区内设立的专门发展现代国际物流的海关特殊监管区域，其功能主要是保税物流。

（二）保税物流园区开展的业务范围

保税物流园区开展的业务如下：①存储进出口货物及其他未办结海关手续的货物；②对所存货物开展流通性简单加工和增值服务；③进出口贸易，包括转口贸易；④国际采购、分配和配送；⑤国际中转；⑥商品展示；⑦经海关批准的其他国际物流业务。

（三）保税物流园区的海关监管模式

海关在园区内派驻机构，通过园区与境内其他地区之间设置的卡口、围网隔离设施、视频监控系统及其他海关监管设施，依照有关法律法规，对进出园区的货物、运输工具、个人携带物品，以及对园区内相关场所实行 24 小时监管，同时对园区内企业实行电子账册监管制度和计算机联网管理制度。

（四）保税物流园区货物的通关程序

保税物流园区的通关包括园区与境外之间和与境内区外之间进出货物的报关，具体程序如下。

1. 保税物流园区与境外之间进出货物的报关

海关对园区与境外之间的进出货物，实行备案制管理，适用进出境货物备案清单。

但园区自用的免税进口货物、国际中转货物除外。园区与境外之间的进出货物应当向园区主管海关申报。园区货物的进出境口岸不在园区主管海关管辖区域的，经主管海关批准，可以在口岸海关办理申报手续。具体的报关程序如下。

（1）境外运入园区

境外货物到港后，园区企业及其代理人可以先提交舱单，将货物直接运到园区，再提交进境货物备案清单，向园区主管海关办理申报手续，一般情况下，不实行许可证件管理。

境外运入园区的下列货物免税：①园区的基建项目所需的设备、物资等；②为开展业务所需的各种设备及其维修用消耗品、零配件及工具；③园区自用合理数量的办公用品。

境外运入园区的下列货物保税：①园区企业为开展业务所需的货物及其包装物料；②加工贸易进口货物；③转口贸易货物；④外商暂存货物；⑤供应国际航行船舶和航空器的物料、维修用零部件；⑥进口寄售货物；⑦进境检测、维修货物及其零部件；⑧看样订货的展览品、样品；⑨未办结海关手续的一般贸易货物；⑩经海关批准的其他进境货物。

（2）园区运往境外

园区货物运往境外，免征出口关税，不实行许可证件管理。进境货物未经简单性加工，需要原状退运出境的，园区企业可以向园区主管海关申请办理退运手续。

2. 保税物流园区与境内区外之间进出货物的报关

保税物流园区与境内区外之间的进出货物，由区内企业或区外的收发货人或其代理人在园区主管海关办理申报手续。

区内企业在区外从事进出口贸易且不实际进出园区的，可以在收发货人所在地的主管海关或货物实际进出境口岸海关办理申报手续。具体的报关程序如下。

（1）园区货物运往境内区外

园区货物运往园区外视同进口，海关按照货物出园区时的实际状况，按有关规定办理：①内销，按一般进口货物报关，应证交证，应税缴税；②用于加工贸易，按保税加工贸易监管，提供加工贸易登记手册（包括纸质或电子手册），继续保税；③用于享受特定减免税的货物，按特定减免税货物报关，提供进出口货物征免税证明和相应的许可证件，免缴进口关税及增值税。

（2）境内区外货物运入园区

区外货物运入园区，视同出口，由区内企业或区外的发货人或其代理人向园区主管海关办理出口申报手续，应证交证，应税缴税。用于办理出口退税的出口货物报关单证明联的签发手续，按国家有关规定办理。

（3）园区与其他特殊监管区域、保税监管场所之间的货物往来

园区与其他特殊监管区域、保税监管场所之间的往来货物，继续实行保税监管，不予签发退税证明联。

园区内储存货物没有期限要求，但园区内企业自开展业务之日起，应当每年办理报核手续，园区主管海关应当自受理报核申请之日起30日内予以核库，企业相关账册和原始数据自核库结束之日起，至少保留3年。

知识拓展

电子化手册通关业务

电子手册是海关顺应当前加工贸易发展的新形势和新要求，从简化手续、方便合法进出、提高贸易效率的角度出发，运用现代信息技术和先进的管理理念，以加工贸易手册为管理对象，在加工贸易合同备案、通关、核销等环节采用“电子手册+自动核算”的模式取代现行的纸质手册监管模式，并逐步通过与相关管理部门的数据联网，取消纸质作业单证，最终实现“电子申报、网上备案、无纸通关、无纸报核”的新监管模式。

与传统的加工贸易纸质手册相比，电子手册具有很多优势：首先，以电子手册替代纸质手册，可以实现多口岸同时通关，避免了纸质手册不能在两个及以上口岸同时通关、多口岸周转困难、易丢失等问题，提高了通关效率；其次，以企业操作员 IC 卡或 I-Key 卡作为系统操作的身份认证，提高了数据的安全性；最后，电子手册实行企业资料库管理模式，一次预归类审核，简化了手续。在电子手册模式下，企业可以自行录入数据，利用计算机进行 24 小时电子审核，减少了企业人员往返海关的时间和费用。

（资料来源：尤磊，王天威，刘军，2008. 电子化手册通关业务正式运行[EB/OL].（2008-06-05）[2021-02-17]. http://news.hexun.com/2008-06-05/106485982.html.）

小　结

保税制度是国家为鼓励发展加工生产产品出口或在境内进行特定储存而设立的一项特殊的海关监管业务制度。换言之，保税制度是海关对保税货物实施进境、储存、加工、装配、出境全过程监管的作业制度。

保税货物具有目的特定、纳税暂免、复运出境的特征，分为保税加工货物、仓储保税货物与区域保税货物 3 种类型；保税货物通关的基本程序包括合同备案、进口货物、储存或加工后复运出口、核销结案 4 个环节。

保税加工货物主要指加工贸易货物，即经海关批准，未办理纳税手续进境，在境内进行加工、装配后复运出境的货物；通常有来料加工和进料加工两种形式；海关对保税加工货物的监管模式主要有物理围网与非物理围网两种模式，非物理围网监管模式分别采用纸质手册管理和计算机联网监管模式，同时对从事保税加工贸易的企业实行分类（AA 类、A 类、B 类、C 类、D 类）管理，对加工贸易货物分为禁止类、限制类和允许类 3 类，并按照不同类别、等级实施银行保证金台账制度，最后按保税加工货物的实际流向分别办理海关手续。

仓储保税货物是指经过海关批准，未办理纳税手续进境，在境内储存后复运出境的货物，主要指存放在保税仓库、保税物流中心（A、B 型）的货物。保税仓库有自用型、公用型和专用型 3 种类型。除易制毒化学品、监控化学品、消耗臭氧层物质外，货物在进入保税仓库时，由经营单位免证、保税办理进口报关手续。保税物流中心（A、B 型）是经海关批准，由我国境内企业法人经营，专门从事保税仓储物流业务的海关监管场所。

区域保税货物主要是指在保税区、出口加工区、保税物流园区存储的货物。保税区是指经国务院批准，在我国境内设立的由海关进行监管的特定区域，其功能是保税加工与保税物流，保税区采用报关制和备案制相结合的运行机制；出口加工区是指经国务院批准，在我国境内设立，专门从事保税加工由海关封闭式监管的特定区域，其功能主要是保税加工；保税物流园区是指经国务院批准，在保税区规划面积或者毗邻保税区的特定港区内设立的专门发展现代国际物流的海关特殊监管区域，其功能主要是保税物流。

案例分析

大连昌泰塑料制品有限公司（加工贸易B类管理企业，以下简称昌泰公司）与韩国茂源株式会社签订印花塑料餐具加工合同，由韩国茂源株式会社免费向昌泰公司提供ABS 树脂一批，并支付加工费，成品由韩国茂源株式会社在境外包销。昌泰公司随即向海关申领加工贸易登记手册。在加工过程中，由于没有加工设备，昌泰公司报经海关批准，将半成品交由沈阳四达胶印有限公司印花后运回。在该合同执行过程中产生了800 千克边角料。合同执行完毕后，昌泰公司向海关报核。

思考

1. 昌泰公司与韩国茂源株式会社是什么行为关系？昌泰公司应如何办理海关手续？

2. 昌泰公司与沈阳四达胶印有限公司是什么行为关系？昌泰公司应办理什么手续后，才能委托其进行印花工序的加工？

3. 昌泰公司最迟应于何时报核？

4. 800 千克边角料有几种处理方法？分别应如何办理海关手续？

自 测 题

一、选择题

1. 保税加工货物内销时，海关按规定免征缓税利息的是（　　）。

A. 残次品　　B. 边角料

C. 副产品　　D. 不可抗力受灾保税货物

2. 西安某 B 类企业与外商签订出口限制类商品的加工合同，则该企业的银行保证金台账（　　）。

A. 实转　　B. 半实转　　C. 空转　　D. 不转

3. 保税物流中心不能开展的业务是（　　）。

A. 转口贸易和国际中转业务

B. 对所存货物开展流通性的简单加工和增值服务

C. 维修、翻新和拆解

D. 保税存储进出口货物及其他未办结海关手续的货物

4. 下列进出境货物在保税区内采用备案清单向海关报关的是（　　）。

A. 加工出口货物　　B. 转口货物
C. 仓储货物　　D. 货样

5. 下列选项中由直属海关批准的是（　　）。
A. 保税仓库　　B. 出口监管仓库
C. 保税物流中心 A 型　　D. 保税物流中心 B 型

二、判断题

1. 凡是海关准予备案的加工贸易料件一律可以不办理纳税手续，保税进口。（　　）

2. 保税加工进口料件在进口报关时暂缓纳税，加工成品出口报关时再征税。（　　）

3. 保税仓库可以存放未办结海关手续的进口货物，不能存放已经办结出口海关手续的出口货物。（　　）

4. 加工贸易企业电子账册是以企业为单元进行管理的，不实行“银行保证金台账”制度；加工贸易电子手册是以合同为单元进行管理的，与纸质加工贸易手册一样，实行“银行保证金台账”制度。（　　）

5. 保税物流园区存储货物没有期限要求，但园区内企业自开展业务之日起，应当每年办理报核手续。（　　）

主要参考文献

陈平，2018．国际贸易实务[M]．2 版．北京：中国人民大学出版社．

陈岩，2018．国际贸易理论与实务[M]．北京：清华大学出版社．

海关总署报关员资格考试教材编写委员会，2007．2004～2006 年报关员资格全国统一考试试题新解[M]．北京：中国海关出版社．

海关总署报关员资格考试教材编写委员会，2008．2008 年版报关员资格全国统一考试教材[M]．北京：中国海关出版社．

海关总署报关员资格考试教材编写委员会，2018．2019 年报关员资格全国统一考试教材[M]．北京：中国海关出版社．

海关总署监管司，2005．中国海关通关指南[M]．北京：中国海关出版社．

海关总署政策法规司，2006．中国海关报关实用手册[M]．北京：中国海关出版社．

胡波，2006．海关报关实训[M]．北京：对外经济贸易大学出版社．

黄中鼎，颜逊，2007．报关与报检实务[M]．北京：中国物资出版社．

冷柏军，2005．国际贸易实务[M]．北京：对外经济贸易大学出版社．

冷柏军，段秀芳，2017．国际贸易实务[M]．3 版．北京：北京大学出版社．

刘丽，2006．国际物流报关实务[M]．上海：立信会计出版社．

罗兴武，文妮佳，2006．通关实务[M]．北京：机械工业出版社．

马俊，杨云匀，郑汉金，2017．国际货物贸易海关通关实务[M]．北京：清华大学出版社．

宋兰芬，2007．报关与通关实务[M]．北京：机械工业出版社．

谢国娥，2001．海关报关实务[M]．上海：华东理工大学出版社．

谢国娥，2006．海关报关实务习题精讲[M]．上海：华东理工大学出版社．

余根深，2006．报关原理与实务[M]．上海：同济大学出版社．

余庆瑜，2019．国际贸易实务：原理与案例[M]．2 版．北京：中国人民大学出版社．

俞学伟，2007．报关实务教程[M]．北京：化学工业出版社．

张兵，2006．进出口报关实务[M]．北京：清华大学出版社．

郑俊田，刘文丽，徐晨，2007．报关员考试分章练习与模拟试题[M]．北京：对外经济贸易大学出版社．

钟昌元，2006．进出口商品归类教程[M]．上海：格致出版社，上海人民出版社．

仲鸿生，战勇，毛筠，2006．世界贸易组织规则[M]．大连：东北财经大学出版社．

邹忠全，2006．中国对外贸易概论[M]．大连：东北财经大学出版社．